U0685253

科技创业服务链建设探究

——以江苏为例

夏春阳　戚　湧　戴力新　武　影　著

科学出版社

北京

内 容 简 介

本书从科技创业服务链概述出发，借鉴国内外科技创业服务链建设经验，对江苏科技创业服务链建设现状进行分析和绩效评价，围绕创业孵化服务、技术交易服务、科技金融服务、创业辅导服务、火炬计划综合服务及科技创业大赛服务进行内涵、现状和案例分析，最后提出江苏科技创业服务链建设的指导思想、总体目标、建设原则、主要任务和保障措施。

本书可供政府部门、高新技术创业服务中心、科研机构、创新创业企业、科技工作者及广大创新创业人员参考阅读。

图书在版编目(CIP)数据

科技创业服务链建设探究：以江苏为例 / 夏春阳等著 . —北京：科学出版社，2015

ISBN 978-7-03-045409-6

Ⅰ.①科… Ⅱ.①夏… Ⅲ.① 高技术企业－企业创新－研究－江苏省 Ⅳ.①F279.244.4

中国版本图书馆 CIP 数据核字(2015)第 190432 号

责任编辑：魏如萍 / 责任校对：张 红
责任印制：霍 兵 / 封面设计：蓝正设计

科学出版社 出版

北京东黄城根北街 16 号
邮政编码：100717
http://www.sciencep.com

中国科学院印刷厂 印刷

科学出版社发行 各地新华书店经销

*

2015 年 12 月第 一 版 开本：720×1000 1/16
2015 年 12 月第一次印刷 印张：12 1/2
字数：252 000

定价：65.00 元

（如有印装质量问题，我社负责调换）

前　言

　　2014 年 11 月 9 日，习近平总书记首次系统阐述了中国经济发展新常态的三个特征：从高速增长转为中高速增长；经济结构不断优化升级；从要素驱动、投资驱动转向创新驱动。国务院总理李克强在 2014 年夏季达沃斯论坛致开幕词时提出，掀起"大众创业"、"草根创业"的新浪潮，形成"人人创新"、"万众创新"的新局面。2015 年 6 月，国务院《关于大力推进大众创业万众创新若干政策措施的意见》强调指出，推进大众创业、万众创新，是发展的动力之源，也是富民之道、公平之计、强国之策。通过创业和创新，为中国经济提质增效打造不熄引擎。我国创新创业生态体系不断优化，创新创业观念与时俱进，出现了"大众创业"和"草根创业"的"众创"现象，带动创新创业愈加活跃，规模不断增大，效率显著提高。2015 年 7 月，国务院发布《关于积极推进"互联网＋"行动的指导意见》，推动移动互联网、云计算、大数据、物联网等与现代制造业结合，促进电子商务、工业互联网和互联网金融健康发展。借鉴"互联网＋"全新的理念和模式，助推传统企业升级转型，"互联网＋创业"也应运而生。科技服务业是现代服务业的重要组成部分，具有人才智力密集、科技含量高、产业附加值大、辐射带动作用强等特点。国务院《关于加快科技服务业发展的若干意见》（国发〔2014〕49 号）提出，力争到 2020 年基本形成覆盖科技创新全链条的科技服务体系，科技服务产业规模达到 8 万亿元，成为促进科技与经济结合的关键环节和经济提质增效升级的重要引擎。

　　科技创业服务是科技服务业的重要内容。近年来，随着全面深化改革、继续扩大开放和创新驱动发展战略的实施，我国技术、人才、资本等创新要素聚集，创业服务基础设施和市场环境得到很大改善。2014 年，全国科技企业孵化器数量超过 1 600 家，在孵企业 8 万余家，就业人数 175 万人；国家高新区 115 家，园区注册企业超过 50 万家，仅中关村新增科技企业就有 1.3 万家；全国创业投资机构 1 000 余家，资本总量超过 3 500 亿元；全国近 30 万项技术成果通过技术市场转移转化，全年技术合同成交额 8 577 亿元。当前，在深入实施创新驱动发展战略、推进大众创业万众创新的背景下，进一步大力推进科技创业服务链条建设，是新时期科技企业孵化器转型升级的重要内容，旨在全面提高孵化器服务质量和水平，提升孵化器对各种创业服务的集成能力，真正实现从项目（团队）孵化到企业孵化再到产业孵化的全链条一体化服务，营造良好创新创业环境，发挥孵化器在科技与经济结合中的关键作用。近年来，江苏省高度重视创业苗圃、科技企业孵化器及科技企业加速器的培育和发展，目前已拥有各类科技企业孵化器515 家，其中国家级数量居全国第一；同时拥有一批国家和省级科技企业加速器。探索建设"苗圃－孵化器－加速器"科技创业孵化链，不仅可以提升孵化器发展能级，进一步增强孵化器科技创业服务能力，而且有利于创新资源集聚和产业集约发展。江苏省科技创业服务已逐步从注重科技创业孵化向注重科技创新创业的全链条孵化转变。目前，江苏省科技企业孵化器建设已达一定规模，亟须针对不同发展阶段创业企业特点，积极推进"创业苗圃－科技企业孵化器－科技企业加速器"的创新创业孵化体系建设，形成从项目初选到产业化的全过程、接力式的创业服务链，进一步降低创业者创业风险和创业成本，提高创业成功率，从整体上提升江苏省科技创业载体的孵化能力和绩效。

近年来，江苏省在科技创业服务链建设上进行了系统谋划和积极探索。本书从江苏省科技创业服务的成功经验梳理出发，主要涉及创业孵化服务、技术交易服务、科技金融服务、创业辅导服务、火炬计划综合服务、科技创业大赛服务 6 个方面的服务内容，并进一步探索区域科技创业服务链建设的指导思想、总体目标、主要任务和保障措施。本书分为 10 章：第 1 章科技创业服务链概述、第 2 章国内外科技创业服务链建设经验、第 3 章江苏省科技创业服务链建设现状、第 4 章创业孵化服务及案例、第 5 章技术交易服务及案例、第 6 章科技金融服务及案例、第 7 章创业辅导服务及案例、第 8 章火炬计划综合服务及案例、第 9 章科技创业大赛服务及案例、第 10 章江苏省科技创业服务链建设发展思路。

本书由江苏省高新技术创业服务中心、江苏人才发展战略研究院和南京理工大学创新管理与评价研究中心组织专家研究编撰。朱婷婷、郭逸参与了相关章节的撰写工作，戴建忠、郑宁、谢秀红、肖莺、张澄洪、李红、高亚平、唐余康、薛昊协助整理并提供有关资料，在此一并表示感谢。

由于时间匆促，难免有不足之处，请予批评指正。

目　　录

第1章

科技创业服务链概述

1.1 科技创业与科技创业服务

1.1.1 创业的内涵

1. 创业的定义

创业，顾名思义就是创建新企业。长期以来，人们习惯用 start up 表示创业。目前，人们更多用 entrepreneurship 表示创业，可以理解为在不拘泥于当前资源条件的限制下对机会的捕获和利用。经济学家约瑟夫·熊彼特(Joseph Schumpeter)专门研究了创业者创新和追求进步的积极性所导致的动荡和变化，把创业定义为新产品、新工艺、新组织和新市场的组合，将创业精神看做一股"创造性的破坏"力量。创业者采用的"新组合"使旧产业遭到淘汰，原有的经营方式被新的、更好的方式所摧毁。Cole 把创业定义为发起、维持和发展以利润为导向的企业有目的性的行为。Weber 提出创业是接管和组织一个经济体的某部分，并且以自己可以承受的经济风险通过交易来满足人们的需求，目的是创造价值[1]。

创业的多数定义侧重于机会追求，创业的概念有广义与狭义之分。狭义的创业概念认为，创业就是创办一个能够带来利益回报的事业，即对商业创业活动而言，就是创办一个企业。Richard 从生产要素转变和增值的角度出发，认为以确定的价格购买生产要素而以不确定的价格出卖其转换品（产品）的活动就是创业[2]。Singh 认为创业就是建立"一个切实可行的、寻求利润的、潜在的新创企业"[3]。广义的创业概念认为，创业并不仅是创办一个新企业，也包括出于使企业焕发生机之目的，在现有企业内部对企业进行的变革、创新和改造，即企业内部的创业行为。目前，人们更愿意接受广义创业的概念。广义的创业不仅包括生产要素的组合，也包括现有生产要素的重构和调整。相对狭义的创业更加强调创建一个新企业，而广义的创业更强调一种创新和变革精神。

本书对国内外学者关于创业的定义进行了汇总，如表 1.1 所示。

表 1.1　国内外学者关于创业的定义汇总

国外学者的观点		国内学者的观点	
Pathak	创业是一个追逐和捕获创业机会的过程，这一过程需要创业者具有寻找和发现创业机会的意愿，并且有获得成功的信心[4]	雷家骕	从创业者角度出发，认为创业是发现和捕获商业机会，将各类生产资源进行组合，创立自己的事业，以取得成功的过程[7]
Shane 和 Venkataraman	创业就是发展、创造和利用产生未来产品和服务的机会[5]	张健	创业的本质内涵包括开创新业务、创建新组织、利用创新这一工具实现各种要素的组合、通过对潜在机会的发掘而创造价值[8]
Timmons	创业是一种思考、推理和运行的方式，它为机会所驱动，需要在方法上全盘考虑并拥有和谐的领导能力[6]	刘志阳	创业作为创业机会的识别和开发的动态过程，是通过创业者主导的综合性复杂管理活动[9]
Ma 和 Tan	提出创业框架的概念，这一框架包括四个维度：创业主张、创业先行者、创业实践和创业绩效	吴瑞君和尹雯雯	从行为角度出发，认为创业是指把企业作为载体，通过正当的渠道获得更多的利益作为目标的活动[10]

结合以上学者的观点，本书定义创业为：创业者个人或创业团队主动地寻找发展机遇，对自己拥有的资源或通过利用自己的社会网络所获取的资源进行优化整合，为他人和社会提供满足市场需求的产品与服务，从而创造出更大经济效益

和社会效益的过程。

2. 创业的核心要素

美国学者蒂蒙斯(Jeffry A. Timmons)提出了创业过程的蒂蒙斯模型(参见文献[6]),如图 1.1 所示。蒂蒙斯认为,创业过程依赖于创业机会、创业团队、资源三个要素的匹配和平衡。

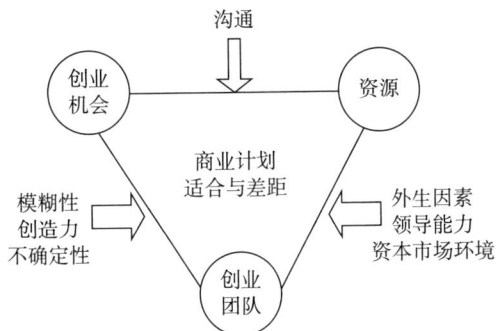

图 1.1　蒂蒙斯模型

一是创业机会。创业过程始于创业机会,而不是钱、战略、网络、团队或商业计划。开始创业时,创业机会比资金、团队的才干和能力及适应的资源更重要。在创业过程中,资源与创业机会间经历着一个适应→差距→适应的动态过程。商业计划是提供沟通创业者、创业机会和资源的质量及相互间匹配和平衡状态的语言和规则。创业机会大都产生于不断变化的市场环境,著名管理大师彼得·德鲁克(Peter F. Drucker)将创业者定义为能"寻找变化,并积极反应把它当做机会充分利用起来的人"。这种变化主要来自于产业结构的变动、消费结构升级、城市化加速、人口思想观念的变化、政府政策的变化、人口结构的变化、居民收入水平提高、全球化趋势等方面。创业机会是当前服务于市场的企业留下的缺口,意味着顾客能得到比当前更好的产品和服务的潜力,商业机会就是创业机会。

二是创业团队。创业团队是创业的主体,在创业过程中起着关键的推动和领导组织作用。对于一个企业来说,创业者的素质直接关系到企业文化和企业的灵魂精髓。创业团队则是整个企业的栋梁,团队的好坏决定了企业的兴衰成败。创业团队应当具有共同的创业目标和组织才干的互补性。除了应具备相应的专业技术技能之外,创业者还应具备对经济、法律、社会学等方面相应的知识。成功的创业团队应具备较强的凝聚力、与企业同成长、发掘企业价值、利益分配有弹性、能力搭配完美、富有创业激情等几个方面的特征。

三是资源。创业资源包括技术、资本、劳动力。具体而言，资源是组织中的各种投入，包括人力、财力、物力等。资源不仅包括有形资产，如厂房、机器、设备等，也包括无形资产，如品牌专利、企业声誉等，所有这些资源都属于投资。创业者的关键职能之一就是吸引这些投资，并将其转化为市场需要的产品和服务，实现创业机会的价值。除创业者自己所拥有的资源，还要通过运用市场机制对社会各类资源进行组合，借助外力进行创业是大多数创业者的选择。因此，创业者组合资源的能力就显得特别重要，资源组合的效果好坏除了与创业者的能力有关外，与政府的支持程度也是息息相关的。

综上所述，创业是创业团队、创业机会和资源相互作用、相互匹配，以创造财富的动态过程。创造新的财富是创业的主要目的，创业者创业的个人动机不尽一致，但成功的创业者主要是为了创造社会财富，将创业机会转变为社会需要的产品和服务。

3. 创业的本质

创业的本质是一种创新创造的行为、活动和过程，其核心在于富有创业精神的创业者超越既有资源限制对创业机会的追求与结合，又将不同的资源进行组合利用并创造价值的过程。不同的视角反映出不同的创业本质认识[11]，如表 1.2 所示。

表 1.2　关于创业本质的认识表

视角	观点
财富的创造	创业包含了为了获取利润进行生产的风险承担
企业的创造	创业体现了一项从前没有过的新企业创造
创新的创造	创业包含了使已有生产方式或是产品过时的资源进行独特组合
变革的创造	创业包含了为了抓住环境中的机会而进行的创造性变革，包括对个人生涯、方法、技能等的调整、修正、修改等
雇佣的创造	创业包含了对生产要素包括劳动力的雇佣、管理和发展等
价值的创造	创业是为了开发没有开启的市场机会，为顾客创造价值的过程
增长的创造	创业被定义成销售、收入、资产和雇佣的增长，一种正向的、强烈的导向

资料来源：创业管理研究中心

创业意味着变革，意味着探寻机会和承担风险，意味着创造顾客和改变人们的生活方式。创业是在资源不足的情况下把握机会的过程，创业关注是否创造新的价值，而不仅关注是否设立新公司。创业不仅包括精神层面的含义——一种以创新为基础的做事与思考方式，而且包括实质层面的含义——一种发掘机会，并组织资源建立新公司，进而提供市场新的价值。创业活动的本质体现在以下几个方面[12]。

一是机会导向。一般的生产经营活动通常对资源利用考虑比较多，主要考虑自己能做什么。创业活动不同，其显著特点是机会导向。机会的最初状态是未精确定义的市场需求或未得到利用或未得到充分利用的资源和能力，机会意味着生存和发展的空间，意味着潜在的收益。在市场经济环境中，决定企业生存与发展的关键力量是顾客，是市场。要识别创业机会，就必须深入了解顾客需求，对顾客的需求做细致入微的研究分析，这不同于简单的市场细分，而是要把握顾客的本质需求。有调查显示，大多数成功的创业者往往是那些对顾客有深入了解的人，因此，创业者必须优先地从市场、顾客需求中识别和发现创业机会，探寻生存和发展的空间。创业活动的机会导向进一步决定了创业活动的顾客导向，这也是创业与发明、创新不同的重要环节。

二是资源整合。创业的本质是资源整合。资源是人类开展任何活动所需要具备的前提，资源的种类很多（有形资源和无形资源、物质资源和非物质资源）。对于创业者来说，自身所具备的知识、社会网络、专长、组织领导才能、沟通能力、对市场和顾客需求的洞察能力等都可能成为有助于其创业成功的重要资源，合理地运用这些资源，创业者才有可能成功地整合资金、人力和物力，进而为创业活动奠定基础。资源整合可以突破空间、组织和制度等方面的限制，而在更加广阔的范围内开展，这也是创业活动活跃的重要原因。要成功地整合资源，创业者必须要有创新的思维，要兼顾各方面利益相关者的利益，达到多赢、共赢的目标。

三是价值创造。创业活动的机会导向和顾客导向的实质是创造价值，首先，价值创造意味着要向顾客提供有价值的产品和服务，透过产品和服务使消费者的需求得到实质性的满足。其次，价值创造强调的是对社会和经济发展的贡献，强调对人们物质和精神生活的丰富。只有突出价值创造的创业活动才有生命力，才更有助于生存和发展。

四是超前行动。创业活动的机会导向特征决定了创业活动必须突出速度，并做到超前行动。机会都具有时效性，甚至可能瞬间即逝，持续存在的事件往往不是机会，至少是创业者无法在短期内把握的机会。例如，从人类认识癌症这种疾病开始，人们就知道提供治疗癌症的药品是一种巨大的商业机会，但能把握这种机会的创业者却很少。现实生活中，创业者一旦有了创业的想法，往往会在比较短的时间里付诸行动，在实践中不断摸索、改进、寻求发展。对于创业者及其所创建的企业来说，创业与企业发展的过程永远是不断变革的过程。

1.1.2　科技创业的内涵和基本特征

科技创业是以推动科研成果(创意)商业化价值实现为基本特征、组织相关要素和资源、提供创新产品和创新服务的行为。科技创业是一项比较复杂的科技成果转化活动，应当先经过酝酿、构思形成比较成熟的想法，即创意，该创意经过培育变得相对成熟后，就转变成科技创业项目。在科技创业项目培育成熟并形成创新产品或创新服务时，可以成立科技创业企业，以经营创新产品或创新服务，实现其价值。经过创业期，科技创业企业的经营模式基本成熟，创新产品或创新服务基本上为市场所接受，跨过死亡谷，渡过生存期，形成稳定的客户群，就进入加快发展阶段。科技创业与一般创业的不同主要体现在科技成果不同于一般生产要素，不仅以物的形式体现，更包含隐性知识。同时，科技成果还呈现出非完全商品属性、高度信息不对称性和信息不完全性、产权易逝性和高交易成本等特点。由于科技成果的这些特点，科技创业呈现如下特征。

1. 非完全市场行为

科技创业的非完全市场行为源自科技成果的非完全商品属性。国内外关于科技成果的分类多种多样，各具特色。总体上来说，不同标准反映了国家不同的科技管理目标。本书基于美国科学家默顿和英国科学家贝尔纳提出的"科学的社会功能"理论为分类标准，即按社会功能的不同，将科技成果分为基础公益类、共性技术类和专有技术类三类，科技成果的特征、技术标准及属性如表1.3所示，科技成果应根据不同的属性和特征进行推广、转化和应用[13]。

表 1.3　科技成果按社会功能不同的分类

类型	特征	技术标准	属性
基础公益类	共有资源和公共物品领域，所有人都能免费使用，不具有排他性	公共标准	公共品属性

续表

类型	特征	技术标准	属性
共性技术类	行业和联盟内形成的共性技术，在行业和联盟内部可以免费使用，具有一定的排他性、竞争性和收益性	联盟标准	团体共享、利益相关者共享的属性
专有技术类	由独立法人(公司或个人)掌握，供单位内部使用，具有完全的排他性、竞争性和收益性	私人标准	私有产品属性

其中，基础公益类成果属于公共品，所有人都能免费使用，不具有排他性；共性技术类科技成果具有团体共享、利益相关者共享的属性，具有一定的收益性，但此类成果的排他性、竞争性程度无法确定，属于准公共品；专有技术类科技成果是独立法人(公司或个人)掌握的科技成果，具有完全的排他性、竞争性和收益性，此类科技成果属于私人品。由于科技成果拥有这三种属性，虽然政府赋予科技成果的合法拥有者以私人产权，但并非所有的科技成果都能够通过产权界定进行保护，以及科技成果可以通过合法的途径进行模仿，因此科技成果交易过程中"搭便车"现象在所难免。

2. 高度不确定性和风险性

科技创业具有的高度不确定性和风险性源自科技成果信息的不完全属性和产权易逝性[14]。信息的不完全属性是指科技成果交易双方都无法或不可能拥有科技成果产品的完全信息，根源在于创业过程中的不确定性，存在技术风险、市场风险、资本风险、管理风险等，其中，技术风险是指技术本身的不确定性，导致科技成果不能如期转化为产品的现象；市场风险是指科技成果商业化的结果，在得到消费者认同方面存在的不确定性；资本风险是指科技成果商业化过程中得到资本支持方面的不确定性；管理风险是指在科技成果商业化过程中，在商业化、规范化和规模化管理方面的不确定性。产权易逝性是指科技成果由于其自身特点和知识产权保护上的困难，很容易造成产权"消失"或"失效"现象，具体表现为：首先，科技成果具有较强的时效性。科技成果在使用过程当中会产生无形磨损，随着科技技术更新、技术进步速度越来越快，科技成果的半衰期越来越短，可能很快就会被更新，即发生所谓的技术无形磨损。其次，科技成果具有较强关联性。尽管一种科技成果产品可以通过专利或严格保密等形式保护起来，但技术的关联性，可以通过公开的技术或者科技成果得以实现有形载体，利用"逆向过程"等办法揭开科技成果秘密，使科技成果产权"失效"。科技成果产权的易逝性，加剧了科技成果交易的不确定性，加大了对科技成果价值判断的难度。

1.1.3 科技服务业的内涵

1. 科技服务业的分类

科技服务业是指运用现代科技知识、现代技术和分析研究方法，以及经验、信息等要素向创业者提供智力服务，主要包括研究开发及其服务、技术转移服务、检验检测认证服务、创业孵化服务、知识产权服务、科技咨询服务、科技金融服务、科学技术普及服务的专业科技创业服务和综合科技服务。

一是研究开发及其服务。研究开发，英文为 research & development，简称 R&D，用科学技术新知识，或实质性改进技术、产品和服务而持续进行的具有明确目标的系统活动。研究开发服务是指为提高研发效率，加大对基础研究的投入力度，为高等院校、科研院所整合科研资源提供专业化的研发服务，积极培育市场化新型研发组织、研发中介和研发服务外包新业态，同时为支持产业联盟开展协同创新，推动产业技术研发机构面向产业集群开展共性技术研发，支持发展产品研发设计服务，促进研发设计服务企业积极应用新技术提高设计服务能力，加强科技资源开放服务，建立健全高等院校、科研院所的科研设施和仪器设备开放运行机制，引导国家重点实验室、国家工程实验室、国家工程（技术）研究中心、大型科学仪器中心、分析测试中心等向社会开放服务。

二是技术转移服务。技术转移是指制造某种产品、应用某种工艺或提供某种服务的系统知识，通过各种途径从技术供给方向技术需求方转移的过程。技术转移包括技术成果、信息、能力的转让、移植、吸收、交流和推广普及。技术转移服务是为了实现和加速技术转移提供的各类服务，为高等院校、科研院所和企业提供科技成果转化服务，实现中小企业技术创新需求与高等院校、科研院所研发能力对接，促进知识流动和技术转移，主要任务是发展多层次的技术（产权）交易市场体系，支持技术转移机构探索基于互联网的在线技术转移模式，推动技术转移市场做大做强；鼓励技术转移机构创新服务模式，为企业提供跨领域、跨区域、全过程的技术转移集成服务，促进科技成果加速转移转化，依法保障为科技成果转移转化做出重要贡献的人员、技术转移机构等相关方的收入或股权比例；充分发挥技术进出口交易会、高新技术成果交易会等展会在推动技术转移中的作用，推动高等院校、科研院所、产业联盟、工程中心等面向市场开展中试和技术熟化等集成服务，建立企业、科研院所及高等院校良性互动机制，促进技术转移转化。

三是检验检测认证服务。检测是指通过指定的方法检验测试某种物体(气体、液体、固体)指定的技术性能指标，适用于各种行业范畴的质量评定，如土木建筑工程、水利、食品、化学、环境、机械、机器等。认证是按照国际标准化组织(International Organization for Standardization，ISO)和国际电工委员会(International Electrotechnical Commission，IEC)的定义，由国家认可的认证机构证明一个组织的产品、服务、管理体系符合相关标准、技术规范(technical specification，TS)或其强制性要求的合格评定活动。检验检测认证机构作为一种资源，是高技术服务业的重要组成部分，在加强质量安全、促进产业发展、维护群众利益、服务民生工程、保障国家安全等方面发挥着重要作用。加快发展第三方检验检测认证服务，鼓励不同所有制检验检测认证机构平等参与市场竞争，主要任务是加强计量、检测技术、检测装备研发等基础能力建设，发展面向设计开发、生产制造、售后服务全过程的观测、分析、测试、检验、标准、认证等服务；支持具备条件的检验检测认证机构与行政部门脱钩、转企改制，加快推进跨部门、跨行业、跨层级整合与并购重组，培育一批技术能力强、服务水平高、规模效益好的检验检测认证集团；完善检验检测认证机构规划布局，加强国家质检中心和检测实验室建设；构建产业计量测试服务体系，加强国家产业计量测试中心建设，建立计量科技创新联盟；构建统一的检验检测认证监管制度，完善检验检测认证机构资质认定办法，开展检验检测认证结果和技术能力国际互认，加强技术标准研制与应用，支持标准研发、信息咨询等服务发展，构建技术标准全过程服务体系。

四是创业孵化服务。科技企业孵化器是以促进科技成果转化、培养高新技术企业和企业家为宗旨的科技创业服务载体。孵化器通过为新创办的科技型中小企业提供物理空间和基础设施，提供一系列服务支持，降低创业者的创业风险和创业成本，提高创业成功率，促进科技成果转化，帮助和支持科技型中小企业成长与发展，培养成功的企业和企业家。创业孵化服务是以转化科技成果、孵化科技企业、培育科技型企业家为宗旨，为初始创业者提供共享服务空间、经营场地、政策指导、资金申请、技术鉴定、咨询策划、项目顾问、人才培训等多类创业服务。创业孵化服务的主要任务是构建以专业孵化器和创新型孵化器为重点、综合孵化器为支撑的创业孵化生态体系；加强创业教育，营造创业文化，办好创新创业大赛，充分发挥大学科技园在大学生创业就业和高等院校科技成果转化中的载体作用；引导企业、社会资本参与投资建设孵化器，促进天使投资与创业孵化紧密结合，推广"孵化＋创投"等孵化模式，积极探索基于互联网的新型孵化方式，提升孵化器专业服务能力；整合创新创业服务资源，支持建设"创业苗圃＋孵化器＋加速器"的创业孵化服务链，为培育新兴产业提供源头支撑。

五是知识产权服务。根据我国《国民经济行业分类》标准（GB/T 4754—2002）和国家统计局关于"三次产业划分规定"，知识产权服务业属于第三次产业中"租赁和商务服务业"中的子类。其中，知识产权服务是指对专利、商标、著作权、软件、集成电路布图设计等的代理、转让、登记、鉴定、评估、认证、咨询、检索等活动，主要体现在以下几个方面：专利转让与代理服务；商标转让与代理服务；著作权转让与代理服务；软件的登记代理服务；集成电路布图设计代理服务；工商登记代理服务；无形资产的评估服务；专利等无形资产的咨询与检索服务；其他知识产权认证、代理与转让服务，提升知识产权分析评议、运营实施、评估交易、保护维权、投融资等服务水平，构建全链条的知识产权服务体系，提升产业创新服务能力。

六是科技咨询服务。科技咨询服务是指为开办和初创经营科技型小企业的科技创业者提供咨询服务，主要包括科技创业政策咨询服务，也包括国家、省、市科技创新创业政策咨询服务；科技创业技术咨询服务，包括知识产权咨询服务、技术转移咨询服务、创业项目技术可行性论证咨询服务等；科技创业团队建设咨询服务，包括政策咨询服务、人才对接服务、团队建设培训服务、团队管理服务等；科技创业投融资咨询服务，包括创业投资咨询服务，涉及投资管理顾问、投资顾问、投资方案设计、投资代理等；科技创业策划咨询服务，包括战略策划、公关策划、生态策划、融资策划、管理策划等方面的服务；科技创业培训服务，包括创业学堂系列、创业讲堂系列和创业殿堂系列等创业培训服务类型。

七是科技金融服务。科技金融是促进科技开发、成果转化和高新技术产业发展的一系列金融工具、金融制度、金融政策与金融服务的系统性、创新性安排，是由向科学与技术创新活动提供融资资源的政府、企业、市场、社会中介机构等各种主体及其在科技创新融资过程中的行为活动共同组成的一个体系，是国家科技创新体系和金融体系的重要组成部分。科技金融服务是基于科技创新发展需要，促进科技开发与科技成果产业化发展，贯穿科技创业企业与高新技术产业发展的各个生命周期，通过金融机构、金融工具与金融政策的组合等为其提供各项投融资服务。

八是科学技术普及（science popularization）服务。科学技术普及（简称科普），是国家和社会普及科学知识、倡导科学方法、传播科学思想、弘扬科学精神的活动。在我国，科普是全社会的共同任务。国家已成立中国高层次科普专门人才培养指导委员会，大力培养科普硕士，为科学技术普及输送人才，加强科普能力建设，支持有条件的科技馆、博物馆、图书馆等公共场所免费开放，开展公益性科普服务；引导科普服务机构采取市场运作方式；加强产品研发，拓展传播渠道，开展增值服务，带动模型、教具、展品等相关衍生产业发展；推动科研机构、高等院校向社会开放科研设施，鼓励企业、社会组织和个人捐助或投资建设科普设施，支持各类出版机构、新闻媒体开展科普服务，加大科技传播力度，提供科普服务新平台。

九是综合科技服务。综合科技服务是指鼓励科技服务机构的跨领域融合、跨区域合作，以市场化方式整合现有科技服务资源，创新服务模式和商业模式，发展全链条的科技服务，形成集成化总包、专业化分包的综合科技服务模式。鼓励科技服务机构面向产业集群和区域发展需求，开展专业化的综合科技服务，培育发展壮大若干科技集成服务商，支持科技服务机构面向军民科技融合开展综合服务，推进军民融合深度发展。

2. 科技创业服务内涵

科技创业服务是指运用现代科学知识、技术和分析研究方法，以及经验、信息等要素向创业者提供智力服务，包括提供创业孵化服务、技术交易服务、科技金融服务、火炬计划综合服务、创业辅导服务等一系列服务。其中，创业孵化服务是为初始创业者提供共享服务空间、经营场地、政策指导、资金申请、技术鉴定、咨询策划、项目顾问、人才培训等多类创业的服务，是以科技成果、孵化科技企业、培育科技型企业家为宗旨，为初创期科技型中小企业提供孵化场地及创业辅导、投融资等深层次的孵化服务；技术交易服务是为了实现和加速技术转移提供的各类服务，为高等院校、科研院所和企业提供科技成果转化服务，实现中小企业技术创新需求与高等院校、科研院所研发能力对接，促进知识流动和技术转移；科技金融服务是基于科技创新发展需要，促进科技开发与科技成果产业化发展，贯穿科技创业企业与高新技术产业发展的各个生命周期，通过金融机构、金融工具与金融政策的组合等，为其提供各项投融资服务；火炬计划综合服务是以国内外市场需求为导向，为申请国家创新基金、国家星火计划、火炬计划项目等，提供各项专业化的服务，推进火炬计划的实施和发展；创业辅导服务是指为开办和初创经营科技型小企业的科技创业者提供辅导服务，主要包括科技创业政策辅导服务，包括国家、省、市科技创新创业政策辅导服务、科技创业技术辅导服务、科技创业团队建设辅导服务、科技创业投融资辅导服务、科技创业策划辅导服务、科技创业培训服务等。

1.2 科技创业服务链

1.2.1 科技创业服务链的内涵

科技创业服务链是围绕科技创业的一条主线，服务于科技创业孵化链，为促进科技创业孵化链的建设，提供科技创业孵化服务、技术交易服务、科技金融服务、创业辅导服务、火炬计划综合服务、科技创业大赛服务等全方位、链条式、一体化服务，每项服务之间是相互链接，相互支撑的，如图 1.2 所示，其中科技创业孵化链是以科技企业孵化器为基础和核心，向前后两端延伸建立创业苗圃和加速器，为处于各种发展阶段的创业企业和团队全程提供有针对性的专业化孵化服务。创业苗圃是以培育团队和项目为目标，在苗圃内"育苗"成功的团队和项目入驻孵化器；孵化器以孵化初创期企业为目标，从孵化器毕业的高成长性企业进入加速器；加速器主要以培育孵化器毕业的高成长性企业为目标，促进企业快速发展壮大，三个部分有效链接，在任务上既有分工又有合作，在服务上既差异化又注重集成，最终形成从项目初选到产业化发展的全链条一体化创业孵化服务体系，营造良好的创新创业生态环境，促进科技企业迅速成长壮大，推动产业集聚，为区域经济发展做出贡献，如图 1.3 所示。

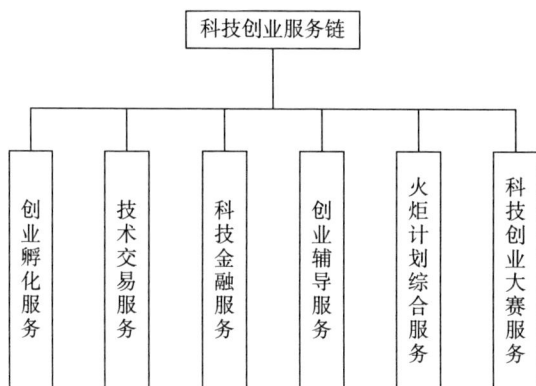

图 1.2 科技创业服务链

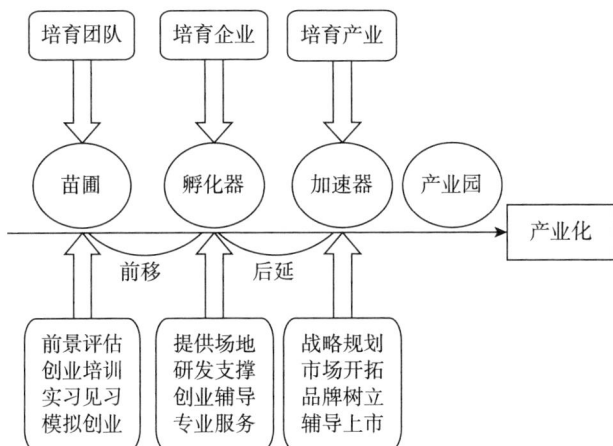

图 1.3　科技创业孵化链

科技创业孵化服务是以转化科技成果、孵化科技企业、培育科技型企业家为宗旨，为初创期科技型中小企业提供孵化场地及创业辅导、投融资等孵化服务；技术交易服务是面向现有技术成果和知识产权，并充分依托高等院校、科研院所和高科技企业的科技成果资源，通过专业技术交易中介服务机构，着力打造完整的技术成果转移服务链，为技术转移各参与方提供高效率、低成本的专业化服务；科技金融服务是基于科技创新发展需要，促进科技开发与科技成果产业化发展，贯穿科技创业企业与高新技术产业发展的各个生命周期，通过金融机构、金融工具与金融政策的组合等，打造科技金融服务链，为其提供各项投融资服务；创业辅导服务是指为开办和初创经营科技型小企业的科技创业者提供辅导服务，主要包括科技创业政策辅导服务，包括国家、省、市科技创新创业政策辅导服务、科技创业技术辅导服务、科技创业团队建设辅导服务、科技创业投融资辅导服务、科技创业策划辅导服务、科技创业培训服务等；火炬计划综合服务是以国内外市场需求为导向，为申请国家创新基金、火炬计划项目等，提供各项专业化的服务，推进火炬计划的实施和发展；科技创业大赛服务是指为保证大赛的顺利进行，从参赛条件、赛事节点、参赛培训辅导、大赛评选规则及评选标准的制定、大赛奖励的设置及大赛的表现方式与推广手段的选择等方面提供的服务。

1.2.2　科技创业服务链建设的战略意义

创新驱动发展是经济发展新常态下的主旋律。十八届三中全会指出，为使市场在资源配置中起决定性作用和更好发挥政府作用，需要建立主要由市场决定技术创新项目和经费分配、评价成果的机制。习近平总书记视察江苏时指出，实现经济的持续健康发展必须依靠创新驱动，强化科技同经济对接、创新成果同产业对接、创新项目同现实生产力对接、研发人员创新劳动同其利益收入对接，形成有利于创新成果产出、有利于创新成果产业化的新机制。建设科技创业服务链是打造新常态下我国创新驱动发展升级版的战略需要，完善科技创业服务体系是新常态下推动我国经济发展迈上新台阶的重要任务。

科技创业服务链打破资源的局限性，真正实现科技服务资源的垂直整合、跨界融合。加快科技创业服务链建设，是推动科技创新和科技成果转化、促进科技经济深度融合的客观要求，是调整优化产业结构、培育新经济增长点的重要举措，是实现科技创新引领产业升级、推动经济向中高端水平迈进的关键一环，对促进我国经济发展有着积极的作用。加强科技创业服务链建设，有助于拓宽科技创业服务渠道，完善科技创业服务体系，扶助科技创业企业发展。

第2章

国内外科技创业服务链建设经验

2.1 国外科技创业服务链建设

2.1.1 欧盟科技创业服务经验

欧盟各国大力扶持创业、鼓励创新，取得了良好的成效[15]。

1. 加强制度保障

一是帮助创业者提高风险意识，增强预警和应对能力。建立风险预警和评估机制，通过向创业者推广风险自我评估工具，提高创业者的自我风险预警能力，同时组织专家帮助创业者评估遇到的风险，对遇到问题的创业者提供支持服务。

二是提倡二次机会文化，完善相关法律制度。一方面通过舆论宣称，引导社会各界正确地看待和理解创业失败，减少创业者因创业失败造成的挫败感，使其鼓起二次创业的勇气；另一方面通过完善诚信、破产清算等法律制度，鼓励和方便创业者二次创业。

三是完善社会保障措施，降低创业风险成本。对资金困难的创业者，给予一定期限的社保缴费暂缓期或允许其将首年的社保费用分摊在几年内付清。对于诚信记录良好但不符合低保条件的创业失败者，可给予一定年限或额度的社保缴费补贴，鼓励金融机构创新保险品种，开发针对科技创业失败者的保险品种，由政府给予参加保险的创业者一定比例的缴费补贴。设立科技创业保险，使加入保险基金的创业失败者，可从基金中获得一定额度的补助。

2. 完善政策支持

一是转变政策制定方式。从一厢情愿式的"我要为你做什么"的单向思维，转变为"你需要我做什么"的双向思维，更多地从科技创业者的需求出发，在政策制定过程中注意倾听科技创业者的声音。

二是完善政策制定机制。充分发挥互联网的作用，方便科技创业者对创业程序及国家政策的了解，并且可以参与政策制定的咨询和政策实施后的反馈，实施交互式政策制定机制，以便政府部门针对出现的问题迅速做出反应和调整。

三是健全人才流动机制。规定相关公务人员每年要有一定时间在科技创业企业工作，以便对科技创业的艰辛和遇到的问题有切实体会和了解，深入倾听和了解科技创业者的需求和建议。

四是建立政策评价机制。针对科技创业政策的实施情况进行及时评价，同时不断改进不足之处，保证政策实施的效果。

五是转变政府职能。相关政府部门要加强主动服务意识，了解科技创业者的需求，提高政策制定的有效性，同时通过互联网和定期举办政策解读会，加大科技创业扶持举措的宣传力度。

3. 扶持科技型中小企业

一是发挥民间协会作用。科技创业者协会可以分担政府部门的部分服务功能，成为科技创业者之间交流学习、对接合作的组织平台。

二是完善交流机制。建立起孵化器和产业集群内科技创业失败者与政府或企业之间的交流对接机制。通过建立园区内网络交流平台和定期举办交流联谊活动等方式，及时加强创业者之间的交流学习和对接合作。

三是鼓励联合发展。鼓励在技术研发、市场开拓等方面各具优势的科技创业企业联合发展，在联合过程中政府给予制度、资金、技术上的帮助，目的是使企业能够取长补短，提高其生存和发展能力。政府在采购、研发合同的招标中，对科技型中小企业及其组成的联合体给予政策倾斜。加强大企业与科技型中小企业之间的对接合作网络建设，在两者之间建立稳定的合作关系，使科技创业企业能够享受到大企业资金、技术、市场和管理经验等方面的外溢效应，不断提高自身的可持续发展能力。

四是鼓励边缘业务外包。鼓励大企业，尤其是大型国有企业将边缘业务分包出去，从而拓展新创事业的生存和发展空间。鼓励大企业与科技型中小企业对政府采购、研发和其他项目进行联合竞标，对双方组成的竞标联合团体给予政策倾斜。

2.1.2　美国硅谷科技创业服务经验

硅谷模式的形成经历了一个长期积累、厚积薄发的历史过程，全盘照搬并不可取，但是其科技创业的成功经验，包括成熟的风投机制、人才政策和激励机制及宽容、容忍失败的创新文化，良好的创业生态环境等都值得借鉴和学习[16]。

1. 完善的投融资机制

硅谷发达而成熟的创业投资环境，源自于其完善的投融资机制。

一是资本灵活的投入机制。硅谷的风险投资体系有着鲜明的美国烙印，其具有多样化的资金来源渠道，既包括政府直接出资和大公司的风险基金，也包括金融机构贷款和个人资本、外国公民投资、养老保险基金等民间资本。

二是占主导地位的私人资本。硅谷 80% 以上的投资资金来源于独立资金和天使投资，而政府很少直接参与风险投资的运作与管理。

三是高效标准化的运行机制。在硅谷，开发一个成熟的项目通常需要多个承担者，这就意味着对项目的投资方式是模块化的。在这些模块化项目协作配合的过程中，高效的、标准化的投资机制发挥了重要的作用。

四是成熟的退出机制。硅谷的创业资金拥有成熟的退出机制和途径，最主要的两种方式是公开发行上市(initial public offerings，IPO)和并购(merger & acquisition，M&A)。通过 IPO 获得金融市场认可和支持的同时，参与企业管理的风险投资依然可以维持较高的独立性，并且获得较高的受益；M&A 方式更适合于无意继续经营企业的风险投资方，是一种更稳妥获取回报、更快开始新一轮投资的退出方式。

2. 良性的互动机制

周边发达的教育体系推动着硅谷的诞生和成长，不仅为其提供了多层次的创新人才，还提供了最为重要的，能够通过市场转化为效益财富的科技创新成果。

硅谷的发展反哺了教育，不仅为高等院校等科研机构提供了充足的资金支持，还持续影响着教育理念和人才培养的准则，主要体现在以下几个方面。

一是高等院校是技术创新的源头。硅谷以高等院校作为技术创新的源头，是斯坦福大学的科研同产业"联姻"的结晶。硅谷这片土壤中融入了学术的种子，并在几代创业者的共同努力下，逐渐成为科技创新创业的沃土。

二是高等院校是产业创新的有力支撑。多年来，硅谷始终坚持将高等院校的创新精神融入产业发展理念之中，始终坚持理论创新和实践创业的高度结合。

三是科技成果转化机制是保障。为鼓励创业和成果转化，斯坦福大学和硅谷联合出台了很多鼓励政策。例如，斯坦福大学允许教职人员在承担教学、科研任务的同时去硅谷的公司兼职，甚至允许某些拥有重大科研成果的教授停薪留职1～2年去硅谷创业。斯坦福大学还出台了一系列知识产权管理政策，鼓励教职人员的职务发明向企业转移，学校视情况仅提取收益的10%～15%，对于1年内没有转移的职务发明，允许发明人免费向企业转移。此外还专门设立了知识产权办公室，负责上述政策的执行落实和转让转移协议的签署。

四是企业家精神和创业主体的培育是关键。创新、敏锐、无畏的企业家品质和精神是企业创业成功的关键所在，这也是硅谷创新精神的精髓。硅谷和斯坦福大学的文化氛围塑造了大批具有创新和冒险精神的创业者和企业家。

3. 完备的创业服务体系

硅谷拥有高度发达的创业服务体系，包括知识产权保护体系、中介服务体系和法律服务体系，如表2.1所示。

表2.1　硅谷创业服务体系

创业服务体系	主要内容
知识产权保护体系	《拜杜法案》、《联邦技术转移法》、《技术转让商业化法》、《美国发明家保护法令》等法案，利用综合贸易法案的"特别301条款"和关税法的"337条款"
中介服务体系	金融资信评级公司、基金评级公司、会计师事务所、审计师事务所、律师事务所、金融经纪公司(包括证券经纪人公司)等
法律服务体系	大量的分工明确的从业律师，包括专利律师、合同律师、税法律师等，涵盖早期的刑事辩护、兼任法律顾问、提供咨询、代理诉讼、办理非诉讼法律事务等多个业务领域，为科技创业活动提供了法律保障

4. 充满活力的文化氛围

硅谷的精英们在创业的过程中形成了以求新存异、宽容失败、以人为本、追求卓越为特征的充满活力的文化氛围。这种文化氛围吸引了来自全球的高层次科技人才，推动了硅谷产业经济的高速发展。

一是求新存异的学术之风。斯坦福大学、加利福尼亚大学伯克利分校等一流学府不断地向硅谷输出各类人才。这些人才具有深厚的技术功底，拥有非常活跃的创新意识和创新能力。不同文化在这里交融，在民主、宽松、自由的学术环境下，富有创新精神的人才在这里碰撞思想、交流知识、传播信息，形成了独特的学术氛围。

二是宽容失败的创业文化。宽容失败、勇于创业的文化氛围是维持硅谷创新创业活力的社会基础。硅谷的冒险家们清醒地认识到，成功创业并不容易，但是如果惧怕失败，就无法立足于硅谷。

三是以人为本的硅谷文化。一方面科技人员被认为是企业的财富，企业努力为他们提供自我价值能够得到全面自由发展的机会、条件和环境，为创新创业提供保障。另一方面技术精英们秉承"工作带来挑战，挑战带来乐趣"的理念，全身心地投入创新工作中，技术人员的创新积极性得到了充分的调动和发挥。

四是追求卓越的硅谷气魄。首先，财富的共享流动。硅谷的投资者往往会把收益再度投入创业环境中，以期创造更多的财富。高科技公司通常推行持股分红制度，员工在投入创新活动的同时也分享了公司成长所带来的利润。其次，人才的高速流动。高科技公司员工的跳槽是普遍现象，伴随着人才流动的技术溢出和信息传播，对于吸引、凝聚高素质人才，以及充分发挥他们的创造潜力是至关重要的。最后，知识的创新共享。硅谷营造了一种开放性氛围，强调知识的共享、团队创新和开放的移民文化。硅谷凝聚了来自于全球各国的大量优秀人才，高技术移民有力地推动了硅谷的创新，为硅谷注入了新鲜的血液和活力。

2.2　国内科技创业服务链建设

2.2.1　中关村科技创业服务经验

作为中国创新创业最为活跃的地区，自 2009 年以来，中关村涌现出创新工场、车库咖啡、创客空间等一批运作模式新、创新能力强、专业水平高及平台搭建好的新型创业服务组织，推动各种创新要素快速融合，搭建了创业高端要素集聚平台，营造了良好的创新创业氛围。这些机构的服务内容涵盖投资、孵化、培训及媒体等各个环节，服务范围涉及项目发现、团队构建、企业孵化及后续支撑等一体化区域创业服务生态体系，掀起了中关村创业服务发展的新浪潮，成为中关村创业服务体系的一支重要新兴力量。

1. 建设创新型孵化器

中关村创新型孵化器突破传统的以提供物理空间和基础设施为基本服务的孵化模式，主要为早期项目和新创办企业提供专业的、高附加值的软性服务，包括资金支持、创业导师、创业培训、宣传平台、交流对接平台、专业技术服务平台等。这些创新型孵化器大多采用线上线下相结合的孵化手段，并淡化对孵化空间和场地的要求。同时，与传统孵化器相比，创新型孵化器的孵化时间也大大缩短，大部分为6～18个月。总体来讲，中关村创新型孵化器具有专业化、集成化、高端化和市场化四个特点。中关村创新型孵化器的模式较为丰富，大致可分为以下4种类型。

一是投资促进型。中关村创新型孵化器针对初创企业最急需解决的问题——资金问题，以天使投资为核心和纽带，帮助企业启动项目并提供配套服务。这一类创新型孵化器的典型代表有创新工场、车库咖啡和天使汇等，其中，创新工场作为一个专注于早期阶段投资，并提供商业、技术、市场、人力、法律、培训等全方位服务的创业平台，打造了"早期投资＋全方位孵化服务"新模式；车库咖啡为早期项目创业者提供低成本、高效率、全开放式创新创业孵化服务，内容包括融合创业团队、完善商业计划、促进产品发布等，打造了草根创业孵化的新模式——创业者开放服务平台；天使汇是一个集投资、创业和市场三位一体的综合性的天使投资与创业公司对接平台，聚集了成功的天使投资人和专业的创业团队，为初创企业发展提供融资、咨询、营销、人才等各种社会资源，并通过路演对接企业和天使投资人。

二是培训辅导型。除了加强与天使投资合作以外，注重对企业的辅导和培训也是中关村创新型孵化器的一个突出特点。创新型孵化器充分利用其丰富的人脉资源，邀请大量知名企业家、创投专家、行业专家等作为创业导师，一方面为企业开展创业辅导，另一方面帮助企业与各种资源进行对接。这一类创新型孵化器的典型代表有联想之星、亚杰商会等。联想之星开创了国内首个集免费的创业培训、天使投资和开放平台"三位一体"的科技创业孵化模式，为高科技初创企业提供免费创业培训孵化服务、行业资源、资金及管理等具有高附加值的资金支持和综合性孵化服务；亚杰商会通过开展"摇篮计划"，整合科技、商业、投资金融界的精英人士资源，采用创业导师与企业一对一的方式，对企业进行战略制定、融资对接、市场拓展等创业辅导，成为整合投资人和企业家服务创业者的服务平台。

三是媒体延伸型。中关村创新型孵化器中，部分是由面向创业企业的媒体开始做起，逐步发展成为为企业提供线上线下相结合的，包括宣传、信息、投资等各种资源在内的综合性创业服务平台。这一类创新型孵化器的典型代表有创业家和 36 氪等。创业家通过综合媒体平台、"黑马训练营"及"黑马大赛"等活动，为企业提供报道宣传、培训交流、创投对接等孵化服务；36 氪是中文互联网圈的新兴创业媒体和创业服务平台，通过科技博客服务互联网创业企业，其旗下的36Kr.com、36Tr.com、36 氪开放日等已成为服务互联网创业的重要媒体平台，把中关村聚集式的互联网创业氛围用线上的方式辐射至全国。

四是专业服务型。部分中关村创新型孵化器是依托行业龙头企业建立的专业服务平台。这类孵化器以服务移动互联网企业为主，提供行业社交网络、专业技术服务平台及产业链资源支持，协助优质创业项目与资本对接，帮助互联网行业创业者成长，同时也将在孵企业作为这些专业服务平台建设公司未来潜在的并购对象。这类创新型孵化器的典型代表有云计算产业孵化器、诺基亚体验中心、微软云加速器等。云计算产业孵化器由宽带资本投资设立，建立了"创业孵化＋创投基金＋产业链整合"的新型孵化模式，通过打造云计算产业孵化器集群，借助资本、市场和产业龙头作用推动中国云计算产业发展；微软云加速器是微软亚太研发集团启动的创业孵化项目，通过平台型企业的产业带动作用，依托微软云计算平台帮助创业者节约开发成本，将微软的创新资源、技术实力及国际化经验等优势向创业者开放，帮助创业者实现梦想。

2. 打造"一条龙"科技金融服务体系

中关村打造"一条龙"的科技金融服务体系，覆盖了科技创新的完整生命周期。中关村找准政策性金融的定位，激发各类金融资本的活力，整合银行业金融机构、各类股权投资机构、多层次资本市场等多方力量，满足处于种子期、初创期、成长期、成熟期 4 个不同发展阶段的科技型中小企业的差异化金融服务需求，最终形成了具有示范引领意义、易于复制推广的"中关村经验"[17]。

一是建设信用体系。发挥行业协会的作用，大力开展信用宣传和培育。2003 年成立全国首家信用自律组织——中关村企业信用促进会，采用一系列措施促进信用自律：鼓励企业使用信用产品，建立信用记录；在公共政策中叠加对企业信用的要求，并鼓励银行在信贷评审中使用企业信用报告；建立信用激励机制，实施企业信用星级评定计划，对于信用等级越高的企业，给予贷款贴息的比例越大；实施以企业信用为基础的中小企业融资解决方案和企业信用培育双百工程，引导金融机构为信用良好的企业提供优质融资服务，体现企业信用价值。

二是打造融资服务平台。从政府主导角度出发，中关村政府机构着力打造政府引导型的融资平台，先后推动设立中关村发展集团、中关村科技担保公司、中关村创业投资发展公司、中关村小额贷款公司、中关村科技租赁公司等。这些机构发挥了投融资平台的引导作用，凝聚和整合创新型金融机构和科技中介机构在中关村集聚和发展。中关村天使投资组织化程度逐步提高，出现了一批活跃的天使投资人和连续的创业者。

三是完善政策支持。中关村针对企业不同发展阶段的融资需求特点，出台多项科技金融公共政策，如表2.2所示，这些政策在引导金融机构开展科技金融产品创新和服务中小微科技型企业方面起到显著成效，探索形成了促进技术和资本高效对接的工作机制。

表2.2 中关村出台的各项科技金融公共政策

主要内容	科技金融公共政策
创业投资方面	中关村国家自主创新示范区天使投资和创业投资支持资金管理办法
科技信贷方面	中关村"展翼计划"工作方案、中关村国家自主创新示范区企业担保融资扶持资金管理办法
融资租方面	中关村国家自主创新示范区融资租赁支持资金管理办法
改制上市方面	中关村国家自主创新示范区支持企业改制上市资助资金管理办法、中关村国家自主创新示范区并购支持资金管理办法
风险补偿机制方面	中关村国家自主创新示范区小微企业信贷风险补偿资金管理办法
工作机制方面	中关村百千万科技金融服务平台建设方案、中关村科技金融伙伴工程实施方案
互联网金融方面	关于支持中关村互联网金融产业发展的若干措施

四是建设科技金融功能区。随着互联网金融快速发展，作为互联网经济的"风暴中心"的中关村，打造互联网金融创新中心。2013年成立了全国第一家互联网金融行业自律组织——中关村互联网金融行业协会，启动中关村互联网金融信用信息平台建设，积极探索基于大数据的信用评价和征信管理机制，推动成立中关村大数据交易产业联盟。支持海淀等有关区县结合功能定位，建设互联网金融产业基地，

互联网金融企业聚集效应不断显现。目前，中关村在第三方支付、众筹融资、网络小额贷款、P2P、信用风险管理等领域中涌现出一大批优秀企业。

3. 营造浓厚创业氛围

中关村创业服务活动非常活跃，涌现出以创新工场、车库咖啡、常青藤创业园等为代表的一批运作模式新、创新能力强、专业水平高的新型创业服务组织。在中关村创业大街入驻了天使汇、车库咖啡、3W咖啡、Binggo咖啡、飞马旅、36氪等创业服务机构，现在的中关村创业大街上已有十余家创业、创投平台入驻。

一是实施"金种子工程"。2011年12月，中关村开始实施"金种子工程"，为"金种子企业"提供全方位创业服务。"金种子企业"是指在战略性新兴产业领域中技术水平高、商业模式新、持续创新能力强、创业团队和治理结构完善的初创企业。中关村科技园区管理委员会（简称中关村管委会）每年推出100家"金种子企业"，入选"金种子企业"的初创企业可以获得纳入担保融资绿色通道等投融资服务，同时可以获得创业导师的专业指导。易美芯光、网能经纬等20家初创企业被认定为首批中关村"金种子企业"，雷军、李开复等21位天使投资人和企业家被聘为中关村首批创业导师。"金种子工程"启动以来，"金种子工程"联席会在中关村管委会的指导下，陆续组织举办了"金种子企业"座谈会、需求落实协调会及企业参观交流会等活动。中关村管委会积极开展产学研对接活动，组织开放实验室有针对性地以一对一或多对一的方式，为"金种子企业"提供深度服务。

二是进行宣传推介。中关村新型创业服务组织借助各类媒体、沙龙、创业大赛等多种方式，集中对一批科技水平高、市场前景好的重大项目和初创企业进行宣传推介，促进创业者与投资机构、天使投资之间的对接沟通与交流合作。例如，车库咖啡以微博传播的方式对项目进行推广，并组织众多创业媒体及十余家投资机构每周定期坐班，帮助创业者与百余家创业投资机构、天使投资人对接并完善创业规划；创业家建立了杂志、网站、微博等多元的创业媒体传播平台，并组织1 500余家企业参加"黑马大赛"活动，举办"黑马成长营"，邀请国内知名企业家担任导师授课，辅导创业企业快速成长。

4. 开启全国首个创新创业街区

2014年6月12日，全国首个大规模集聚早期创新创业要素的特色街区"中关村创业大街"在北京正式开启。街区通过"政府引导"结合"市场化运作"的模式，为科技型创新创业者提供创业扶持。

一是举办大量创业大街活动。创业大街举办了大量的线下活动，平均每周举办创业活动 12 场。以创客空间为例，其旨在打造一个人人都能来的开放实验室，为创客们提供实现创意和交流创意思路及产品的线下和线上相结合、创新和交友相结合的社区平台，并同时为创客提供创业支持。据悉，每年创客空间举办约 300 场各种创客活动，从技术交流会到沙龙再到各种设计大赛。

二是出台多项创业扶持政策。北京市、中关村管委会和海淀区共同出资 1 亿元支持创业，其中包括：鼓励高等院校科技人员参与科技创业和成果转化，对到中关村创业大街、各类孵化器或大学生创业基地创业的学生给予房租减免、创业辅导等支持，推动《加快推进高等学校科技成果转化和科技协同创新若干意见(试行)》(简称"京校十条")落地；实施"创业火炬工程"，支持全球拥有科技成果及商业模式创新的人才和团队到核心区创业，并给予最高 100 万元的创业支持；设立中关村创业投资、天使投资风险补偿资金，对在中关村开展创业投资、天使投资的投资机构和投资人，按实际投资额给予一定补贴；强化对创业人才及团队的全方位服务，对经认定的高端人才给予奖励并提供公租房、医疗、子女入学等配套服务政策。

三是扩容街区承载空间。中关村创业大街街区运营管理方之一——海淀置业集团，积极与产权单位、使用权人和承租人、改制企业沟通协商，采取多种方式增加可控面积：第一，收购。向房屋持有人支付房款，取得房屋产权或使用权。第二，回租。与房屋持有人签订房屋租赁协议，取得房屋经营权。第三，置换。向房屋持有人提供街区以外的房屋作为交换，取得其房屋的使用权。第四，提前或到期终止房屋租赁合同。向承租人支付一定的经济补偿，将房屋收回。第五，市场—政府的运营模式。中关村创新创业大道的设计、运营管理引入了全国最具有科技园、孵化器运营管理经验的科技园区运营企业——清控科创控股股份有限公司，由清控科创控股股份有限公司与海淀置业集团合作成立海智科创科技服务有限公司全面负责，后者为资产入股，前者则贡献自己的管理服务。此外，海淀区政府还为所有入驻街区的创业服务机构提供房租补贴，激发其更加积极地服务初创企业。

2.2.2 深圳市科技创业服务经验

1. 着力构建新型孵化器

一是培育开放式创客载体孵化企业。柴火创客空间，即柴火创客文化传播有限公司，是全国首批成立的创客空间，旨在为创新创业者提供自由开放的协作环境，促进创意的实现以至产品化。除提供基本的原型开发设备，组织创客聚会和各种级别的工作坊以外，还建立社区人才库，让广大创客快速募集人才、组建创业团队。柴火创客空间主要通过创客会员、创客活动分享会、制汇节、网络等渠道组织广大创客，每年举办超过70期不同类型的活动分享会、50场工作坊，注册会员超过1 000人，活动人流总数超过1万人，超过50家国内外媒体进行过报道。柴火创客空间拥有20多个国内外创客的最新产品展示区。

二是建立"四位一体"的孵化器。深圳清华大学研究院是深圳市政府与清华大学共建的以集成创新为特征的"科技＋产业＋资本＋培训"四位一体的孵化器，对实施创新驱动发展起到了良好的示范带动作用。

三是形成一站式育成服务。作为深圳市唯一一家国立科研机构——中国科学院深圳先进技术研究院，加大了对创客的培养和孵化力度，为创客提供从"蝌蚪到青蛙"的一站式育成服务。

2. 打造专业孵化服务体系

弈投孵化器一站式创业资本虚拟孵化平台通过"一对一孵化＋平台增值服务＋价值投资"的形式为企业提供服务。目前已经形成拥有自主知识产权体系、项目管理体系、海内外投资人管理体系、运作效能评估体系及客户服务体系等在内的一套较为成熟的科技金融孵化专业服务体系，是国内首家提出对企业家进行资本孵化的科技孵化器。弈投孵化器先后设立弈投学院、弈工坊、弈享汇、弈投私董会、弈游天下、硅谷书吧、弈投咖啡等具有自主知识产权的特色平台，旨在以此为核心竞争力，更加全面、系统、创新地为更多在孵企业与投资人提供多元化的平台服务，并在专业孵化服务基础上为企业提供免费的增值服务。随着一站式创业资本虚拟孵化平台的不断创新和服务优化，加之平台参与孵化和培育项目在资本市场上高于市场平均水平的对接成功率，目前已有600多家国内外创投机构加入一站式创业资本虚拟孵化平台投资人资源库，并成为平台企业的资金后盾和成长引路人。27家银行、担保机构与平台建立紧密合作关系，共同探索符合科技型中小企业的灵活、低息贷款方式，国内外47家投资银行、证券公司参与平台在孵企业挂牌"新三板"及创业板上市活动，众多高等院校及科研院所与平台建立创业技术交流及对接机制，一批行业内顶尖的律师事务所及会计师事务所加入平台服务体系。

3. 搭建中小企业创新服务平台

中小企业创新服务平台是采用战略联盟组织形式建设和运营，以服务中小企业科技创新和快速发展为目标的社会化公共服务平台，是国内首家专注于为产业园区和中小企业提供"一站式"增值服务的高端智慧型价值服务平台。中小企业创新服务平台本着"共建、共生、共享、共赢"的理念,集聚、整合各类专业科技服务机构和社会资源30余家,构建了较为先进、完善的平台管理系统,为园区企业提供保姆式的贴身服务。通过不断地集聚、整合各类专业科技服务机构,对现有平台进行不断的更新完善和升级,整合超过100家专业科技服务机构,努力将中小企业创新服务平台打造成一个专业化的综合服务系统,取得$1+1>2$的服务效果。目前,中小企业创新服务平台服务的会员企业数量已突破千家,成功地为深圳市800多家企业提供了国家高新企业、双软企业认证咨询服务,为300余家企业提供了卓有成效的工程咨询项目申报服务,积累了丰富的优质企业客户资源。依托中小企业创新服务平台会员管理系统和超过5 000个项目的经验积累,以及对专业团队的市场调研数据进行整理、研究和分析,积累了海量的产业数据、市场数据,并形成了强大的数据库资源,可向客户提供全面、准确、及时、连续的产业市场情报和资讯服务。依托创新育成研究院完善的项目管理体系,实行严格的规范化、制度化管理,确保项目在时间、成本和质量控制等方面达到并超越客户的期望。聘请数十位业界知名专家担任公司顾问,每个项目配备资深项目经理,并由专业团队具体执行完成,项目组定期与客户沟通,确保合作双方顺畅,采取严格的项目质量审核制度,保证项目质量。

4. 营造一流的创业文化氛围

掀起青年创新创业的风潮,形成政府激励创业、社会支持创业、劳动者勇于创业的新机制,对深圳乃至广东的创新发展有着极其重要的现实意义。深圳已率先开展商事登记制度改革,截至2014年深圳累计实有商事主体超过170万户,居全国大中城市首位。为顺应草根创新、创客兴起的新潮流,深圳每年6月举办"国际创客周",设立青少年创新专项计划,搭建创业大道、硅谷直通车、创投广场、创新创业大赛等创新平台,形成了柴火空间、创客中心、创客市集等国际化"众创空间"等,并且形成了"大众创业"及"万众创新"的创业氛围。

2.3 国内外科技创业服务链建设成功经验

2.3.1 弘扬创新创业文化

宽容失败的创新创业文化氛围是十分必要的,鼓励大众创业、万众创新就要弘扬敢为人先、宽容失败的创新创业精神。文化的包容性、宽容性，对经济自由包括投资、创新、竞争和产业进入的自由具有十分重要的决定作用。创新创业离不开社会环境的滋养。创新创业的意识不强，社会上对创新创业的鼓励不足，对创新创业失败缺乏宽容的气氛，是阻碍创新创业成功的关键因素，因此要注重鼓励营造创新创业的浓厚氛围，在全社会大力弘扬尊重劳动、尊重知识、尊重人才、尊重创造的理念，倡导敢为人先、敢冒风险、宽容失败的新风尚，使一切有利于社会进步的创新创业的愿望得到鼓励、行动得到支持、成果得到尊重，形成创新创业光荣的鲜明导向。

2.3.2　拓展新型创业服务

突破传统的运用物理空间的孵化模式，拓展新型创业服务，主要体现在以下6 个方面。

(1)创业服务集群由大学科技园、科技企业孵化器和留学人员创业园拓展为大学科技园、科技企业孵化器、留学人员创业园及新型创业服务组织互相支撑。

(2)服务空间由物理孵化器拓展为物理与虚拟孵化器并存互补。

(3)运作模式由政府主导拓展为政府引导与市场主导相结合。

(4)孵化模式由孵化服务提供为主拓展为"孵化＋创投"和"创业辅导＋天使投资"的新型模式。

(5)盈利模式从房租收取为主拓展为以提供专业软性增值服务为主。

(6)服务对象从入驻企业拓展为早期项目、新创办企业和入驻企业。

上述 6 个方面的拓展促进了各类创业服务与支持政策的无缝对接，发挥了良好的示范引领作用。

2.3.3　建设各类孵化器

大力支持和投入建设各类孵化器，实现孵化空间虚实结合和服务的差异化。

1. 建立创业服务新载体

引导科技企业孵化器、大学科技园、专业科技园、大型企业等建立创业苗圃、大学生创业基地等平台。支持创投机构、民间组织、个人等建立专业化、特色鲜明的创业俱乐部，创新工场，创业咖啡屋等新型载体，引导社会投资组建以互联网为依托的软性虚拟孵化器，实现服务空间由物理孵化拓展为物理与虚拟孵化器并存互补，致力于为不同阶段、不同领域、不同类型的创业项目提供针对性和差异化的服务。

2. 培育新业态和新模式

完善创业孵化服务体系，培育创业服务的新业态和新模式。整合社会力量，积极提供创业教育、创业辅导、创业投资、团队融合、产品构建、技术与商业模式创新等创业服务，积极聚焦早期项目与初创企业，为高层次人才和创业者提供更丰富、更优质的创业服务。建立"天使＋孵化"的孵育模式，提高创业服务组织的投资收益比重。引导各孵化器建设主体、投资人，积极搭建天使投资平台，形成"天使投资网络"，提高投资收益在孵化服务收入中的比重，探索"天使投资＋创新产品构建"、"创业培训＋天使投资"、"创业导师＋天使投资"及"天使投资＋政府科技投入"等新型孵化模式。

2.3.4 开展体制机制创新

鼓励创业服务组织开展体制机制创新，支持创业服务组织提升专业服务能力。

1. 完善工作机制

支持创业服务组织探索与社会资源紧密结合的工作机制，以创业服务组织为重要载体吸引集聚海内外创新创业人才，挖掘培育重点初创企业，拓展服务途径。引导和帮助创业服务组织提高专业服务能力和水平，加大政府部门对新型创业服务组织的工作委托和购买服务力度，充分发挥创业服务组织的作用，推动区域创业发展。

2. 健全政策体系

强化政策的引导作用，建立完善的政策体系和安排一定规模财政资金，引导鼓励社会机构设立创新型孵化器，支持创业服务机构和在孵化项目的发展，构建涵盖"创业苗圃—孵化器—加速器—定制办公空间—购地自建"等在内的全方位创业服务发展空间支撑体系，为创业服务业发展提供保障。

3. 丰富创业平台种类

创业平台主要包括大学生创业园、青年创业实践基地、留学生创业园等，这些远远满足不了科技创业者的创业期待，将逐步向建立专业孵化器、软件园、国际创业园、创客空间等各种新型创业平台转变。

第3章

江苏省科技创业服务链建设现状

3.1 江苏省科技创业服务链建设现状及成效

近年来，江苏省以创新型省份建设试点为契机，大力推进科技创新工程，区域创新能力连续六年位居全国第一。江苏省着力打造各类科技创业服务载体和公共服务平台，逐步推进创业孵化服务、技术交易服务、科技金融服务、创业辅导服务、火炬计划综合服务及科技创业大赛服务等各项服务，有力保障和促进了科技型中小企业发展，科技创业服务链建设也取得了明显成效。

3.1.1 建设现状及成效

1. 服务能力逐步提升

江苏省汇聚政府、企业、高等院校等多方资源，不断强化政策、资金、技术和人才服务能力建设，大力推动科技创业投融资事业的发展，积极搭建科技金融服务平台，为在孵企业解决融资困难等问题，注重加强与高等院校、科研院所等创新源头的合作，注重对接科技服务机构，经过创新机制、提升能力、完善功能，实现资源集成和优势互补，深化产学研合作，加速推进在孵企业科技成果转化与产业化，同时建立"创业导师＋孵化器＋联络员"三级联动体系，创业导师通过点对点、巡回诊断、成长咨询等方式开展创业辅导服务，不断提升全流程、全方位的服务能力和水平。

2. 服务绩效日益提高

江苏省科技企业孵化器建设一直位居全国前列，专业孵化器、软件园、大学科技园、留学生创业园、国际创业园、创客空间等各种新型载体层出不穷，截至2014年，江苏省各类科技企业孵化器达到515家，国家级孵化器达133家，孵化面积达到2 769万平方米，在孵企业29 413家，孵化器数量、孵化场地面积、在孵企业数量等指标均继续位居全国第一。采用企业化管理的孵化器数量逐年增加，江苏省60%以上的科技企业孵化器运行主体为独立公司法人，超过20%的科技企业孵化器是以民营企业为主投资建设。孵化了一大批高科技企业，截至2014年，江苏省拥有科技企业29 413家，同时培养和造就了一批高成长科技企业与高素质企业家。江苏省科技企业争取国家创新基金资助总额连续多年蝉联全国第一，江苏省创投机构管理资金规模达1 750亿元。2014年，江苏省技术合同成交总额为655.34亿元，跃居全国省份第一。

3. 工作体系不断完善

创业服务载体已逐步实现在江苏省范围内县、区一级的全覆盖，形成了政策扶持、计划引导、创投助推等相对完善的科技创业服务体系，运行机制也由初期的政府主导模式逐步向适应市场需求的多元化投入、市场运作、企业化管理模式转变。集聚产学研等优势资源，实现技术专业化、成果推广、国际合作、人才引进和融资服务等各种工作扎实推进，逐步建立完整的服务导向工作流程体系，促进各种资源和能力得到更加合理的组合，使科技企业更加有效地获得创业和进一步发展所需要的人才、知识技能和资本等关键资源。

3.1.2 存在的不足

1. 服务协同性仍需增强

一条完整的科技创业服务链包括创业孵化服务、技术交易服务、科技金融服务、创业辅导服务、火炬计划综合服务、科技创业大赛服务等服务，各项服务是一个整体，需要建立有效的协作模式，形成上下左右协同机制。但是，目前各项服务之间整体性不强，缺乏有效的协作性。例如，科技金融服务仍存在"短板"，民间资本在风险投资领域中的主体地位尚未形成，江苏创投资金更多地来源于政府财政拨款、大型国有企业和上市公司，金融机构、社保基金及民营资本的投资不足，天使资金仍然明显缺乏。同时以国有产权转让为主的江苏各产权交易所存在着地区分割、功能不完善、交易不活跃等问题，统一而高效的创新性交易平台和运作模式尚未完善，这在很大程度上抑制了民间资本介入创投的积极性。因此，在技术交易服务和科技金融服务的协作之间存在着"障碍"，需要进一步疏通和清理。

2. 中介服务体系仍需健全

一是服务功能不够完善。江苏多数创业服务组织规模小，不少是政府部门的下属机构或由其改制而来，服务功能不够完善，服务人员能力有待提升，服务水平和质量不高，在企业管理、技术开发、产品开发等高层次、高增值的较高层次服务领域还存在较大差距，缺乏清晰的业务定位和核心竞争力，无法满足客户的综合要求。

二是服务方式不够健全。孵化器的服务方式尚处在初级阶段，服务方式方法有限，为初创企业提供辅导、融资等增值服务的能力不强，孵化资源整合不够。同时公共服务平台较少，服务的深度、精度不足，深层次服务收入或创业风险投资回报在总收入中所占比重不高，缺乏一批设施先进、功能完备、管理服务规范的龙头骨干科技企业孵化器。同时，企业、高等院校、社会机构等多元化投资发展的模式尚需完善。

3. 服务人员整体素质仍需提高

江苏省科技创业服务队伍整体素质与发达国家企业家队伍相比仍有很大差距，特别是缺乏全球眼光和战略思维，创新意识和创新动力不强，参与国际竞争、谋求更大发展的决心和勇气不够，创业服务队伍结构不优，其中，专业技术人才较多，而管理、法律、市场等方面的创业服务人才较少，金融产业、文化产业等现代科技创业服务人才尤为紧缺，各方面的人才没有组成合理的创业服务团队，同时高层次创新创业人才总量还不够大，与加快转变发展方式的要求还不相适应。同时，创业导师的水平和能力，是科技企业孵化器能否获得成功的关键，但是，目前创业导师多为"被志愿"的提名、受邀及确认，创业导师本身多处于社会一线，很难抽出时间与创业者保持足够的联系。另外，创业导师与创业者所处行业的同质性，往往使他们之间存在着潜在的竞争关系。

3.2 江苏省科技创业服务链建设机制

开展科技创业服务链建设工作是一项长期的、系统的工作,不可能一蹴而就,应当循序渐进、逐层突破,充分认识科技创业服务链建设对科技型中小企业的促进作用,以提高创业服务质量为目标,建立更加科学合理的对接机制,使其成为中小企业成长的摇篮,更好地发挥其在支持科技人员创业和培育科技企业中的重要载体作用。

3.2.1 市场准入机制

1. 创业服务机构与社会资源紧密结合

创业服务机构加强体制机制创新,形成与社会资源紧密结合的工作机制,以创业服务机构为重要载体吸引集聚海内外创新创业人才,挖掘培育重点初创企业,拓展服务途径。

2. 采用市场机制运营管理

注重吸取国内外孵化器发展的先进经验,鼓励国有孵化器实行组织创新和机制创新,采用市场机制运营管理。

3. 坚持企业技术创新主体地位

让科技资源向基层、向企业、向市场转移,更多的发挥市场作用配置科技资源,以市场的竞争、汰劣机制导向科技创业企业的发展。江苏省技术产权交易市场开展一站式服务,完善创业风险投资退出机制,建立健全科技中介服务体系,鼓励发展民办科技服务机构等。

3.2.2 多元化投入机制

对于科技创业企业来说,融资短缺是生存发展的首要难题。加大科技创业投入力度,建立健全创业扶持政策,形成多元化投入机制是有效促进就业的重要保障,也是政府的重要职责。江苏省大力支持省级以上科技创业孵化器、大学科技园等各类科技创业载体设立"创业苗圃",2007 年设立江苏省科技型中小企业技术创新资金支持企业发展。江苏省还设立创业投资引导资金,推动江苏省创业投资和风险投资机构跨越式发展,江苏省创投机构管理资金规模已达 1 500 亿元。

2013 年，又设立首期 2 亿元的江苏省天使投资引导资金，鼓励更多社会资本、民间资本支持科技创业，同时构建科技金融风险补偿资金池，充分发挥市场机制作用，拓展渠道，引入社会力量与资本，实行财政风险补助、贴息等办法，吸引风险投资、金融机构积极支持科技创新项目，以百亿资金规模撬动千亿社会资本共同支持中小企业，有效地落实科技金融扶持政策。同时，开展"苏科贷"、"科技保险保费补贴"及"知识产权质押贷款"工作，积极争取各类科技金融支持，确保科技型企业发展有稳定的资金保障。

3.2.3　绩效评价机制

江苏省建立健全科技企业孵化器综合绩效评价体系，采用社会效益、孵化效率、服务能力及发展规范等指标，对孵化器及平台的建设与管理、运行情况、目标任务完成情况、服务水平等做综合评价、考核，形成科技企业孵化器的复核、激励和退出机制；建立创业导师绩效考评体系，切实保障服务的质量和成效；建立和完善科技创业统计及定期发布制度，建立涵盖体制机制创新、服务标准规范、创业人才引进和企业成长培育等内容的立体化评估体系，定期组织开展评估，并将结果以适当方式进行公布。

3.2.4　激励机制

1. 降低创新创业门槛

对众创空间等新型孵化机构内的科技创业企业放宽注册条件，简化注册手续，提供工商注册便利。鼓励社会力量兴办众创空间，给予最高 300 万元的建设费用补贴或运营费用补贴。支持社会机构开展各类创业服务活动，对社会机构举办创业项目路演、创业论坛、创业训练营等活动，每个机构每年最高可给予 30 万元补贴。

2. 鼓励科技人员和大学生创业

为大学生创业提供创业培训、工商注册、创业交流、融资对接等服务，划出一定的空间，免费用于大学生创新创业实践活动，为创新创业者提供更加优惠和便捷的中试开发、技术转移、成果孵化等专业服务。

3. 加大财政资金和政策支持力度

实施省创客红包奖励计划，省地联动，采取科技创业补助、创新券等方式进行创业扶持和激励。实施科技服务骨干机构后补助。将大赛获奖的企业及创业团队技术研发项目，纳入江苏省科技型企业技术创新资金和重点研发计划（产业前瞻与共性关键技术）立项支持。

3.3 江苏省科技创业服务链建设绩效评价

3.3.1 江苏省科技创业服务链建设绩效评价指标体系

1. 绩效和绩效评价的概念

1）绩效的概念

绩效是一个多义的概念，《现代汉语词典》（第五版）把绩效解释为"成绩、成效"，而《牛津现代高级英汉双解词典》对英文"performance"一词的解释是"执行、履行、表现、成绩"。美国学者 Bates 和 Holton 指出，"绩效是多维构建的，观察和测量的角度不同，其结果也会不同"[18]。因此，对绩效这一概念的含义，在不同的学科领域、不同的组织及组织发展的不同阶段，有不同的解释，尚未形成统一的解释。到目前为止，对绩效这一概念的各种解释，概括起来主要有三种典型的观点，即认为绩效是结果、绩效是行为和绩效是结果与行为的统一体。

第一种观点认为绩效是结果，把绩效看做"工作结果"或"产出"。其中，比较典型的是 Bernardin 等将绩效定义为"在特定时间范围，在特定工作职能或活动上产生出的结果记录"。Kane 提出绩效是"一个人留下的东西，这种东西与目的相对独立存在"[19]。从这些解释中可以看到，绩效是工作所达到的成果或工作结果的记录。第二种观点认为绩效是行为，就是把绩效看做"工作行为"或"过程"。第三种观点认为绩效是结果与行为的统一体，把绩效看做既包括"工作结果"，又包括"工作行为"，是二者的统一体。第一、第二种观点分别侧重于工作结果和工作过程（行为），而工作本身既有结果问题又有过程问题，因此，在这两种观点的基础上把绩效解释成结果与行为的统一体是逻辑上的必然。把绩效视为结果与行为的统一体是对绩效这一概念比较宽泛的解释，这样的解释更容易被人们接受。

从以上对绩效这一概念进行解释的三种典型观点来看，每一种观点都各有其优缺点。绩效是结果的观点能够保证"结果导向"，但容易失去对过程的控制，并可能导致短期行为；而绩效是行为的观点有利于掌控情况并及时进行调整，但有时可能出现忽视工作结果的情况；绩效是结果与行为统一体的观点虽然容易被人们接受，但二者究竟怎样"构成统一体"或如何"结合到一起"，在理论上仍然还不十分明确。从绩效管理的理论探讨和发展历程来看，人们对绩效的认识是不断发展的，从单纯地强调数量到强调质量再到强调满足顾客需要，从强调"即期绩效"到强调"未来绩效"，说明必须以发展的观点来看待和理解绩效这个概念。根据对绩效这一概念进行解释的各种典型观点，考虑到人们对这一概念认识的发展状况，本书把绩效解释为"经过评价的工作行为、方式与结果"。

2）绩效评价的概念

绩效评价，英文为 performance appraisal，中文又称为绩效考核、绩效评估。对于绩效评价的含义，不同的研究者有不同的定义。有的研究者认为，绩效评价是上级与下级之间的一种正式讨论，目的是了解下属工作表现的状况及原因，并讨论如何使下属在未来更有效地工作。重点强调绩效评价是上级与下级之间的沟通与反馈，目的在于通过对现有工作的评价推动以后工作的改进和提高。有的研究者认为，绩效评价是定期评价个人或小组工作绩效的正式制度。重点强调绩效评价是对个人或小组的绩效进行评价的正式制度。还有研究者认为，绩效评价作为一种正式的评价制度，同时也可以是非正式的，即所有的管理人员都会监控员工的工作方式并评定这种工作方式是否符合企业的需要。

根据对绩效这一概念的界定和评价的固有含义，结合目前对绩效评价这一概念的各种解释方式，本书认为，科技创业服务链建设绩效评价是根据科技创业服务链的建设目标，通过建立综合评价指标体系，对照相应的评价标准，将定量分析与定性分析相结合，对科技创业服务链建设在一定时期内的投入-产出成效进行的综合评判。绩效评价具有如下功能。

一是认识功能。通过绩效评价可以对科技创业服务链有比较全面、客观的认识，有一定的定量依据，避免主观印象起主导作用。

二是考核功能。通过绩效评价可以考核科技孵化服务、科技金融服务、技术交易服务等各项服务的服务业绩水平。一项服务的业绩状况，一方面取决于管理层的领导能力与素质；另一方面取决于服务人员的执行能力，绩效评价有利于服务绩效的及时反馈。

三是引导与促进功能。通过绩效评价可以将科技创业服务行为取向引导到绩效中来，调动服务人员创造良好业绩的积极性，促进科技创业服务链建设的顺利进行。

四是挖潜功能。通过绩效评价可以发现各类服务的差距，进一步发挥优势，克服劣势，挖掘潜力，达到提高绩效的目的。

2. 江苏省科技创业服务链建设绩效评价指标体系

1）评价的原则

结合科技创业服务链建设发展现状，江苏省科技创业服务链建设评价指标体系的制定应遵循以下原则。

一是目标和导向性原则。以建设科技创业服务链为目标，以加强科技创业环境和能力建设为导向。

二是科学性和客观性原则。强调理论与实践相结合、定性和定量相结合、比值型和规模型相结合，尽量以较少的指标（数量较少、层次较少）全面系统地反映科技创业服务链的运行状况及运行成效。

三是可行性原则。应明确易懂、简繁适中，数据应易于采集、计算，要进行标准化、规范化处理，计算方法要简便、科学，易于操作。

四是公平和公正性原则。依据科技创业各主体报送科学技术部火炬高技术产业开发中心（简称科技部火炬中心）和江苏省高新技术创业服务中心的统计数据，通过定量分析和专家评审方式实施评价，并适时公布评价结果。

2）评价指标

按照绩效的含义，在评价科技创业服务链的绩效时，需要了解科技创业服务链建设时需要投入哪些资源，最后产出哪些成果。由于提供的每项服务乃至每个活动都应该围绕其特定的目标进行，所以在确定科技创业服务目标的条件下，只要根据其提供服务时耗资的资源与实现目标的程度就可以衡量其服务绩效。

江苏省科技创业服务链建设是指围绕科技创业孵化链构建创业孵化服务、技术交易服务、科技金融服务、火炬计划综合服务、创业辅导服务、科技创业大赛服务等完整的科技创业服务链。江苏省科技创业服务链建设绩效可以理解为通过市场配置的科技创业服务产出与投入之比，结合上述分析，基于数据的可得性，本书提出江苏省科技创业服务链建设绩效评价指标体系，如表 3.1 所示。

表 3.1　江苏省科技创业服务链建设绩效评价指标体系

目标层	一级指标	二级指标
科技创业服务链建设绩效	投入指标	年新增孵化场地面积/万平方米
		年新增孵化器数量/个
		年新增在孵企业从业人数/万人
		年科技型中小企业获得创业投资引导基金/万元
	产出指标	年毕业企业/家
		孵化企业总收入/亿元
		科技型中小企业年获得技术创新项目/项
		年公共技术服务机构补助资金项目/项
		科技型中小企业年获得风险补助项目/项

3.3.2　江苏省科技创业服务链建设绩效评价分析

1. Malmquist 指数方法和数据的采集

1）Malmquist 指数方法

Malmquist 最早提出了 Malmquist 指数。Caves、Christensen 和 Diewert 将这一指数应用于生产效率变化的测算。Fare 和 Crosskopf 等将这一理论的一种非参数线性规划法与数据包络分析（data envelop analyse，DEA）法相结合，建立了用来观察两个不同时期全要素生产率增长（total factor productivity change，TFPch）的 Malmquist 指数，使 Malmquist 指数被广泛应用[20]，其计算公式为

$$
\begin{aligned}
\text{TFPch} &= M_i(x_{t+1} y_{t+1};\ x_t y_t) \\
&= \left[\frac{D_i^t(x_{t+1},\ y_{t+1})}{D_i^{t+1}(x_t,\ y_t)} \times \frac{D_i^{t+1}(x_{t+1},\ y_{t+1})}{dt+1_i(x_t,\ y_t)} \right] \\
&= \left[\frac{D_i^{t+1}(x_{t+1},\ y_{t+1})}{D_i^t(x_t,\ y_t)} \right] \times \left[\left[\frac{D_i^t(x_{t+1},\ y_{t+1})}{D_i^{t+1}(x_t,\ y_t)} \times \frac{D_i^t(x_{t+1},\ y_{t+1})}{D_i^{t+1}(x_t,\ y_t)} \right]^{1/2} \right] \\
&= \text{TEch}(x_{t+1},\ y_{t+1};\ x_t,\ y_t) \times \text{TPch}(x_{t+1},\ y_{t+1};\ x_t,\ y_t)
\end{aligned}
$$

$$(3.1)$$

Malmquist 指数的计算式（3.1）表示在 $t \sim t+1$ 期全要素生产率的变化程度，由技术效率变化（technical efficiency change，TEC）指数和技术进步（technical progress，TP）指数两部分组成，其定义如式（3.2）和式（3.3）所示。若 $M_i > 1$，表示生产率上升；若 $M_i = 1$，表示生产率不变；若 $M_i < 1$，表示生产率下降。

$$
\text{TEch} = \frac{D_i^{t+1}(x_{t+1},\ y_{t+1})}{D_i^t(x_t,\ y_t)} \tag{3.2}
$$

$$\text{TEch} = \left[\frac{D_i^t(x_{t+1}, \ y_{t+1})}{D_i^{t+1}(x_t, \ y_t)} \times \frac{D_i^t(x_{t+1}, \ y_{t+1})}{D_i^{t+1}(x_t, \ y_t)} \right]^{1/2} \tag{3.3}$$

TEC 指数是相对效率变化指数，主要衡量生产投入要素是否有浪费，资源配置是否最优，该指数描述的是由 $t \sim t + 1$ 期的每个决策单元到生产前沿面的追赶程度[21]。当 TEch>1 时，表示其与最优决策单元组成的生产前沿面的差距缩小，说明组织管理水平有所提高；当 TEch=1 时，表示相邻两期的技术效率没有发生改变；当 TEch<1 时，表示其与最优决策单元组成的生产前沿面的差距加大，说明组织管理水平呈现下降趋势。TP 指数是衡量决策单元在相邻两个时期的生产技术变化程度，它代表生产过程中技术进步或创新的程度。当 TPch>1 时，表示生产前沿面向外移动，说明生产技术有所进步；当 TPch=1 时，表示生产前沿面没有发生变化，说明生产技术没有变化；当 TPch<1 时，表示生产前沿面向后推移，说明生产技术呈现衰退趋势。本书主要是从 DEA 模型的产出角度出发，计算 Malmquist 指数及其各构成部分，使用的软件为 DEAP Version 2.1。

2）数据的采集

数据采集时间周期是 2007～2014 年，数据来源于江苏省高新技术创业服务中心。

2. 模型测算结果分析

利用 DEAP Version 2.1 软件，通过对 2007～2014 年江苏省这 8 年来科技创业服务链建设的投入与产出的时间序列数据进行 Malmquist 指数分析，得到江苏省科技创业服务链建设绩效的 Malmquist 指数及其分解的变化情况，如表 3.2 所示。

表 3.2　江苏省科技创业服务链建设绩效的 Malmquist 指数及其分解的变化情况

时间	TEC 指数	TP 指数	Malmquis 生产率指数	TFP 累计变动率
2007～2008 年	1	0.894	0.894	0.894
2008～2009 年	1	0.967	0.967	0.864
2009～2010 年	1	2.056	2.056	1.777
2010～2011 年	1	0.716	0.716	1.273
2011～2012 年	1	0.854	0.854	1.087
2012～2013 年	1	0.985	0.985	1.071
2013～2014 年	1	1.055	1.055	1.129
平均值	1	1.018	1.018	1.156

根据表 3.2 中科技创业服务链建设的 TEC 指数及 TP 指数变化的环比指数，计算出以 2007 年为基期来观察江苏省科技服务链建设的 TFP 及其构成的变化趋势，如图 3.1 所示。

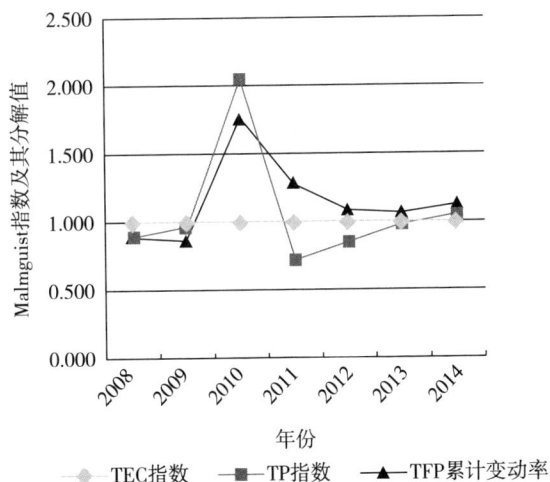

图 3.1　江苏省科技创业服务链建设的 TFP 及其构成的累计变动率

从表 3.2 和图 3.1 可以看出，2007～2014 年江苏省科技创业服务链建设绩效的 Malmquist 指数在各个时间段内呈正向增长状态，Malmquist 指数年均增长率达到 1.8%，这说明科技创业服务链建设绩效呈增长趋势，但是增长幅度不大；TP 指数在各个时间段落上也基本上呈现正向增长趋势，总体上与 Malmquist 指数保持一致变化，其年增长率为 1.8%；科技创业服务链建设的 TEC 指数在 2007～2008 年、2008～2009 年、2009～2010 年、2010～2011 年、2011～2012 年、2012～2013 年、2013～2014 年这 7 个时间段内没有变化，均为 1。从 TP 指数和 TEC 指数的变化趋势来看，TP 指数变动对 TFP 指数的作用更大。总体上来说，江苏省科技创业服务链的配置效率是逐年提高的，但是增长速度较缓慢，因此需要调整投入产出结构，进一步完善科技创业服务链。

第4章

创业孵化服务及案例

4.1 创业孵化服务的内涵

4.1.1 科技企业孵化器与科技创业孵化链

1. 科技企业孵化器

科技企业孵化器是培育和扶植科技型中小企业的科技创业服务载体，主要包括高新技术创业服务中心、大学科技园、留学生创业园、软件园等，其主要功能是以科技型中小企业为服务对象，为入孵企业提供研发、中试生产、经营的场地和办公方面的共享设施，提供政策、管理、法律、财务、融资、市场推广和培训等方面的服务，以降低企业的创业风险和创业成本，提高企业的成活率和成功率，为社会培养成功的科技企业和企业家。

科技企业孵化器是国家创新体系的重要组成部分，是创新创业人才培养的基地，是区域创新体系的重要内容。科技企业孵化器在20世纪50年代发源于美国，伴随着新技术产业革命的兴起而发展起来的。美国科技企业孵化器的发展历程体现出孵化器在全球范围内发展的一般特征：第一阶段(60年代到80年代初期)，主要目标是为了缓解社区的高失业率的状况，主要功能集中在场所和基本设施的提供、基本企业管理职能的配备及代理部分政府职能(如一些政府优惠政策的诠释和代办);第二阶段(80 年代中后期到 90 年代初期),孵化器作为一种有利于经济开发的新型工具得到政府的强力推广,专业技术孵化器是美国政府对企业孵化支持系统化的一个重要方面,虚拟孵化器是美国企业孵化支持日趋系统化的另一个标志;第三阶段(90 年代上半期到 90 年代后半期),呈现企业化运作趋势,其主要表现是服务对象向外扩张和服务形式多样化,孵化经营重心由孵化新创企业转向涵盖市场机会的识别以创建企业本身;第四阶段(90 年代后期至今),创业孵化集团出现,创业孵化集团的革命性在于其解决了传统孵化器的两个基本问题:一方面是具备了独立的投资功能;另一方面是解决了传统孵化器难以吸引高素质管理人才的问题。科技企业孵化器在推动高新技术产业发展、孵化和培育中小科技型企业、振兴区域经济及培养新的经济增长点等方面发挥了巨大作用,引起了全球各国政府的高度重视,也因此在全球范围内得到了较快的发展。

企业孵化的过程也是企业对科学技术成果进行转化,使其逐步走向市场、投入民生运用的一个过程,常常表现为创业公司伴随科技成果实现商品化、产业化的过程,基本过程分为四个阶段——原理成果阶段、模型成果阶段、工业成果阶段、成熟成果阶段,与风险投资的萌芽期、成长期、扩张期、成熟期四个时期分别相对应。根据成果的发展规律,前两个阶段在科研院所和高等院校是能够完成的,科技成果转化难的问题主要是在第三个阶段完成,到了第四个阶段由企业接过来就可以做了。工业成果期是一般人不愿意做的,孵化器就是做这个工作。对于学校和企业,推进成果转化,关键是把工业成果阶段作为工作的重点,一定要把第三个阶段的工作在自己内部想办法渡过去,要是自己没有这个能力,那就需要借助外界的孵化器,使成果渡过工业成果这个困难阶段,进而完成科技成果转化的全过程[22]。

综上所述,关于科技企业孵化器概念的认识可以归结为:科技企业孵化器是一种介于市场与企业之间的新型社会经济组织,通过提供研发、生产、经营的场地、通信、网络与办公等方面的共享设施,系统的培训和辅导,以及政策、融资、法律和市场推广等方面的支持,降低初创企业的创业风险和创业成本,提高企业的成活率和成功率,为社会提供持续增长的税源和稳定的就业机会,将技术资源、人才资源、基础设施和金融资本结合在一起,为创业者和初创企业创业提供发展环境。创业孵化服务的内容基本上可以概括为九大方面:创业辅导服务,包括创办咨询、注册登记和政策落实；基础设施方面，包括提供办公场地、生产场地和会务商务的场地；人才引进服务，体现校企合作、猎头服务及招聘服务；市场推广服务，包括产品推介、展会展览、产品对接等；在孵企业服务，包括专业孵化、技术平台和专业论坛；项目推介服务，帮助在孵企业申报项目、举行新闻发布和提供工程咨询方面的支持性服务；管理咨询服务，帮助在孵企业做企业诊断、商业策划和管理运营；交流培训服务，包括业务培训、创业论坛、技术交流；融资服务，为在孵企业提供孵化资金、融资策划和银企对接服务等。

2. 科技创业孵化链

为顺应新时期孵化器提升发展的趋势，对处于不同发展阶段的创业企业和团队全程提供有针对性的专业化孵化服务，科技部火炬中心于 2013 年提出开展"苗圃—孵化器—加速器"科技创业孵化链建设工作。该链条以科技企业孵化器为基础与核心，向前后两端延伸建立创业苗圃和加速器。创业苗圃以孵化团队和项目为目标，在苗圃内"育苗"成功的团队和项目入驻孵化器；孵化器以孵化初创期企业为目标，从孵化器毕业的高成长性企业进入加速器；加速器主要以培育孵化器毕业的高成长性企业为目标，促进企业快速发展壮大。三个部分有效链接，在任务上既有分工又有合作，在服务上既存在差异化又注重集成，最终形成从项目初选到产业化发展的全链条一体化创业孵化服务体系，营造良好的创新创业生态环境，促进科技企业迅速成长壮大，推动产业集聚及区域经济发展。

创业苗圃鼓励有创业意向的科研人员、大学生、留学人员等开展创业见习实习，为未成立企业的优秀创业项目和创业团队提供专业、系统的"预孵化"服务，提高创业团队的素质和技能，降低创业成本和门槛，开展选苗、育苗和移苗入孵工作。创业苗圃的主要功能包括为创业团队免费或低价提供办公场所，其中包含工位和网络等设施；提供项目的发展前景评估；聘请创业导师为企业提供各类创业辅导和培训，包括模拟创业的实训课程等。孵化器以初创期科技企业为服务对象，通过为企业提供物理空间和基础设施，以及一系列基础服务，培育和扶持中小企业发展，降低创业者的风险和成本，提高创业成功率。孵化器的主要功能包括为创业企业低价提供办公场所和基础配套服务；提供工商注册、基本财务管理、法律咨询、人力资源咨询、基本的商务服务、政策咨询服务；有条件的孵化器可以对在孵企业进行投资等。加速器以孵化毕业的高成长性企业为主要服务对象，通过产业组织创新、资源配置方式创新和服务模式创新，充分满足高成长性企业对于发展空间、技术研发、资本运作、人力资源、市场开拓、国际合作等方面的个性化需求，帮助企业加速成长，培育区域经济新增长点。加速器的主要功能包括为企业提供可租可售的充足办公场所和厂房，并且其作为第三方服务平台，引入专业服务机构，为企业提供技术研发、市场开拓、知识产权、人力资源、投融资服务、上市和并购辅导等可供定制化的服务等。

4.1.2　在孵企业与毕业企业

1. 在孵企业

1) 科技企业入孵条件

根据国家《科技企业孵化器认定和管理办法》，在孵企业应具备下列条件。

一是企业注册地和主要研发、办公场所须在本孵化器场地内。

二是申请进入孵化器的企业，成立时间一般不超过 24 个月。

三是属迁入的企业，其产品(或服务)尚处于研发或试销阶段，上年营业收入不超过 200 万元人民币。

四是在孵时限一般不超过 42 个月(纳入"创新人才推进计划"及"海外高层次人才引进计划"的人才或从事生物医药、集成电路设计、现代农业等特殊领域的创业企业，一般不超过 60 个月)。

五是企业成立时的注册资金，扣除"知识产权出资"后，现金部分一般不超过 300 万元人民币(纳入"创新人才推进计划"及"海外高层次人才引进计划"的人才或从事现代农业等特殊领域的创业企业，一般不超过 500 万元人民币；属生物医药、集成电路设计等特殊领域的创业企业，一般不超过 1 000 万元人民币)。

六是单一在孵企业入驻时使用的孵化场地面积，一般不大于 1 000 平方米(从事航空航天等特殊领域的在孵企业，一般不大于 3 000 平方米)。

七是在孵企业从事研发、生产的主营项目(产品)，应符合国家战略性新兴产业的发展导向，并符合国家节能减排标准。

八是在孵企业开发的项目(产品)，知识产权界定清晰，无纠纷。

九是在孵企业团队具有开拓创新精神，对技术、市场、经营和管理有一定驾驭能力。留学生和大学生企业的团队主要管理者或技术带头人，由其本人担任。

2) 科技企业孵化器对孵化企业的要求

每一家科技企业孵化器对孵化项目都有一定要求，并按照一定的标准和程序选择孵化项目。我国科技企业孵化器对孵化企业的要求主要包括如下。

一是经营和技术要求。孵化企业要有较高技术含量的可实施项目，从事研究开发和产品生产，不是纯贸易行为。孵化企业所从事研究、开发、生产的项目或产品应属于科学技术部(简称科技部)等部门颁布的《高新技术企业认定管理办法》范围。

二是创业者要求。创业者应为处于初创期的独立法人；产权明晰，运行机制较好；自主研发能力强，技术水平高、行业成长性较好，市场潜力大。

三是资金要求。创业者要有相对稳定的经济来源，具有实施技术项目所需要的流动资金，现金流量能基本平衡。

四是环保要求。生产的项目或产品无噪声，无废水、废气、废物等"三废"产生或处理后无三废产生。

3)孵化关系的确立

科技企业孵化器与创业者经过相互选择，签订孵化协议，确定孵化关系。如果创业者认为该孵化器适合创业，就向其提出孵化申请，提交孵化项目的技术经济可行性文件、相关证明材料、拟创办企业的基本情况、创业团队成员及其履历等材料。孵化器对照入驻标准，对申请项目进行技术、经营、市场、环保、创业团队等评估，签订房屋租赁合同，协助创业者办理工商、税务、企业代码等注册登记手续。创业企业取得法人资格后，孵化器与孵化企业签订孵化协议，建立正式的孵化关系。当然孵化器也可主动邀请创业企业入园，与之签订孵化协议。另外，也有一些企业为获得孵化器的孵化服务，即使不入驻孵化器，也与孵化器建立孵化关系，这被称为基地外孵化或者虚拟孵化。

4)孵化期满的几种情形

孵化期满，科技企业孵化器根据孵化企业的技术开发和生产经营情况，对孵化企业做出毕业、续孵、育成或者无效处理。

一是毕业。对达到成果商品化、占有稳定的市场、管理完善、资金充裕等毕业条件的孵化企业，给予毕业。

二是续孵。对未达到毕业条件，但有较大发展潜力的孵化企业需要继续孵化，或者有新的项目需要孵化的，可以续签孵化协议，继续留在孵化器内孵化。

三是育成。孵化企业未达到毕业条件，但也有一定的发展，基本能维持运作。孵化器应当对未能毕业的原因进行分析，并确定是否有继续孵化的需要。如果继续孵化也未必能达到毕业条件，则按育成处理。

四是无效。孵化企业没有发展，无力支撑下去的，做孵育无效处理。孵育不成功的原因可能是因为技术不成熟、市场狭小、经营者缺乏创新能力、市场发生变化、资金缺乏等。

2. 毕业企业

毕业企业是指孵化期内在成果商品化、市场占有、资金状况等方面达到规定条件、孵化成功的企业。孵化企业毕业条件如下。

一是已被省科技主管部门认定为高新技术企业。

二是具备以下条件：首先，企业经营状况良好，主导产品有一定的生产规模和市场占有率；其次，有与生产规模相适应的固定资产和流动资金；最后，企业负责人具有较高的经营管理水平和较强的市场开拓能力，并且具备以下条件中的至少两条，即有自主知识产权，连续 2 年营业收入累计超过 1 000 万元，被兼并、收购或在国内外资本市场上市。

4.2　国内外创业孵化服务

4.2.1　国外创业孵化服务

1. 美国创业孵化服务

（1）发展历程。作为科技企业孵化器发源地的美国，一直引领着国际孵化器发展趋势。20 世纪 90 年代后期，开始出现了专业化的创业孵化集团。创业孵化集团不仅具备了独立地向新创企业投资的功能，而且解决了传统孵化器人才短缺、难于吸引和留住高素质管理人才的问题。据美国国家企业孵化器协会（National Business Incubation Association，NBIA）统计，经孵化器孵化的企业，成活率超过 80%，而未经孵化的企业，50% 在创办的最初 5 年内夭折，成活率只有 20%。截至 2008 年，从美国孵化器中出来的新创企业仍有 89% 在正常运作，总体来看，孵化器对美国经济发展起到了不可替代的孵化作用。随着外界环境的变化和思路的调整，在已经过去的二三十年中，美国孵化器的经营主体、功能、组织形式及经营的目标也在不断发生变化，大致可以划分为以下三个阶段：首先，帮助企业组织创立阶段。在 80 年代初成立的孵化器项目，主要是由美国各州政府直接资助的，通常由政府和社区合作建立。例如，俄亥俄州、佐治亚州、北卡罗来纳州、宾夕法尼亚州等，大部分孵化器均以非营利性机构的形式在政府和大型机构主导下进行。这一时期孵化器的主要目标之一是有效缓解社区的高失业率问题，因此，最初政府和社区主导下的孵化器，重点是帮助企业在创立过程中解决很多现实需求及遇到的实际问题等，有效降低企业在创建初期的成本，帮助企业组织建立及在初建阶段正常运行。其次，单个孵化器转向孵化功能系统化阶段。从单个孵化器转向孵化系统这一变化，是基于政府对企业在孵化过程中角色定位重新认识的结果。一些由政府主导的企业孵化项目效果并不令人满意，虽然许多企业在起步时得到政府的资助，但是存活率却不高。因此，许多政府企业孵化项目，从新创企业的需求方面进行了调整和改变，从直接资助转变为信息和网络支持，协同企业界研究教育部门和社会组织等，给孵化项目提供有关的信息、联系和建议。从某种意义上来说，经营主体和运作主体多元化，是美国政府和组织机构为了适应向知识经济转型的要求，但是政府在孵化项目中的作用还是不可或缺的。最后，孵化器的企业化运作阶段。孵化器的企业化运作，一方面是孵化器普遍面临着经济危机的结果。1992 年，普华大学发表的一份报告显示，孵化器内的企业在财务方面不能自负盈亏，在人员和管理方面均青黄不接。许多当初被寄予厚望的孵化器，其不切实际的期望、资源匮乏、治理结构不合理、管理班底不足，使孵化器产业危机重重，根本就没有时间和资源真正用于培育新创企业。另一方面也是对孵化器的性质有了进一步的认识。作为孵化器本身，其中心任务是帮助创业者开创和发展企业，它不仅应该是一个准政府机构，同时更应该是一个新创企业，只不过孵化器的产品是具有健康发展的新创企业而已。孵化器本身的运作通常由具有成功创业经验者来主导和管理。根据环境的变化不断调整自己的服务以更好地满足新创企业的需求，最终保证自身的正常运转。孵化器企业化运作的另外一个表现形式是服务多样化，孵化的经营重心由原先的孵化新创企业为主转向涵盖市场机会的识别以创建企业本身[23]。

（2）运作模式。美国不仅是孵化器的发源地，也是孵化器最多的地方，同时还是全球孵化器发展得最成功和最完善的国家。其运行模式有许多值得借鉴之处。总结其运行模式如下：首先是主体多元化发展模式。最初的美国企业孵化器主要是由政府投资，为缓解高失业率而建立，其主要功能集中在场所和基本设施的提供，基本管理职能的配备及代理部分政府职能上。随着经济的发展和对孵化器性质的进一步认识，新创企业对孵化器的职能提出进一步的要求，政府相应的开始从直接资助孵化器转向主要提供信息和网络支持，同时，通过优惠政策和立法等措施，积极引导其他主体投资孵化器，渐渐形成一个由政府部门、企业界、研究教育机构、社会团体为主体的多元化经营模式。企业支持方向从帮助企业创立转向保证企业的生存和发展。其次是企业化运作机制。目前，美国企业孵化器基本上是作为一个新创企业来运营的。企业孵化器成为一个独立经营、自负盈亏的法人主体，以公司制作为组织形式，与入驻企业严格遵循市场经济的规范，按照市场原则规范化运作。孵化器具备了完善的法人治理结构，实现了出资所有权与经营权的分离，通过建立科学的决策机制、执行机制和监督机制，有效防范了经营风险。同时美国的孵化器根据工作职能的需要，建立了清晰的组织机构，以最少的人完成最高效的运行。例如，美国马里兰大学的高科技培训计划中心仅有4名专职工作人员，却能实现对毕业的数十个企业、在孵的十多个企业提供良好服务。再次是严格的项目筛选机制。美国孵化器的经营者一般由资深企业家或科学家担任，孵化器长期雇请技术专家对孵化项目的技术可行性、先进性、超前性，特别是市场前景进行全方位的评估，通过后方可入驻，而且对入驻企业也不是仅提供简单的服务，还要定期进行成长审查，以决定是否继续孵化。孵化器除对项目本身进行评估外，还必须对项目所在企业的经营者进行评估和考察，只有具备较高的综合素质，善于合作，具有正确判断事物的能力，勇于冒险，富于创新，具备掌握监督、指挥的技巧及丰富的工商、社会经验与知识，其才能在经营一个项目的过程中，妥善处理各种问题，克服困难，不断发展。最后是集团化发展趋势。20世纪90年代后期出现的孵化集团，是孵化器发展史上的一次革命，实现了孵化器与风险投资、中介服务机构等的完美结合。孵化集团是集政府投资、风险投资及中介服务体系和孵化器的功能为一体的，以政府资本为主体，以创新孵化为宗旨，以构建自主创新体系为目标的资源高度集中化，而且配置空前强大的大型综合性企业集团。这种模式的关键在于通过创业者和风险投资的联盟，结合了巨额的资金和大量具有创意的新型企业，通过巧妙的安排吸引了优秀的管理人才加盟，解决了以往孵化器资金和人才短缺两个基本问题。

2. 以色列创业孵化服务

(1)独特经验。首先，政府科学引导。形成孵化器科学的回报激励机制。政府出资资助在孵企业，并全权委托孵化器管理，但企业成功后，政府并不直接索取回报，而是规定企业的20%股权归孵化器所有。其次，孵化器规模。保证给予孵化器深入、细致的服务。以色列政府对每个孵化器做出硬性规定，即每个孵化器只能孵化8~15家初创企业[24]。

(2)运作模式。以色列是一个地小人少、资源贫乏的国家，20世纪90年代成功地实现了经济转型，以科技立国，成为一流的高科技国家，其中孵化器对以色列科技企业的发展起到了不可估量的重要作用。首先，孵化器的体系结构。以色列的企业孵化器是一个独立的、不以营利为目的的法人实体，一般有七八名员工，受工贸部下属的首席科学家办公室(The Office of the Chief Scientist，OCS)管辖。政府通过OCS对每个孵化器每年提供20万美元资助，对孵化器内单个项目提供最高15万美元资助，孵化器就每个项目与OCS签订协议。政府与孵化器通过合同，明确双方之间责任关系，孵化器管理决策受董事会监督，政府在孵化器董事会内不派驻代表，不干涉孵化器管理人员任命，孵化器享有独立财务权。政府仅对其投入项目公司的资金进行监督。同时，在以色列，孵化项目从入驻孵化器第一天起就注册为一家有限公司，项目公司创立者要与孵化器签订创业者协议，约定项目知识产权100%属于公司，而且发明者应服务于项目公司。项目公司经费的使用必须经孵化器经理签字同意，在开始的两年中未经孵化器经理的同意，不得转让股权或期权。其次，孵化器的项目筛选机制。以色列的孵化项目入驻孵化器前要经历3个阶段的严格筛选，从创新理念到项目报告，获得相关人员的一致通过后，进入最后一个阶段——递交到OCS筛选委员会接受审查，通过后方可入驻。以色列孵化器每年大概收到200~300个项目申请，但最终通过筛选并入驻孵化器的只有5~7个，通过率只有5%左右。再次，孵化器的项目孵化机制。项目入驻孵化器后，将经历最长时间为2年的孵化期。在孵化期内，需要消除技术风险、熟悉产品市场、解决知识产权问题、申请专利、保护商业机密、创立高素质管理团队并提升管理及学习能力，并在孵化期结束之前，成功募集资金或寻找到战略合作伙伴。项目以成立公司的形式运作，每年保证至少18万美元的预算经费，即两年最低36万美元，其中30万美元由政府直接支持。经费支出范围包括项目员工薪酬、购买设备、生产转包、咨询费用、专利申请费、市场营销费、一般管理费用、市场调研费、运营计划费用等。最后，孵化器的收入来源及股权分配机制。孵化器的收入主要来自3个方面，即OCS每年提供的20万美元运行经费，约占总收入的20%；项目公司的服务收入，如租金、设备使用费等，约占总收入的30%；转让股权的收入，孵化器在每个项目公司中占有20%的股份，约占总收入的50%。典型项目公司的股权结构如下：发明者拥有50%的股权，孵化器期间被托管，不能交易或转让；孵化器占有20%的股份；职工占10%的股份；投资者占20%的股份。

4.2.2 国内创业孵化服务

自 1987 年我国第一家科技企业孵化器——武汉东湖新技术创业中心成立以来,我国科技企业孵化器的发展经历了 4 个阶段[25]。

一是起步阶段(1987~1993 年)。为发展高新技术产业,当时的国家科学技术委员会 1988 年 8 月开始实行"火炬计划"。国家科学技术委员会《关于开展科技创业服务中心可行性研究的通知》文件的下发和武汉东湖新技术创业中心的成立,标志着我国科技企业孵化器开始建立和发展。

二是初步发展阶段(1994~1996 年)。我国创业中心发展到 73 家,并成立了中国高新技术产业开发区协会创业服务中心专业委员会。孵化器的功能从提供全方位、全过程的服务,逐渐过渡到为创业者直接服务,并且向准工业化发展。同时,孵化器、孵化企业与高等院校及科研院所之间相互紧密结合,形成了完整的循环和增值过程:创业资本支持技术—企业研发新产品—培育市场—市场收购企业—回报投资者。

三是提升阶段(1997~2005 年)。1996 年 11 月,国家科学技术委员会在重庆召开全国高新技术创业服务中心工作会议,制定新技术创业中心"九五"规划和 2010 年发展规划,标志着我国孵化器发展进入一个新阶段。这一时期的特点是孵化器向网络化、营利型、国际化发展,孵化器总体规模不断扩大,对经济和社会发展的作用日益凸显。

四是飞速发展阶段(2006 年至今)。"十二五"期间,孵化器发展规模是前 20 年的总和。我国的孵化器已经快速由事业化向市场化、产业化转型,进入了以"战略布局"为特征的飞速发展阶段,正在实现从以完善基础设施环境为特征的粗放型增长向以提高运营效率、重视社会效益为特征的内涵型增长的转型,孵化器事业发展进入历史最好时期。

1. 中关村的创业孵化服务

中关村创新型孵化器突破传统的以提供物理空间和基础设施为基本服务的孵化模式,主要面向早期项目和新创办企业,提供专业的、高附加值的软性服务,主要包括资金、创业导师、培训、宣传平台、交流对接平台、专业技术服务平台等。这些创新型孵化器大多采用线上线下相结合的孵化手段,并淡化对孵化空间和场地的要求。创业孵化的模式和特点主要体现在以下几个方面。

一是各类创新创业孵化模式。第一,"天使投资＋创新产品构建"模式和"孵化＋创投"模式。借助学校背景、校友资源建立了良好的项目库，选择市场发展前景好、技术领先、处于产业链高端的早期项目给予投资和孵化，并将孵化服务、资金与房租相组合作为股权投资于企业，培育出海兰信、数码视讯等上市公司。第二，"平台建设＋产业联盟"模式。通过建立公共实验中心，为初创期企业提供专业服务。第三，"创业导师＋持股孵化"模式。以孵化器管理人员为主体建立专业的创业导师队伍，为创业者、企业提供辅导，通过孵化器管理人员持股孵化，与在孵企业建立风险共担、利益共享的发展机制。第四，"创业培训＋天使投资"模式。通过设立4亿元的天使投资基金，组织"联想之星创业 CEO 特训班"，发掘符合市场标准的优秀成果和企业进行投资。第五，"创业教育＋创业指导"模式。采取政府推动、市场化运作的机制，以"创业教育、创业指导"为核心，整合资金、项目、信息、市场等资源，构建了包括"创业、就业、培训、实习、交流"于一体的服务平台。

二是呈现不同特点。首先，专业化。中关村创新型孵化器大多为专业性孵化器，其服务的创业企业大部分为从事移动互联网和文化创意的轻资产企业。孵化器提供的创业导师、投资基金及专业服务平台等对这类企业的需求有很强的针对性，专业化服务水平较高、能力较强。其次，集成化。中关村创新型孵化器往往是以某一种服务作为其特色服务，但也尽可能集成了多种创新创业要素和资源为企业提供全方位的服务。创新型孵化器各有特色和优势，但大多数都有配套投资基金，均邀请了行业内知名专家和成功企业家担任创业导师，为企业提供展示宣传的平台。再次，高端化。孵化器聘请的创业导师均为国内知名的企业家和创投专家，包括联想的柳传志、创新工场的李开复、小米的雷军、奇虎360的周鸿祎、真格基金的徐小平等，阵容之强大令人瞩目。孵化器背后支持的天使和创投基金也都是国内外顶尖的，包括真格基金、北极光创投、红杉资本等。孵化器为企业提供的宣传和展示平台也是全国性，甚至是全球性的，具有很大的影响力。这些孵化器举办了移动开发者大会、创新中国、"黑马训练营"及大型开放日等活动，对企业进行了广泛的宣传，邀请的媒体除国内媒体外，还包括美国华盛顿邮报、英国 BBC、德国镜报等国外知名媒体，为企业带来较好的宣传推广效应。最后，市场化。中关村创新型孵化器实行企业化运作，绝大多数是民营或外资企业，运营机制灵活，适应市场变化较快，容易接受新鲜事物，组织和整合各类服务资源的手段也高度市场化，多以投资收益为主要盈利机制。

三是提供政策优惠。例如，对新认定的中关村创新型孵化器，可以享受中关村示范区给予的不超过 100 万元的一次性资金支持。此外，中关村示范区还会根据企业的入住数量、质量、融资情况，产业聚集效果和孵化器对在孵企业的投资情况等方面对中关村创新型孵化器给予不同程度的资金补贴和支持。

2. 深圳创业孵化服务

深圳拥有高等院校仅为 8 所，国家级研发机构也不多，但是深圳具有较高的高新技术产业产值和较多的高新技术企业，每万人发明专利居全国大城市首位，这得益于深圳建立了高效的科技孵化器，主要经验体现在以下几个方面。

一是最大限度地整合科技资源。1996 年深圳市政府与北京大学、清华大学、哈尔滨工业大学等联合组建北京大学深圳研究院、清华大学深圳研究院、哈尔滨工业大学深圳研究院等机构，将国内顶尖的科研机构引入深圳，使深圳直接触及国际上最先进的科技成果。

二是采用企业化管理、市场化运作。孵化器采用企业化管理、市场化运作。孵化器具备"四不像"特征，即不是单纯的科研机构，不是单纯的企业，也不是单纯的研究院。但是，它有科研项目、有研究生、有经营指标，处于科研与市场的交界，一端连着科技研发，一端连着市场，既了解科研发展动态，又了解市场需求，能够运用最新科技成果满足市场需求。新的运行机制使研究院承担起科技孵化器的功能，为深圳孵化了一大批创新型企业，使深圳中小型创新企业如泉水一样源源不断涌现出来。

三是引进全球一流孵化机构。深圳在组建孵化器时候，直接瞄准国内外一流大学，这些院校不但具有很强的研发实力，而且具备很强的工程设计能力，这是科技转化的基础。目前很多孵化器不是没有成果和市场意识，而是缺乏工程设计能力，转化能力不足。深圳市政府积极与这些大学合作，联合组建研究机构，这些研究机构是正局级事业编制，在建设土地等方面政府给予适当的优惠。

四是进行准确功能定位。孵化器功能不在研发而在转化，孵化器的中心工作是转化科技成果，不是研发。深圳这些孵化机构的研发重心在北京等地，不在深圳。但是，这些孵化器作为各高等院校的派出机构，与其本部保持着密切联系，能够时刻掌握高端研发中心的科技发展动态。孵化器的核心力量是根据市场需求，将最新科技成果转化为新产品。

3. 武汉创业孵化服务

武汉是我国科技企业孵化器的发祥地。1987 年 6 月，全国第一家科技企业孵化器——东湖新技术创业中心在武汉成立。28年来，武汉市孵化器主要经历了起步、发展、提升、跨越四个历史阶段，创业孵化服务工作一直走在全国前列，许多"第一"在武汉诞生：全国第一个孵化器在武汉建立，孵化器第一次从高新区内走到区外，全国第一份专门针对孵化器发展的政策性文件出自武汉，全国第一个孵化器试点城市落户武汉，全国第一个在国外建立孵化器等。科技企业孵化器成为武汉科技工作的一张特色"名片"，也成为区域创新体系的重要组成部分。

一是制定并落实发展扶持政策。出台了《武汉市人民政府关于进一步支持科技企业孵化器建设与发展的意见》，结合市政府出台的"10条新政"，制定出台了《关于进一步加快科技企业孵化器建设与发展的行动方案》，明确孵化器建设的指导思想和工作目标。大力落实促进孵化器建设与发展的相关政策，较好地促进了孵化器及在孵企业的发展。

二是提升孵化器服务能力。依托骨干单位建成"武汉科技信息共享服务平台"、"武汉市区共建科技担保服务平台"及"武汉市民间股权融资交易平台"，支持各孵化器建立相应服务平台，大力服务在孵企业。

三是注重人才培养。联合武汉市人力资源与社会保障局加强孵化器管理人员和在孵企业管理团队的职务岗位培训工作。学员经培训考核合格后，由武汉市人力资源与社会保障局颁发"职务岗位培训证书"，作为评定自然科学类科技管理专业技术职称的重要依据。

四是开展国际科技合作与交流。积极推进中国比利时工业技术中心和孵化器项目建设，武汉东湖新技术创业中心与比利时新鲁汶大学在布鲁塞尔签署了土地转让协议，成为武汉市第一家走出国门的科技企业孵化器。

我国孵化器数量虽然增长迅速，成为全球孵化器大国，但还称不上是孵化器强国。许多学者研究指出，我国孵化器主要存在以下缺陷：服务能力低、服务层次低、服务体系不健全；收入来源以出租房屋为主，房东经济明显，没有充分发挥出孵化器在创新体系中的作用。

4.3 江苏省创业孵化服务发展现状及成效

4.3.1 发展现状及成效

江苏省正处在全面深化改革、加快转变发展方式、推动经济转型升级的攻坚期，必须深入实施创新驱动核心战略，推进科技创新工程，提高科技进步对经济增长的贡献率，推动更多的"江苏制造"向"江苏创造"提升。作为科技成果转化及产业化的重要载体，连接知识创新和高新技术产业的重要纽带，江苏省科技企业孵化器努力提升孵化服务能力与水平，已成为区域技术创新体系的重要组成部分，在推动科技成果向现实生产力转化、培育战略性新兴产业源头企业、培养高层次创新创业人才和支撑区域经济科学发展等方面发挥着不可替代的作用。

自 1989 年江苏省第一家科技企业孵化器——南京科技创业服务中心成立以来，江苏省地方政府和各级科技主管部门高度重视科技企业孵化器发展，以科学规划为先导，政策扶持为保障，大力推进孵化器建设，不断营造有利于科技创新创业发展氛围，专门设立江苏省创业投资引导资金，鼓励金融、风险投资机构加大对科技创业的支持力度，推进科技与金融结合，江苏省科技企业孵化器成为集聚创新资源的有效载体。江苏省科技企业孵化器从无到有、从小到大、从弱到强、从苏南到苏北，发展迅猛，已成为江苏省经济增长的主阵地之一，其作用得到了各级政府和全社会的广泛认可。截至 2014 年，江苏省已建成并纳入省科技系统统计序列的各类科技企业孵化器达到 515 家，比 2013 年增长 15.5%，其中，综合孵化器和专业孵化器分别为 405 家和 110 家，国家级孵化器达 133 家；孵化面积达到 2 769 万平方米，占全国的 1/3，增长 14.6%；在孵企业 29 413 家，占全国的 1/4，增长 18.0%；在孵企业总收入为 1 436.4 亿元，比 2013 年增加了 1 亿元；在孵企业从业人员 648 749 人，增长 13.7%。江苏省孵化器数量、孵化场地面积，在孵企业数量等指标均继续位居全国第一。江苏省在孵化器数量、质量、种类及服务功能、孵化效果等方面实现了全面提高，已初步形成具有江苏特色的科技企业孵化器建设与发展模式。

1. 孵化了一大批高科技企业

科技企业孵化器以科技创业为服务对象，通过提供研究经营场地、共享设施和多元化的创业服务，有效地降低了企业的创业风险和创业成本，提高了企业成活率和成长性，成为江苏省创办高科技企业的首选之地。截至 2014 年年末，江苏省科技企业孵化器企业为 29 413 家，当年新增在孵企业为 4 483 家；累计毕业企业 8 218 家，当年毕业企业 1 722 家。

2. 吸引了一大批高层次人才创新创业

科技企业孵化器凭借良好的创业服务和优良的创新环境，日益成为各地"筑巢引凤"和吸引海内外高层次创新创业的重要基地。截至 2014 年，江苏省科技企业孵化器共集聚了超过 20 万人的科技人才，其中千人计划人才 411 人、留学归国人员 10 757 人，如苏州工业园生物纳米科技园在孵企业拥有千人计划人才 40 人，省双创人才 28 人。其中，由千人计划人才创办的企业吉玛基因是国内最大、全球仅有的 4 家 RNA 单体供应商之一，其产品小干扰核酸每克单价就超过 1 万美元。

3. 培育了一大批高科技新兴产业

以强化专业化、特色化产业创新服务能力为核心，积极推进专业化孵化器建设，不断为江苏省高新技术产业和战略性新兴产业发展注入源头活水。截至 2014 年，江苏省建有各类专业孵化器 110 家，孵化面积 676.4 万平方米，在孵企业 6 667 家，覆盖软件、生物医药、集成电路、动漫、环保、新材料、工业设计、微电子、光机电等多个产业领域。江苏省光伏、物联网、纳米、软件等新兴产业代表性企业都诞生于孵化器，科技企业孵化器已成为高科技新兴产业培育的摇篮。

4. 探索了市场化运作新机制

积极鼓励和支持各地探索孵化器市场化投资建设和运营管理新模式，推进江苏省科技企业孵化器建设由早期的政府主导向企业、高等院校、社会机构等多元化投资发展，采用企业化管理的孵化器数量逐年增加。截至 2014 年，以民营企业为主投资建设的有 114 家，占江苏省 22%，为江苏省科技企业孵化器发展增添了新的活力。

5. 建设了较完善的支撑体系

江苏省科学技术厅(简称科技厅)每年都将科技创业载体建设列入年度重点工作加以推动。江苏省科技型企业技术创新资金重点支持孵化器企业开展技术创新，2014 年共立项目 231 项，省拨款 6 050 万元。充分发挥江苏省天使投资引导资金、创业投资引导资金、"苏科贷"等专项资金作用，进一步引导创投、金融等机构加大对孵化企业的扶持力度。截至 2014 年，江苏省建有创投机构超过 600 家，管理资金规模达 1 700 多亿元，全年向创业企业新增投资超 100 亿元。积极搭建科技创业活动平台，2013 年至 2014 年连续两年举办江苏科技创业大赛，在江苏省营造了良好的科技创业氛围。

结合江苏省创业孵化服务实践，江苏省确立了今后一阶段科技企业孵化器发展的总体思路：贯彻落实创新驱动发展战略，以《国家科技企业孵化器"十二五"发展规划》为指导，以科技创新创业为主题，以提高孵化器服务能力和水平为核心，以培育战略性新兴产业高科技企业和创新创业领军人才为目标，进一步迸发创新思想和完善工作举措，推动科技企业孵化器发展再跃新台阶。

4.3.2　存在不足

虽然近年来江苏省创业孵化服务取得了较快发展，但是从结构、质量和水平上来看，与实施创新驱动战略、建设创新型省份的目标要求相比还有一定差距。

1. 区域发展不平衡性依然突出

虽然江苏省科技企业孵化器建设已实现县(市、区)全覆盖，但主要集中在苏南地区，2014 年，江苏省孵化器建设取得了较快发展，苏南五市孵化器数量仍占到江苏省总数的 67.38%。江苏省各市孵化器服务收入差异较大，截至 2014 年，江苏省孵化器服务收入规模达 135 131 万元，服务收入最多的三个地区依次是南京市、苏州市、常州市，分别占江苏省孵化器服务总收入的 31.9%、21.9%、18.8%。

2. 孵化能力和孵化绩效有待提升

对照国家级孵化器标准，江苏省孵化器对创业企业总体接纳能力还不够强。江苏省孵化器建设仍以综合孵化器为主，专业孵化器占比虽有所提高，从江苏省专业孵化器数量的变化趋势看，2014 年各类专业孵化器数已达 110 家，占总数的 21.4%，孵化器为区域特色战略产业提供专业化服务的能力还较薄弱。

3. 体制机制仍需进一步加强

江苏省孵化器建设起步较早，主要依靠政府主导，缺乏市场主导的活力和竞争力，科技企业孵化器建设的市场化程度还有待提高。同时，与孵化器相衔接处于前端的创业苗圃、后端的加速器及网络虚拟孵化器等新的孵化器业态发展不足，还不能完全适应不同阶段创业企业的多元化需求。

4.4　创业孵化服务实践

江苏省高新技术创业服务中心是江苏省科技厅直属单位，是国家级科技企业孵化器、江苏省科技企业孵化器协会依托单位，具有孵育科技企业的孵化器基本功能和协助推进江苏省孵化器建设发展的辅助服务职能，担当着政府、园区、企业间沟通联系的平台，在江苏省科技创业园区中发挥着龙头带动、引领示范作用。创业孵化服务实践直接折射、反映出江苏省创业孵化服务现状。创业孵化服务实践主要体现在以下三个方面。

4.4.1 加强自有园区建设，提升孵化服务功能

江苏省高新技术创业服务中心成立于1996年，1999年获评为国家级科技企业孵化器，自有两块孵化服务场地，孵化场地面积为2.5万平方米，坚持走精品孵化服务道路，为初创期科技型中小企业提供孵化场地及政策、信息、技术、培训、投融资等深层次孵化服务，其中包括：对园区分类管理，调整园区企业结构；建立重点入孵企业跟踪服务机制，定期走访，做好个性化服务工作，帮助其获得项目、资金、专利及各类荣誉；实施两个孵化场地及相关配套服务设施升级改造工作，对园区客房、会议室、机房、停车场等进行重装或改造，大力改善孵化服务条件；推行质量管理，做好园区统计、安全保卫、环境建设等工作。同时，维护好与孵化基地所在区政府部门、行业协会的良好合作关系，保障园区企业成长发展。

多年来江苏省高新技术创业服务中心已孵育培养出了一大批高新技术企业、软件企业等，孵化成果显著，树立了品牌，吸引了众多创业企业，企业进驻持续呈现良好态势，严格按照国家级孵化器企业入驻标准，筛选高质量、高技术含量的企业进驻孵化。作为江苏省留学生科技创业园、首批国家级大学生科技创业见习基地试点单位，其在吸纳留学生、大学生入园孵化方面做了大量工作。

4.4.2 发展共建园区事业，打造创业孵化链

江苏省积极探索与地方政府合作共建园区工作，突破孵化服务场地、资金、人手等方面的限制，充分发挥在江苏省孵化器中的龙头带动作用，与地方优势互补，合作共赢。在与南京市秦淮、鼓楼、雨花等区政府合作共建软件、生物医药等专业及综合性孵化器后，2012年又与南京市白下区五老村街道合作，成立白下科技创业社区，与苏州火炬创新创业孵化管理有限公司合作共建"博济•南京J6软件创意园"，充分利用现有资源，实行品牌输出，向载体植入企业孵化、科技金融等各类服务平台，为小微企业提供专业化、一站式服务。

2013年，江宁孵化基地成立，该基地是与南京紫金（江宁）科技创业特别社区合作共建，定位为生态智造创业园；2014年，与南京紫金（雨花）科技创业特别社

区合作共建雨花孵化基地；2015 年，与紫金（浦口）科技创业特别社区合作共建浦口孵化基地。至此，在南京初步形成了自有园区居中、共建园区分布各方，即"东西南北中"的新的园区战略布局。各共建基地确立不同的服务发展定位，初步打造出一条"苗圃—孵化器—加速器"的科技创业孵化链，孵化场地面积由 2.5 万平方米扩大到 30 余万平方米，构筑起支撑中心新一轮发展的创新创业服务平台。

4.4.3　发挥协会平台作用，推进江苏省孵化器建设发展

依托省孵化器协会，协助做好江苏省省级孵化器的申报认定及省级孵化器申报国家级相关服务工作；协助开展江苏省孵化器、加速器、产业园等季报、年报统计数据的督促、汇总、分析等工作，将江苏省孵化器快报、年报数据及时报送科技部火炬中心；组织对口交流与辅导服务，作为科技部火炬中心认定的全国首批孵化器从业人员培训机构，每年举办孵化器从业人员专题培训班，截至 2014 年年底已开办 6 期，培训学员 553 名；与江苏省科技企业孵化器协会合作，开办长三角科技企业孵化器中高级管理人员培训班，组织孵化器参加华东科技企业孵化器网络年会等省内外行业交流活动；编撰并起草《江苏省科技企业孵化器年度发展报告》，全面准确反映江苏省科技企业孵化器的发展现状与成就。截至 2014 年，江苏省各类科技企业孵化器已达 515 家，孵化器总数、国家级、省级孵化器数量，孵化场地面积等多项指标持续保持全国第一。在数量、质量、种类、服务功能、孵化效果及产业升级等方面实现了全面突破与提高，已初步形成具有江苏特色的科技企业孵化器建设与发展模式。

4.5　创业孵化服务案例

4.5.1　物联传感　为梦想插上腾飞的翅膀

南京物联传感技术有限公司（简称南京物联传感）是江苏省高新技术创业服务中心入孵企业，成立于 2009 年，初期注册资金 50 万元，人员总数 9 人，其中研发人员 5 人。公司以项目产品的自主研发及销售为主，主要包括无线嵌入式设备的软件、硬件及各类传感器的开发等，产品销售方式主要为自营。同其他初创期小企业一样，南京物联传感创业初期便遇到了人才匮乏、融资不畅、项目产品开发停滞及业务拓展不顺等困难。2010 年销售收入仅为 5 100 元，其中软件业务收

入3 400元,税收700元。

对此,公司总经理朱俊岗先生一方面坚信物联网这条路是未来的发展趋势,坚持公司的长远发展目标不动摇;另一方面积极依靠中华路园区孵化服务平台定期举办的各类创业培训、融资对接、专利知识讲座及创业导师与企业家交流辅导等活动,寻求帮助和服务,规避企业创业初期的各类风险。与此同时,江苏省高新技术创业服务中心在定期走访企业,了解到南京物联传感的困难后,立刻制订了点对点的帮扶计划,带领企业负责人走进校园,招才引智;积极为企业量身定做多款融资服务,切实解决其发展初期的资金瓶颈问题;帮助企业成功申报了江苏省科技型中小企业创新资金25万元的无偿资助等。在园区提供的一系列政策帮扶下,南京物联传感一步一步顺利发展起来。

经过近几年的不断探索和持续创新,公司成功研制出多项产品,其项目产品主要涉及物联网传感器、物联网模块、移动物联网和云计算。尤以智能家居为主打产品,具体包括无线开关、无线插座、无线门锁、无线红外转发器、无线开窗器、无线报警器、无线浇灌系统、无线窗帘、无线智能调色灯、无线中继器、无线体重计、无线血压计及无线温湿度、烟雾、空气质量传感器等。如今的南京物联传感已成为全球领先的物联网设备和解决方案提供商,在物联网传感器、控制器、移动物联网和云计算等几大领域都确定了行业领先地位,其产品和解决方案成功应用于全球多个物联网重点项目,已成为全球多个智慧城市建设的重要技术支撑力量。

现公司年产能可达3 000套以上,新产品总数在110件以上。如今,在中东、南亚及欧美等市场,南京物联传感已与诸多名企建立了广泛的合作关系,并且在国内也已拥有了800余家的加盟店和体验馆。通过中心园区服务平台的专利知识讲座,南京物联传感了解到具有自主知识产权的专利产品是企业核心竞争力和可持续发展的关键所在。为此,南京物联传感一方面加强了自主项目产品的研发,另一方面也更加注重了对公司知识产权的保护。截至2014年年底,公司申请的专利总数已达180余件,其中发明专利100件(已授权取得证书8件),实用新型专利82件(已授权取得证书50件);已获得软件著作权9件;获得产品注册商标12件。2011年,公司获得软件企业认定证书;2012年,获得江苏省民营科技企业的资质认定,同年还获得南京市秦淮区专利大户称号;2013年,获得江苏省知识产权工作先进单位的称号。

截至2014年,南京物联传感的注册资本增至200万元,产品销售收入超过

1 300 万元,其中软件收入 750 万元、硬件收入 550 万元,纳税总额达 160 万元。员工总数达 340 余人,其中研发人员 128 人,超过半数为本科及以上学历,南京物联传感已插上腾飞的翅膀。

4.5.3　创赢未来 学思在路上

南京学思信息技术有限责任公司(简称南京学思信息)是一家制造业信息化领域的高科技公司。2009 年,南京学思信息怀揣着创业的激情和理想入驻江苏省高新技术创业服务中心。但正如绝大部分创业初期企业一样,公司注册资金仅为 30 万元,员工仅有 3 名,主导产品不突出,竞争性不强,销售渠道和服务体系不健全,年销售额不到 70 万元,资金需求缺口较大。

了解到制约南京学思信息发展的关键因素后,江苏省高新技术创业服务中心立即行动起来。结合企业的发展现状和融资需求,定期邀请驻宁各金融机构来园区与企业座谈,面对面宣传介绍各类融资产品,让企业了解到除固定资产质押外,还可以通过知识产权、订单、信用证质押及个人信用、企业信用等无抵押方式获得贷款。同时,江苏省高新技术创业服务中心还积极加强与金融机构相关负责人的沟通和协调,量身定制,研究制定出多款与企业融资条件相吻合的产品,满足企业的融资需求。经江苏省高新技术创业服务中心和金融机构的共同努力,南京学思信息成功融资 60 万元。有了这 60 万元补充公司的流动资金,企业的项目研发和产品销售充满了活力。

如今,南京学思信息本着协同、创新、高效、人本的经营理念,以科技创新、服务先导为经营方针,凭借良好的市场信誉和技术实力,公司业务取得了飞速发展,其引进的套料软件引擎技术广泛应用于工程机械、航天飞机、航空母舰等高端装备制造领域。目前,南京学思信息发展的客户多为工程机械、船舶制造、重工制造等行业的领军企业,主要有中国最大的工程机械霸主之——柳工股份、中国最大的汽轮机生产基地——东方汽轮机、最大的混凝土搅拌车生产商——马鞍山星马汽车股份公司、华南地区最大的造船厂——广州中船龙穴造船有限公司等,同时与美国 SigmaTEK 公司也建立了合作伙伴关系。

南京学思信息通过不断引进高端人才,进一步加大了对切割业务的分析和研究,解决业务瓶颈,创造了多项业界第一或是唯一:成立了业界第一个纯粹学术研究型的下料技术研究院;第一个每月举行先进下料管理技术培训班,创办切割下料类的企业通讯《学思在路上》及开通 400 客服电话。在江苏省高新技术创业服务中心的帮助指导下，南京学思信息成功申报并获得了软件著作权 8 项、软件产品证书 3 项。2012 年 11 月，被认定为软件企业；2013 年 7 月，被认定为江苏省民营科技企业；2013 年 8 月，获江苏省科技型中小企业技术创新基金 25 万元立项支持；2014 年，所申报的产品被认定为江苏省高新技术产品。随着一系列项目的成功申报，南京学思信息不仅获得了相应的资金支持，产品的知名度与竞争力也得到了较大提升，较好地拓展了产品的销售渠道，企业的销售额和利润稳步增长。目前，公司员工已达 40 余人，其中高层次人才占 90％以上，注册资金也增加到了 100 万元。公司组织构架日趋完善，并逐步建立了完善的销售渠道和服务体系，年销售额突破了千万元，累计交纳税费已超过 200 万元。

4.5.3　从零起步　海兆信息成就创业梦想

南京海兆信息技术有限公司(简称南京海兆信息)成立于 2011 年，是由在校研究生、本科生发起，高等院校教授作为指导老师的信息技术类科技型企业，注册资金 30 万元。

2011 年，江苏省高新技术创业服务中心中华路园区通过与南京各高等院校开展交流对接活动，对项目、团队层层遴选及把控后，将此创业团队引进园区。成立初期，公司团队创业概念模糊，对兴办企业及企业管理知之甚少，可以说是一切从零开始，举步维艰。中华路园区参照南京市对大学生创业的优惠政策，为其制订了一系列的帮扶计划。从最初辅助办理工商注册到办理税务登记，从免房租、免水电费到提供办公设施，从为其介绍业务到联络销售渠道，从提供各类科技创业培训到对外交流，从提供项目咨询指导到辅助申报政府各类科技计划项目等，均给予了持续支持。同时，针对像南京海兆信息这样的大学生创业企业，园区服务平台共举办了各类创业辅导、培训 20 余场次；组织企业负责人到其他园区及相关企业调研、交流十余次；邀请省级科技创业导师与其面对面的交流指导4 次；项目咨询、指导 30 余次；组织团队负责人到高等院校招聘人才 4 次，并为其介绍业务合作伙伴 4 家；等等。这一系列帮扶举措，令当时的创业团队豁然开朗，在迅速理清了创业初期所必备的要素及条件后，公司业务也很快走上了正轨。

经过近两年的艰苦创业，南京海兆信息逐渐成长起来，现主要从事网络产品研发和现代微媒体制作等。截至 2013 年，南京海兆信息累计完成销售收入 120 余万元；缴纳各项税费近 10 万元；累计解决应届大学生就业 6 名；安排在校研究生、大学生见习 60 余人次；引进高端创业人才 2 名；申报软件著作权 1 项，联合引进技术取得专利 4 项，并成功获得江苏省科技型中小企业技术创新基金立项 25 万元。

在产品销售方面，南京海兆信息获得了上市公司步步高、大型企业五星控股、行业媒体联商网等大客户订单，也获得了宜兴紫砂网等中小企业的客户订单。同时，运用公司自主研发的技术，为南京高新技术产业开发区、浦口经济开发区等政府及企事业单位提供了网络技术服务。在多媒体产业方面，南京海水信息紧紧围绕近年来兴起的微视频、微媒体、微服务等领域做进一步的研究和尝试。同时在打印产品的开发、微信推广等领域，也取得了相应的收益。2014 年，南京海兆信息在电子商务系统开发的基础上，邀请了南京某知名大学教授作为公司的首席技术专家，南京海兆信息将其成果进行转化，进军拉曼条码领域，该项目先后获得了省、市的扶持资金，也是公司未来的研究发展方向和关键赢利点。

第5章

技术交易服务及案例

5.1 技术交易服务的内涵

技术交易(又称技术产权交易)是指法人、具有民事行为能力的自然人和其他经济组织,对其拥有的科技成果、专利技术、专有技术和以科技成果投资、风险投资等形成的产权及科技企业的股权在不同地区、部门、所有制之间进行的有偿转让。技术交易服务是面向现有技术成果和知识产权,并充分依托高等院校、科研院所和高科技企业的科技成果资源,通过专业技术交易中介服务机构,着力打造完整的技术成果转移服务链,为技术转移各参与方提供高效率、低成本的专业化服务。技术交易服务工作流程如图 5.1 所示。

技术转移、科技成果转化之间容易混淆,下面对技术转移和科技成果转化进行相关介绍,以便区分两者之间的区别和联系。

5.1.1 技术转移

国外学者从不同的认知角度给予了不同的诠释:有学者认为技术转移是将一个组织内部很有用的有关制造和做法的诀窍交付给另一个组织使用的过程;Rogers 认为这种过程是一种很难的交流过程,因为在这个交流过程中人们有不

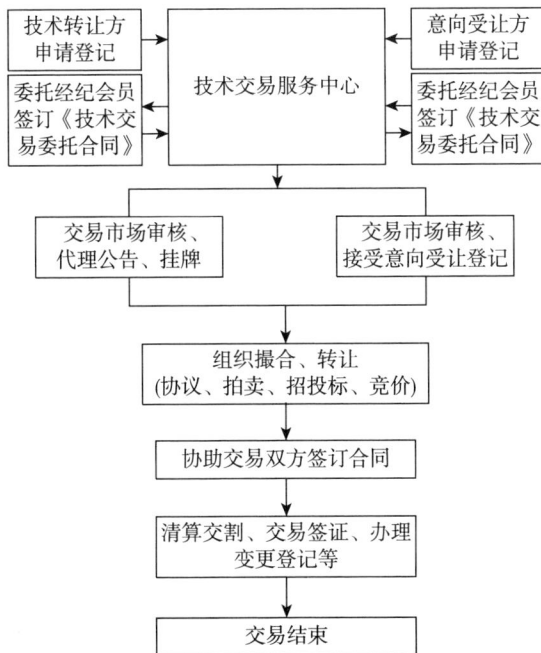

图 5.1 技术交易服务工作流程

同的语言、不同的动机，代表着不同文化的组织，交易的对象也从高度抽象的概念到具体的产品呈现出多样性的特征[26]；Somsuk 认为技术转移是技术知识与技巧有组织的传输与获取，同时还认为只有技术知识的有效使用才能称之为技术转移[27]。综合国外文献对技术转移的理解与认识，本书认为技术转移是将具有一定商品属性的技术在两个利益主体(技术转让方和技术接收方)间进行所有权或者使用权让渡的活动。

参与技术所有权和使用权转让的主体主要有两个，即技术转让方和技术接收方。技术转让方和技术接收方是指具有行使技术输出行为能力和技术输入行为能力的"单位"，这个单位可以是自然人或法人，也可以是具有法人资格的组织，包括企业、科研单位、政府部门、非营利组织等。技术转让方是开发者、发明者及所有者，凭借其拥有某项技术的独特地位及其在法律上受保护的地位，在技术转移过程中处于高位，主宰着技术转移过程的发生与发展，并且根据自己的利益和偏好，决定是否转移技术、如何转移及转移给谁。技术接收方是技术的接收者、使用者，是实施技术引进的一方。然而，在技术转移过程中，技术接收方常受制于技术转让方，是处于技术转移过程中的劣势一方。正是由于技术转让方与技术接收方在技术优势上存在的不平衡，以及所产生的梯度差，才促使了技术从高位到低位的流动。成功的技术转移也会逐渐缩减两者在某项技术上的差距，并通过技术互动促进新技术的诞生。

5.1.2　科技成果转化

科技成果转化是指为提高生产力水平而对科学研究与技术开发所产生的具有实用价值的科技成果所进行的后续实验、开发、应用、推广直至形成新产品、新工艺、新材料，发展新产业等活动。科技成果转化亦有广义与狭义之分，广义的科技成果转化是指从各类科技成果的创造形成、到转化为现实生产力的过程，既包括自然科学成果的转化也包括社会科学成果，以及其交叉的科技成果的转化。狭义的科技成果转化是指科技成果直接转化为生产力要素，通常是应用性研究成果通过技术开发和产品开发，形成新产品、新工艺和新的管理技术或方法[28]。《中华人民共和国促进科技成果转化法》提出，科技成果转化是指为提高生产力水平而对科学研究与技术开发所产生的具有实用价值的科技成果所进行的后续试验、开发、应用、推广直至形成新产品、新工艺、新材料，发展新产业等活动；石善冲认为"科技成果转化是科技成果由知识性商品转化为供市场销售的物质性商品的全过程，是一种带有科技性质的经济行为，有其特定的性质和规律"[29]；徐国兴和贾中华指出科技成果转化分为科技成果的应用和推广、科技成果的工艺化、科技成果的产品化、科技成果的商业化和科技成果的产业化几个层次，认为只要完成其中一个层次的转化就可算做一次成功的科技成果转化过程[30]。

关于科技成果的定义，在《关于科学技术成果鉴定》中明确指出："科技成果是指对某一科学技术研究课题，通过实验研究、调查考察取得的具有一定实用价值或学术意义的结果，包括研究课题虽未全部结束，但已取得可以独立应用或具有一定学术意义的阶段性成果。"科技成果有三类，即科学理论成果、应用技术成果与软科学研究成果。在科技成果转化机制中，参与科技成果转化活动的主体主要有三个，分别是作为科技成果输出方的科技成果转让方、作为科技成果输入方的科技成果接收方，以及作为科技成果转化有力的主导者和推动者的政府及其附属机构。一般意义上，科技成果的转让方有着特定的指向性，特指科研院所、高等院校，以及依附于高等院校与科研院所而建立的国家实验室。而某类具有研发能力的企业，从其内部来看，其研发部门也可视其为科技成果转化的转让方。科技成果转化的接收方，多为企业或具有相关科研机构的衍生企业。政府作为主导者和推动者，不仅是从政策上、技术上给予引导和支持，更多的是从经费上提供扶持。与技术转移不同的是，科技成果转化的转让方与接收方之间没有很强的主动与被动关系。

5.1.3 技术转移与科技成果转化的联系与区别

1. 技术转移与科技成果转化的联系

技术转移和科技成果转化存在很多共同点，很多研究认为两者几乎没有区别。本书主要从微观视角上阐述两者之间的联系[31]。

一是实现技术产品化、商业化、产业化等过程的技术转移属于科技成果转化。对于微观层面上的技术转移活动，技术及其载体在技术接收方内不断融合和再开发，直至产品化、商品化、产业化等具体化的过程就等价于科技成果转化，而宏观层面上的国际技术转移与国内技术转移，其侧重点在于技术及其载体空间位置上的变化，并不强调技术及其载体发生质的突变，即不一定发生产品化、商业化等具体化的过程，这种类型的技术转移并不属于科技成果转化。

二是发生所有权或使用权变更的科技成果转化属于技术转移。科技成果转化既包括科技成果从科研院所、高等院校等科研机构流入企业或衍生企业，继而在企业或衍生企业内部发生产品化等具体化的过程，也包括科技成果从企业的研发部门转向生产部门，即从概念设计，到图纸生成，再到工艺设计直至生产的技术创新过程，技术转移涉及科技成果所有权或使用权的转移，科技成果转化通常不涉及所有权或使用权的转移。通常认为发生了所有权或使用权转移或变更的科技成果转化属于技术转移，而对于企业内部科技成果从研发到生产不发生所有权或使用权转移或变更的不属于技术转移，只属于科技成果转化。

2. 技术转移与科技成果转化的区别

一是技术转移的主客体比科技成果转化的主客体涉及范围广。对于两者的主体而言，技术转移的技术转让方和技术客体，均可以是自然人或法人，也可以是具有独立法人资格的组织，包括政府投资的国家实验室、科研院所、高等院校、各类企业等，并且从宏观上来看，技术转移的主体还包括国家。然而科技成果转化的转让方具有特定指向性，特指科研院所、高等院校和依托科研院所、高等院校而建的国家实验室，以及某类具有研发能力的企业，一般不包括自然人和一些私人组织，而接收方多指企业或科研机构的衍生企业，不包括政府投资的国家实验室、科研院所、高等院校等科研机构。对于两者的客体而言，技术转移中的技术及其载体包括有形的人或物、嵌于人或物资内的无形技术知识体系和各种显性知识与隐性知识，而科技成果转化虽可分为软科学成果、应用技术成果、基础理论成果三类，但在实践研究中，多指应用技术成果。

二是技术转移中的转让方和接收方多可以角色互换。宏观层面的技术转移活动中，技术及其载体可以双向流动，技术转移中的转让方和接收方多可以角色互换，且经常性的互换，但微观层面上的技术转移，技术及其载体仍以单向流动为主。对于科技成果转化，一般情况下科技成果是从科研院所或高等院校传递到企业或衍生企业，而反向的传递则很少见。

三是技术转移的市场化程度高于科技成果转化。无论是宏观层面的技术转移还是微观层面的技术转移，市场作为引导和调节技术转移的主要杠杆，主导和支配着成熟实用的技术及新技术、新工艺、新方法在国际或国内间进行移动，更多地表现为一种贸易形式。不管是有偿的还是无偿的、非法的还是合法的，都表现为一种交易活动，只不过无偿的技术转移伴随的是金钱以外的某种利益交易。相比之下，科技成果转化更多地表现为一个国家内部科技成果再分配和转化的活动，是在一个相对较小的范围内对科技成果进行专业化和实用化提升的过程。

四是技术转移与科技成果转化在时间轴和空间轴上运动轨迹不同。科技成果转化和技术转移在总体上都包含两个方向的运动，一方面沿着空间轴在不同主体或不同区域间进行传递或转让，另一方面沿着时间轴从技术或科技成果的一个阶段向另一个阶段跨越（如从小试到中试的阶段跨越）。尽管都包含两个方向的运动，但存在着明显的区别：首先，科技成果转化侧重于垂直方向上的变化。科技成果转化在空间位置上的变化只是前提和手段，实现时间序列上从一个阶段到另一个阶段的不断跨越和具体化的过程才是其最终目的。若只发生空间位置上的移动，而没有随着时间的变化产生质的变化，则不能称之为科技成果转化。其次，技术转移沿着空间轴和时间轴进行运动，其中，在空间轴上的运动既表现为国际间的空间移动，也可表现为一个国家内部不同主体间的空间移动。在时间轴上的运动表现为伴随着时间的变化技术不断具体化、产品化、产业化的过程。对于技术转移来说，无论在时间轴和空间轴上的单向运动过程，还是在两个维度同时运动的过程，都属于技术转移活动。

5.2 国内外技术交易服务

5.2.1 国外技术交易服务

当前技术交易出现了三个新趋势：跨国技术转移、技术交易高端集聚区、以集成创新为主的新趋势。跨国技术转移全球化已进入创新全球化的阶段，技术转移也呈现跨国技术转移的新趋势。

1. 英国技术集团技术转移服务

英国技术集团(British Technology Group，BTG)。BTG 总部设在伦敦，并且在美国费城、日本东京设有分支机构。BTG 从最初着眼于国内市场，主要依靠科研院所和高等院校，发展成长为今天的国际公司，业务领域涵盖欧洲、北美和日本，75％ 以上的收入来自英国以外的业务，使其技术转移国际化，成为全球最大的专门从事技术转移的科技中介机构。目前，它拥有 250 多种主要技术、8 500 多项专利、400 多项专利授权协议，并且于 1995 年在伦敦股票交易所上市；拥有雇员 200 多人，并且都是具有技术和商业知识的人才，其中半数以上是科学家、工程师、专利代理、律师和会计师等。

BTG 的成功原因包括：首先，拥有丰富的专利发明和科技成果。它拥有任何一家中介机构都无法比拟的丰富的专利发明和科技成果，主要因为作为专门以风险投资支持技术创新和技术转移的机构，BTG 具有由国家授权的保护专利和颁发技术许可证的职能权力，有根据社会需要保证国家的研究成果或者诸多有应用前景的技术进行再开发的权责。其次，具有很高的知名度和信誉。BTG 在英国公立科研机构和高等院校中拥有很高的知名度和信誉，一旦它们有技术上的发明，都会想到找 BTG。再次，拥有完善的工作机制。BTG 致力于从市场的实际需要出发挑选技术项目，并通过最有效的手段将技术推向市场，主要目标是实现技术的商品化，包括寻找、筛选和获得技术，评估技术成果，进行专利保护，协助进行技术的商业化开发，市场包装、转让技术等。不仅其成果可靠，而且接收成果的客户还可得到 BTG 专家的技术咨询、可行性论证及 50％左右的投资支持、风险担保。一旦项目成功并获得效益，BTG 即收回投资和风险担保，并按照适当比例分红。最后，拥有国际化的市场空间。BTG 重视技术来源和技术转让的国际化。BTG 与全球各地产业界有着广泛的联系，形成了全球性的网络，使其能在国际市场上寻找到最好的公司来开发其专利技术，以保障技术商业化的成功运作。

2. 美国技术转移服务

美国已经具有了完善的技术转移体系，技术转移通道十分通畅，极大地促进了知识、技术、人才的流动，紧密了高等院校、科研机构、政府实验室和产业界的结合。MIT(Massachusetts Institute of Technology，即麻省理工学院)属于开展技术转移较早并且也很成功的研究机构[32]，MIT 每年产生 400～500 件发明，与企业达成技术许可协议 60～80 项，申请专利 150 项左右。其中接受技术许可的企业有很多声名显赫的大型跨国公司，对开拓新领域或改进新方法的发明，MIT 技术许可办公室采取许可成立新公司的方式将其推向市场，每年许可的新公司达 20 个左右。总体来看，由 MIT 师生独立创办或通过该校转让专利许可建立的企业总数达 4 000 家，有 1 065 家企业的总部设在学校所在的波士顿地区，其中 80% 是以知识创新为基础的高新技术企业。这些企业雇用职工总数达 110 万人，年销售额为 2 320 亿美元。MIT 在注重发展科研的同时，也非常重视搭建技术转移运作平台，不但与政府，而且与企业界建立了密切联系，为技术转移平台的搭建创造了良好条件。早在 1948 年，在工业界的建议下，便成立了全美第一个将大学与工业界紧密相连的"工业联合项目"。2013 年，MIT 通过工业界获得的研究经费占全校研究经费的 20%，这一比例位居美国高等院校之首。通过搭建与企业界的交流平台，促进了学校内部学科系的相互交流，从而使学科群相继生成，新技术新发明不断涌现。有经验的指导者在指导过程中，对商业界及技术界发展现状及前景进行分析，使创业者做到心中有数，进一步促进了创新创业的发展，形成了一个良性循环系统。校内的研究人员与企业界人士的密切交流，形成资深产学联盟，使政府、企业、学校三者之间构建为有机体系，为技术转移的运作不断搭建平台制造机会。政府、企业、高等院校三方协作有利于加速技术转移及商业化的过程，同时制造了独有的风险投资机会以促进新公司的成立。

美国是全球科技最发达的国家，近代以来几乎所有新兴科学领域的发现和前沿的重大科技成果都诞生在美国，正是得益于科技实力的强大才使美国始终占据着经济的领先地位。美国政府每年的研发投入约为 800 亿美元，拥有庞大的科研机构和科技产出，但至今其科技成果转化率也只有 20% 左右，1980 年之前甚至不足 10%。为此美国政府在科技成果推广转化方面投入大量的资源，在各大科研机构都设有科技转移办公室，提供专利、产业化潜力评估及撮合等专业服务。美国的科技中介及技术转移机构种类庞杂，数量繁多，其中两个最为重要的机构——国家技术转让中心（National Technology Transfer Center，NTTC）和联邦实验室技术转移联合体（Federal Laboratory Consortium for Technology Transfer，FLC），是美国技术转移市场的支柱机构，由国会通过相应的法案，立法规定机构的职能、业务范围、经费来源等具体细则，其性质为非营利的公共机构。

一是 NTTC。由联邦政府和美国航空航天局于 1992 年出资建立，按地理区域建立了 6 个区域技术转让中心，属于非营利性官办组织，其主要任务是将由联邦政府资助的国家实验室、大学和私人科研机构的科研成果迅速推向社会和工业界，通过技术转移尽快形成产品。NTTC 以美国航空航天局的技术转让系统为基础，并和国防部、商务部、能源部等 17 个部门合作建立全国性技术转让的计算机网络，向全社会各行各业、各类型组织、公司和个人提供技术成果转让服务，主要有以下几种方式。

首先，技术转让的"入门服务"。NTTC 的工作者人员收集技术市场信息及其发展趋势，了解用户需求，为用户寻找技术，帮助技术需求者与 NTTC 网络内的任何一家科研机构取得联系，技术需求者只需要挂通 NTTC 的免费服务电话，就可以获得"技术入门代理人"为其提供的技术转让咨询服务。用户将技术需求的详细信息传达给代理人，后者便会查询 NTTC 全国性技术成果信息数据库，联系开发目标技术的科研机构或实验室，将技术需求信息反映给技术所有者，然后需求者和所有者便可直接商讨技术成果转让事宜。其次，"商业黄金"网络信息服务。各类科研机构包括国家实验室、高等院校和私人科研机构等，将其开发的有市场前景的技术成果信息传递到这个信息平台上，包括可供转让技术的简要说明、技术报告、学术论文和文摘等。用户只需登录 NTTC 的"商业黄金"信息网络，就可以获得各种技术转让信息，概略了解各科研机构的可转让技术成果和正在开展的研发项目的进展情况，包括可颁发许可证的专利和技术商品化的机会。再次，专题培训服务。NTTC 设有培训和经济发展部，向用户提供技术转让、专利许可证、工业推广计划等领域的专门培训，培训政府部门和国家实验室的科研人员，评估其在研技术的商业价值和产品市场规模，如何与社会发展合作研究协议，加快商品技术化进程。还可根据客户的需求举办各种类型的技术转让专题讨论会。最后，发行技术转让出版物。NTTC 的出版部门向社会需要技术转让咨询的各行各业人士包括企业家、投资者、律师和会计免费提供介绍 NTTC 服务运作的小册子。通过其季刊《技术试金石》介绍、报道各种技术转让的简讯，总结推广技术转让成功的做法和经验，刊登有关技术转让的信息，预报举办技术转让培训班或专题讨论会的时间、地点和内容，登载宣传技术转让对提高美国经济竞争力的重要文章等。

NTTC 与其区域技术转让中心没有直接的领导和从属关系，NTTC 属于全国性的技术转让支持和协调单位，主要负责直接与政府各有关部门、科研机构及相关个人联系，利用分布在各地的计算机数据库网络向全国用户提供技术转让信息和咨询服务，向各区域技术转让中心提供政策和业务指导。除以上职能外，NTTC 和各区域中心的服务对象和工作职能基本相同，不存在严格的分工和界限，只要是与技术转让相关的工作都有涉及。各区域中心的服务对象是辖区内各州的科研机构、高等院校和企业，为其提供具体的技术转让指导服务，了解辖区内企业的技术需求，促进辖区内企业与科研机构间的合作，通常只有在辖区内无法完成技术交易匹配时，才向 NTTC 求助。

二是 FLC。FLC 是由美国联邦实验室、研究中心和联邦政府机构(有较多科研任务的政府机构，包括农业部、商务部、国防部、能源部、卫生部、司法部、运输部、国家科学基金会、国家航空航天局等)组成的网络组织，共 600 多个会员。FLC 为联邦实验室和以上提到的联邦政府机构的工作人员提供一个技术转移信息和交流研发经验的网络平台。美国国会通过国会立法减少了对于联邦实验室技术转移的限制，如 1980 年通过的《专利与商标修正法》规定，高等院校、非营利机构和各种企业在政府资助下做出的各种专利和发明，所有权仍然归自己。FLC 有一个"实验室寻觅网络"，任何组织和个人都可以打电话给 FLC，FLC 工作人员了解清楚其技术需求后，就查找该网络中已按照技术专业分类好的会员单位，然后打电话告知有关实验室技术负责人的姓名和联系方式。所以说，FLC 提供的服务方便快捷。

3. 德国技术转移服务

第二次世界大战后，德国凭借其保留的大量科技人才和工业基础，以及有利的国际环境，迅速实现了经济的恢复和崛起。德国的科技水平位居世界前列，是欧洲最大的技术拥有国和出口国，其科技产出能力在世界上占据领先地位[33]。德国国内的科研能力 60% 以上集中于企业，高等院校约占 20%，科研机构所占不到 20%。德国的技术能力集中度相当高，国内科技研究和发展能力 30% 以上集中在西门子、拜耳等 7 家大公司，这些大型跨国公司承担着提高工业技术水平、开发新产品的重任。随着科技竞争的日趋激烈和研究开发的难度加大，德国大企业间的合作日益增多，从而在一定程度上推动了技术转移市场的发展。德国技术转移市场发展的最重要推动力来自于国内的中小企业，德国工业企业中65％属于创新型企业，服务业中这一比例也高达 48％，而德国的中小企业占全部企业数量的 95％，技术创新是德国中小企业的生命所在。自 20 世纪 90 年代以来，中小企业开始加大研发的投入，德国政府出台一系列科技政策，积极资助科技成果向中小企业转移，推进科技制度创新和科技型风险基金的发展；强化中小企业与高等院校、科研机构之间的合作。经过二十多年的发展，德国的科技中介服务体系已经比较完善，形成了结构合理，服务水平较高的技术交易体系。

德国的技术交易体系是建立在其科研体系基础之上的，与科研体系的紧密联系是其最大的特征和优势。这是因为许多科研机构不仅从事技术创新活动而且也深入技术转移和推广的工作中，弗朗霍夫应用研究促进协会便是此中的典型代表。其第二大优势是技术交易体系与广大中小企业的合作是广泛而深入的，德国的中小企业数量多、科技水平高，技术创新是企业战略的重中之重，除内部研发外，寻求外部技术转移服务是其开展技术创新的第二大途径，德国大多数企业都接受过技术转移服务，并且与技术转移机构保持长期的服务关系。另外，这个体系是以各领域的科学家和工程师组成的专家团队为人力支撑的，这是其高水准服务的首要前提。

德国技术交易服务机构主要包括德国技术转移中心、史太白技术转移中心和弗朗霍夫应用研究促进协会。三者在定位和服务侧重点上是有明显的层次和分工的：德国技术转移中心是国家级的公共技术转移信息平台，提供最基本的技术供需、专利等的信息查询和简单的咨询服务；史太白技术转移中心是完全市场化运作的，并已在国内和国际上建立庞大的分支系统，其服务内容除了有深层次的技术咨询、研究开发、人力培训、国际性技术转移外，还涉及企业管理运营方面的服务；弗朗霍夫应用研究促进协会直接为德国各中小企业提供技术创新和研发的服务。

(1)德国技术转移中心。德国技术转移中心是德国的一个全国性非营利公共组织，它分布在德国各地，原则上每个州有一个分中心。各分中心是在各州经济技术和交通部指导下开展工作，其运行经费由两部分组成，一部分来自政府，即各州的科技基金会；另一部分来自工商协会，即各行业企业缴纳的会费。德国技术转移中心的人员构成具有较严格的专业分类和配比，有较多的高新科技领域的博士和硕士，同时聘请领域内权威人士担任科技顾问。

德国技术转移中心针对企业的主要服务职能包括：首先是技术交易服务。无偿为技术提供者和需求者提供中介服务，将企业和技术供需信息纳入技术数据网络，形成网上交易市场。其次是咨询服务。负责本地区范围内的企业技术咨询和技术服务工作，为企业寻求合作伙伴，支持该地区的技术创新。最后是专利及信息服务。帮助企业查询专利信息及申请专利的咨询，为企业查询国内外的科技、经济和科研成果等各种数据。上述服务均为面向企业的无偿服务，除此之外，其分中心还承担着地区产业科技发展的前瞻研究，探索对未来有深远影响的科研课题，引导企业和科研机构的技术创新方向，并对在这方面开展科技研发的企业和机构提供各方面帮助，包括从政府部门、科技基金会和欧盟组织中为企业谋求创新资金资助。组织各种形式的学术报告会和展会也是德国技术转移中心的一大职能。

(2)史太白技术转移中心。史太白技术转移中心成立于1971年，是德国最大的技术转移服务机构，也是不依赖政府的民间机构——史太白基金会的子公司。经过40多年的发展，史太白技术转移中心已由一个州立的技术转移机构发展成为国际化、全方位、综合性的技术转移网络，其定位是技术转移服务组织，担当政府、学术界与工业界的联系平台，从各类型顾客的需求出发，致力于在技术创新的全过程和各阶段提供全方位的服务，以顾客利益为中心工作的首要目标，力求向顾客提供高效、灵活、非官僚主义的服务。史太白技术转移中心具有现代化的组织结构，总部由理事会、委员会和董事会组成，在54个国家设立了739个分中心(其中2007年新设立83个分中心)，各分中心独立核算、自由决策。史太白技术转移中心在全球共聘用1 340名员工，项目人员2 907名，各类专家教授762名，收入达1.09亿欧元。

史太白技术转移中心的服务领域及特色包括：首先，咨询服务。史太白技术转移中心的咨询服务以其强大而又完备的专家网络为基础，根据客户的具体需求能够迅捷而又弹性的做出反应，找到具体领域的专家予以咨询。其次，研究开发服务。企业可以就以下内容向史太白技术转移中心寻求服务，如新产品、新工艺和新系统的样机开发、测试、专利申请到生产实施，还有现有工艺、程序和产品的工业技术进行优化改进等。史太白技术转移中心作为研究与企业界之间的中介，有一大批在各个领域具有真知灼见的专家，可以直接向企业提供第一手的高新技术，协助企业完成技术创新。有些情况下史太白技术转移中心也会针对客户的研发需求，安排客户与研究院所和工业合伙人的合作，这完全得益于史太白技术转移中心与高等院校、科研机构的紧密联系。再次，国际技术转移服务。向各分中心顾客提供国内外技术项目信息，构建跨区域、国界的国际技术转移平台，2013 年史太白技术转移中心已在 54 个国家设立了 739 个分中心。史太白技术转移中心最重要的作用是向中小企业提供帮助，使它们能够成功地进入未来有增长前景的市场，如亚洲或美国。史太白技术转移中心既与金融上可靠的风险协作合伙人保持联系，也与前沿研究和商务机构的国际网络建立联系。最后，人力培训服务。为企业提供前沿技术的专业知识和成功管理战略的培训，培训的方式主要包括举办技术或商务课题研讨会；举办信息对话，通报最新的关键技术；对企业人员进行在职培训，提升技术专家和管理人员的业务水平；课堂培训，1998 年成立了柏林史太白大学，其宗旨是培养具有创新理念并有较强实战能力的工商管理人才，而特色在于学术界与工业界之间技术工艺与科学知识的相互结合与转移。

（3）弗朗霍夫应用研究促进协会。弗朗霍夫应用研究促进协会是德国最大的科研机构，1949 年由德国联邦政府设立，共有员工 12 000 人，年度预算超过 10 亿欧元。2013 年已经成为半官方半企业的全球性应用科学研究推广机构，分布在德国 40 多个地区，拥有 58 个研究所。弗朗霍夫应用研究促进协会不隶属于政府或其他部门，为独立的法人团体，具有现代的组织结构，组织层级由高到低有会员大会、理事会、执行委员会和高层管理者会议。弗朗霍夫应用研究促进协会的科研经费有 70% 来自企业和政府委托项目的收入，30% 为政府负担。弗朗霍夫应用研究促进协会致力于应用研究领域的技术开发，为中小企业及政府部门提供合同式的科研服务，通过改进技术能力和生产工艺，加强其工业伙伴的竞争力。弗朗霍夫协会有以下 8 个研究领域：信息、通信、生命科学、微电子、表面技术、光子、制造和材料。所提供的服务包括：新产品、新工艺的研发和引进；旧有制造技术和生产流程的改进；各种形式的与技术相关的咨询，包括技术的信息和数据、市场调查和可行性研究、质量和安全评估等。研究所是研发项目的具体实施单位，设立于各地的高等院校之中，在高等院校中选聘各研究领域的知名教授担任所长和技术骨干，负责研究所的研发工作，其中有 40% 员工为高等院校的在读博士和硕士，学生员工在专家和教授的指导下工作，其工作时间长、报酬低，大大降低了研究所的人力开支，同时也使学生们能突破大学资源的限制，通过实际课题的锻炼提高自身的研发能力。

弗朗霍夫应用研究促进协会与史太白技术转移中心在研发服务方面的最大区别在于：史太白技术转移中心更多的是安排企业客户与科研机构进行研发合作，或直接将客户的需求委托给科研机构；而弗朗霍夫应用研究促进协会则是凭借自身的物质基础(实验室、仪器设备等)和高等院校的人力形成属于自己的研究所，来攻克研发课题。所以，弗朗霍夫应用研究促进协会拥有大量的技术专利。

5.2.2　国内技术交易服务

1999 年 12 月，由上海市科学技术委员会和上海市国有资产管理委员会共同出资组建的我国首家技术产权交易所——上海技术产权交易所正式成立，其对全国各地技术产权交易市场的形成与发展起到了积极的示范和带动作用。统计数据显示，截至 2014 年年底，全国共有各级常设的技术交易场所 200 多家、技术产权交易机构 30 家、技术市场从业人员达到 50 多万人、技术转移联盟 20 个、中国创新驿站站点 83 个、国家技术转移示范机构 369 家、技术信息服务的交易平台也有 10 个。截至 2014 年，中国技术市场已开放 30 周年。数据显示，中国技术市场合同成交总金额已从 1984 年的 7 亿元增长到 2014 年的 8 577 亿元，近十几年来年均增速约为 15%，近 30 万项技术成果通过技术市场转移转化，显示了技术产权交易市场的勃勃生机。

1. 上海技术产权交易所

上海市主要有三家交易所从事有关技术产权交易业务，它们分别是上海技术产权交易所、上海产权交易所和上海技术交易所，其中上海技术产权交易所的成立标志着上海开始探索将原来独立运作的技术交易与产权交易有机地结合起来的技术产权交易新模式，应用这种创新模式大大地提升了上海市的科技成果转化水平。

2014 年，上海市经认定登记的技术合同成交金额创新高，达 667.99 亿元，同比增长 7.6%，连续 15 年排名全国第二。据统计，以电子信息、先进制造、生物医药和医疗器械、新能源和高效节能等为代表的战略性新兴产业技术交易活跃，技术合同成交额占上海市成交总额的 80% 以上。其中，航空航天技术交易增长突出，同比增长近 7 倍。生物医药产业近年来在上海市科学技术委员会的推动下发展迅速，2013 年技术合同成交额达 86.29 亿元。张江"药谷"基地已集聚国内外生命科学领域企业、科研院所及配套服务机构 400 多个。随着技术市场的发展，上海市技术交易正从立足本地和辐射全国逐步走向国际。在全年成交的技术合同中，进出口技术合同(含港澳台地区)1 381 项，成交额 272.97 亿元，占全年成交总额的 43.97％，几乎撑起了上海市技术交易的半边天。其中，技术进口来源地主要为欧洲和亚洲；技术出口目的地主要为亚洲、北美洲和欧洲。国际间的技术交易，为上海市建设具有全球影响力的科技创新中心奠定了基础。

上海技术产权交易所深入上海市各科研机构与高等院校收集和推广技术信息，并建立了功能强大的技术能力中心，帮助企业解决生产和研发过程中的各种技术难题，与全国其他省市建立技术转移基地，拥有大量海外合作伙伴，分布在全球 40 个国家和地区的 200 多个点，客户可以通过健全的信息网络渠道获得大量技术资源信息。目前上海技术产权交易所已拥有上海技术交易网、"联合国中小企业技术网中国门户网站"等多渠道的信息集散窗口，并设有电子教程、上海技术交易网公告版、客户数据库等技术服务管理工具和处理系统，已建有技术供需信息库、技术能力信息库和投资能力信息库，还联动省级技术转移基地、大专院校、研究院所、国际专业机构等众多技术转移合作网络，即时向国内外合作伙伴发送信息，加强技术信息登记，开通远程视频会议，与美国、芬兰、伊朗等国家开展技术转移和项目对接等活动。这些强大的能力和丰富的资源构成了为企业服务的强大后台。技术交易与实体性物质交易有较大差异，技术作为商品具有知识密集性、技术保密性和载体无形性的特征，加上专业多样化、各有差异，形成了每种技术商品的稀缺性。上海技术产权交易所设立了一整套与之相适应的设施与运作机制。其内设有全国联网的计算机系统，分布在全国各地与海外的会员、服务基地、服务站与合作伙伴可登录该系统，获取技术资源信息，开展经营活动。同时还设有大型电子告示牌，不断向客户展示近阶段的热门技术供需信息，组织解决技术难题招标、招商、投资、专题技术活动等信息。同时设有技术信息查询的电脑终端，信息查询者可以像进入餐厅一样，在"菜单"上点击所需技术，便可获得由多种媒体工具制作的图文并茂的技术信息。另外，上海技术交易所内还配备了各种规格的会议室、洽谈室、报告厅、技术产品陈列室、展示厅，同时为客户开展技术交易提供各种先进的电子设备和舒适的工作环境。上海技术产权交易所无论是从覆盖范围和成交水平，还是人员素质和服务能力，都在同行中处于领先水平[34]。

2. 中国技术交易所

中国技术交易所作为国务院批准设立的国家级技术交易服务机构，秉承"公平、开放、创新、高效"的服务宗旨，坚持"平等自愿、开放合作"的原则，加强与同行业机构合作，建设合作、开放的技术交易第四方平台，有效汇聚技术项目资源、投资人资源和中介服务资源，积极创新交易品种和服务内容，充分发挥技术市场配置科技资源的基础性作用，针对科技成果产业化过程中各个环节、各个阶段的不同需求，从技术转让、技术许可、技术入股、联合开发、融资并购等方面为技术交易参与各方提供低成本、高效率的专业化服务，让技术尽快转化为生产力、变成社会财富，为创新型国家建设做出贡献[35]。

2014年12月18日，由中国技术交易所建设运营的中国技术交易网络平台——技E网正式上线，这预示着技术交易互联网化的又一高潮将至。技E网正式上线后，面向所有技术交易供需双方及相关科技中介服务机构、政府管理部门开放会员注册，并根据不同人员对网站功能的不同要求，提供信息会员、经纪会员和服务会员三种会员注册类型。

技E网在应用和技术方面有多个创新点，最为突出的是服务模式创新和商业模式创新：首先是在服务模式创新方面，采取集成加创新的方式，在汇聚各类技术交易供需资源、中介服务资源、科技金融产品的基础上，推出网络竞价、在线路演、在线展会和订制服务等创新服务品种。网络竞价为批量转让项目提供在线竞价交易服务，购买方可以随时随地在线竞买，适用于技术、专利、商标、科技企业股权等交易产品；在线路演主要针对重点项目提供，为技术交易供需双方提供在线的项目展示和交易洽谈渠道；在线展会为政府部门、科技园区、行业组织、产业联盟、重点企业等提供在线展览展示服务，使线上线下的展示活动相结合，并且使参观人数大大提升，从而达到更好的对接效果；订制服务根据行业或区域产业特点，为地方政府部门、园区管理委员会、技术转移机构，提供订制化的科技成果转化平台建设服务，导入各类业务资源，支持各行业或区域创新服务体系建设。其次是在商业模式创新方面，技E网采用分佣制，对成交的技术交易项目，统一收取交易佣金，并由中国技术交易所和参与项目交易的相关中介服务机构、同业机构按照一定比例分配佣金，一方面降低交易双方的交易成本，另一方面提高各机构参与技术交易服务的积极性。

技E网是中国技术交易所依托国家科技支撑计划打造的"国家技术交易全程服务支撑平台"，旨在为全行业搭建第四方服务平台，提供科技成果转化全流程支撑服务。中国技术交易所立足于科技服务领域的综合服务提供商，将提高全行业产业升级、产业链主体的创新能力作为己任，打造为"政产学研金介"提供服务的一站式服务体系：转型提升，加快科技成果转化，促进产业转型升级，提升国际竞争力；创新能力，搭建了链接科技研发与产业化发展的权威通道，提高创新能力；汇聚资源，集中高等院校、科研院所丰富的项目信息，汇聚投资人、金融机构众多的投资信息；整合服务，整合法律、财务等专业中介服务功能，并整合第三方信息资源。

3. 深圳市南山科技事务所技术转移中心

为进一步深化产学研联合，推动深圳和香港地区科技资源与产业结合，促进国内外及高等院校、科研机构科技创新成果的转化，加快技术向企业转移及产业化，探索市场经济条件下技术转移的新机制，深圳市南山科技事务所通过整合科技资源，于 2010 年 12 月正式成立内设机构——深圳市南山科技事务所技术转移中心。深圳市南山科技事务所技术转移中心作为从事科技服务的专业机构，一直坚持协同创新，已经成为高等院校、科研机构与企业界沟通的重要桥梁。2012 年 11 月，深圳市南山科技事务所技术转移中心被评为第四批国家技术转移示范机构。目前，深圳市南山科技事务所技术转移中心已为包括深圳大学、清华大学深圳研究生院、深圳清华大学研究院、哈尔滨工业大学深圳研究生院、北京大学深圳研究生院等多家学研机构进行技术对接服务，对接企业包括今朝时代、德方纳米、超联科技、雷曼光电、瑞丰股份、长运通、海能达、科立讯等众多联盟成员企业，主要服务项目包括如下。

一是积极组织开展技术转移工作。以国家、省、市和地区科技发展规划为指导，积极组织开展技术转移工作，与各级政府、企业、科研院所对接，为构建区域创新体系建设做出贡献。帮助研发机构和企业争取国家和地方的各种优惠政策。

二是建立健全技术转移信息网络。汇集高等院校、科研机构各类科技成果、科技创新力量信息，以及中小型企业的技术需求信息，形成多方位、多层次的技术供需信息收集、传递、对接的信息平台。

三是积极开展技术交易服务。以企业提供难题招标、高等院校、科研机构组织难题攻关为切入点，组织开展各种方式的技术转移工作。充分运用支持技术转移的有关渠道，探索形成新的技术交易平台。

四是不定期地组织技术转移对接活动。立足于深圳和香港地区，面向江苏省，组织与政府、企业、科研院所开展各种科技合作交流活动，丰富技术转移的形式，扩大技术转移的范围，提高技术转移效率。

五是提供综合服务。利用高等院校和科研机构的科研和人才优势，采取多种形式促进和参与企业技术中心建设，为企业技术创新提供包括技术、人才等方面的综合服务。

六是完善保障机制。联动专利机构和维权等相关法律机构，为保护高等院校和科研机构的知识产权提供强有力的保障。

4. 中国(华南)国际技术产权交易中心(深圳市联合产权交易所)

中国(华南)国际技术产权交易中心(简称华南中心)着力打造一个立足珠三角、服务全国、面向国际的技术产权交易市场。华南中心以深圳国际高新技术产权交易所为具体运作主体，以中小企业权益资本市场建设为宗旨，在技术产权交易制度创新及建设多层次资本市场方面，进行有益探索，不断完善中小企业权益资本市场募集和流动交易制度，逐步建立统一互联的股权登记托管中心，建设区域化、市场化、规范化的技术产权交易平台，为产权(股权)交易、企业(项目)权益融资、企业股份制改造、创业投资进入或退出及高新技术成果转化提供重要交易和服务平台。经过多年的努力和打拼，华南中心在制度创新和平台建设等方面取得了显著成效。

一是具有"科技＋金融"的创新优势。华南中心充分发挥了"科技＋金融"的创新优势，通过交易制度、交易品种的创新，构建了以科技型企业为核心的技术转移创新服务体系。该体系分为五大交易板块和八大新兴科技服务体系，其中五大交易板块包括发达国家先进技术交易板块、中国港澳台专利技术交易板块、民营高技术领军企业专利技术交易板块、国家级高等院校科研机构专利技术交易板块、央企专利技术交易板块；八大新兴科技服务体系分别是评估体系、交易体系、融资体系、指数体系、技术再开发体系、技术逆向开发体系、研发服务外包体系、知识产权保护体系。

二是探索积累了创新经验。华南中心利用技术产权交易平台自身特点，形成具有技术产权交易特点的金融工具、服务方式和交易品种：首先，打造了两个系统，创新了交易模式。华南中心针对技术产权交易评估定价和标准化交易的难题，创建了科技金融柜台市场，建立技术产权评估系统和交易系统。该系统包括技术成果价值评估系统和交易系统。其次，完善落实"技术转移成长路线图计划"，形成有效的连续服务手段。发挥综合产权交易平台优势，完善落实"技术转移成长路线图计划"，形成有效的连续服务手段。最后，创新业务种类，形成完整有序便于操作的业务种类。其种类除传统的股权、实物资产和技术转移之外，还包括专利指数、技术专利托管经营、技术产权投资基金和其他权益类品种。目前，深圳市联合产权交易所依托于深厚的市场实践和深入的理论学习和研究，具有远超过市场水平、领先全国的创新能力，因此，这种业务创新的过程仍在继续并不断的加强。

深圳联合产权交易所在不断探索与发展中取得了多方面的成绩，同时也积累了如下许多宝贵的经验：首先，其是拥有国内经营状况最好的技术产权交易机构，拥有国内产权市场领域顶尖的人才队伍，是国内培育上市公司数量最多的产权交易机构。其次，其也是国内首家完善股权登记托管制度的机构，国内首家提出"合资格投资人制度"的机构，国内首家推出创新型企业成长路线图计划的机构，国内首家设立有限合伙制私募股权投资基金，国内首创中小企业跨市场综合金融服务解决方案。最后，其战略性地布局了以深圳市场、非上市股份有限公司股权登记托管为核心，以公有产权交易、文化产权交易、技术和知识产权交易、金融资产交易、排放权交易为分类专业市场平台，成功地拓宽了企业改制、交易标的投融资服务、各类投资基金管理、小额贷款等金融工具及产权拍卖等业务。特别是在建立我国碳排放交易和文化产权交易标准和交易制度上均做出了卓有成效的创新。

5. 上海盛知华知识产权服务有限公司

上海盛知华知识产权服务有限公司(简称盛知华公司)是在中国科学院上海生命科学研究院(简称上海生科院)知识产权与技术转移中心的工作基础上组建的，是专业从事高新技术领域知识产权管理与技术成果转移的服务和咨询机构。由具有国际、国内实战经验丰富的知识产权与技术转移专家领军，培养了具有很高业务水平和工作能力的项目经理团队，包括科技领域的博士生导师、国内外名校博士等精英。盛知华公司名称蕴涵"兴盛知识产权与科技产业，昌盛中华"之意，以提高我国知识产权管理和经营水平、促进我国科技成果转移转化为使命，目标是建立国际一流水准的高端服务型企业，为我国的科研机构和企业提供高质量的服务。

与其他知识产权服务或专利代理公司不同的是，盛知华公司的核心优势和独特模式在于对发明和专利进行早期培育和全过程管理，以提高专利的保护质量和商业价值为重心，在此基础上进行商业化的推广营销和许可转让，在许可转让价格和合同谈判时充分保护专利和技术拥有人的利益和规避潜在风险。因此，在上述各个环节上为专利拥有人提供高质量的增值服务，极大地提高专利的价值，并使其价值在市场中得以实现。上海生科院知识产权与技术转移中心以实际工作业绩证明了这一运营模式的优势，自 2007 年成立以来，上海生科院已与国内外领先企业达成了多宗技术转移合作交易，合同金额已达上亿美元。

6.西安科技大市场

西安科技大市场是由西安市科学技术局和西安高新技术产业开发区管理委员会共建的统筹科技资源基础平台，是贯彻落实《关中—天水经济区发展规划》中"建设以西安为中心的国家统筹科技资源改革示范基地"启动的重大项目，是实施自主创新战略，加快国家创新型城市建设的一项基础性、先导性工程。

一是西安科技大市场的定位。西安科技大市场是技术创新和成果转化的加速器、科技产业发展的助推器、科技资源统筹利用的聚变器。西安科技大市场通过政府引导、市场配置、模式创新、政策支撑、服务集成"五措并举"，致力于打造立足西安、服务关天、辐射全国、连通国际的科技资源集聚中心和科技服务创新平台。

二是西安科技大市场的功能。西安科技大市场重点发挥"交易、共享、服务、交流"四位一体的功能："交易"功能——通过线上线下、网内网外的有机融合，汇集技术、成果、资金等科技资源供需信息，依托政策引导和市场交易，促进技术转移和成果转化。"共享"功能——通过技术平台、仪器设备、科技文献、专家人才等资源的共享，实现科技资源的开放整合与高效利用。"服务"功能——通过人才创业、政策落实、知识产权、科技中介、联合创新等专业化和集成化服务，构建流动、高效、协作的创新体系，推动科技创新创业，实现科技资源与产业的有效对接。"交流"功能——通过举办科技大集市和各种专业论坛，开展科技宣传、咨询、培训等活动，促进科技资源的交流与合作，推动科技成果的商品化、产业化与国际化。

三是西安科技大市场的构成。西安科技大市场由西安科技大市场网和西安科技大市场服务大厅"一网一厅"构成。其中，西安科技大市场网汇集西安高等院校、军工单位、科技企业、服务机构在人才、设备、技术、成果、资金等方面的科技资源，为产学研合作推动产业发展搭建科技资源信息交流平台。科技大市场服务大位于高新技术产业开发区都市之门 B 座二层，建设面积 2 000 平方米，设有成果展示、项目发布、技术交易、科技服务等功能分区，提供各类创新性服务。同时，在都市之门一层，还设有 2 000 平方米的科技大集市展示交易区。

四是西安科技大市场的目标。西安科技大市场将探索我国统筹科技资源改革之路，努力打造国际知名、国内一流的产学研合作促进平台、科技资源统筹转化中心和科技创新综合服务基地，有效促进科技信息共享化、科技服务集成化、科技交易市场化、科技资源商品化和科技成果产业化，实现科技要素的聚集、内外资源的聚合、科技优势向创新优势、产业优势、经济优势的聚变，在创新型国家建设和区域经济发展中发挥辐射带动和示范引领作用。

2014 年，西安科技大市场平台汇聚高等院校和军工单位 900 多家、行业专家 16 896 名、技术成果 7 325 项，促进西安技术交易额突破 530 亿元，继续保持全国前三位，推动了西安技术成果的转移转化。仪器设备共享是西安科技大市场的重点服务之一，2014 年平台新吸纳 2 930 台(套)大型仪器设备入库共享，累计入库设备数量达到 7 040 台(套)，进一步促进了仪器设备资源的开放与共享，同时为 1 027 家企业提供了 6 370 余次服务，平台设备的服务金额达到 7.4 亿元，为企业节省设备投入 5.2 亿元。目前，西安科技大市场以市场化运作的分析测试子平台——凡特网已成为国内最大的虚拟实验室。未来，西安科技大市场还将提供更多的仪器共享服务，搭建闲置仪器设备调剂租赁平台、"西北上河"设备共享集成服务平台等，以大数据和标准化，形成连通国内仪器共享、分析检测的最大网络平台和虚拟实验室。

此外，西安科技大市场还积极举办技术供需对接会、创业大讲堂、政策培训等产学研用交流活动 167 场次、接待社会各团体 157 场次，实现了资源供需对接和跨区域交流合作；引进国家知识产权局西安代办处等专业服务机构，驻场服务机构数量达到 31 家，累计加盟的科技中介服务机构总量达到 475 家，形成了市场化科技中介服务体系。截至 2014 年年底，西安科技大市场网络平台注册会员数累计超过 2.5 万个，网络浏览量近 400 万次。据悉，成立 4 年来，西安科技大市场已完成第一阶段的发展，下一步将以科技企业小巨人服务体系建设和科技服务业试点探索为重点，在统筹科技资源服务平台及体系建设方面，基本形成运营、技术、数据、资金 4 个方面支撑，逐步从技术转移、检验检测、知识产权、科技咨询、研发设计、综合科技 6 个方向完善科技服务业创新体系，初步形成技术转移和检验检测两个领域科技服务新业态。

5.3　江苏省技术交易服务发展现状及成效

5.3.1　发展现状及成效

江苏省技术市场贯彻落实党的十八大、十八届三中全会及十八庙四中全会及全国科技工作会议精神，深入实施创新发展战略，深化科技体制改革，围绕"迈上新台阶、建设新江苏"精神，进一步优化科技资源配置，推动江苏省技术转移工作，促进技术交易，繁荣技术市场，2014 年江苏省技术市场交易进一步活跃，江苏省技术市场共登记技术合同 24 681 项，成交金额 655.34 亿元，较 2013 年增长了 11.92%，继续稳居全国省份第一，如图 5.2 所示。

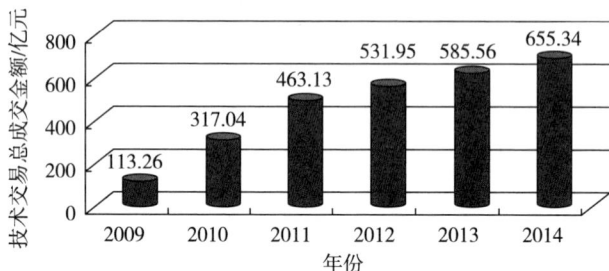

图 5.2　2009～2014 年江苏省技术合同成交金额

数据显示，江苏省技术交易总成交金额与北京市仍有较大差距，但与上海市差距在逐年缩小，2014 年仅相差 12.48 亿元，同时陕西省、湖北省增长速度较快，与江苏省之间差距有所减少。

1. 企业成为技术交易的主体

2014 年江苏省企业法人机构输出技术交易额超过吸纳技术交易额，达到 557.31 亿元，占总输出技术交易额的 85.04%，如图 5.3 所示；江苏省企业法人机构吸纳技术交易额 364.53 亿元，占总吸纳技术交易额的 55.63%，如图 5.4 所示，目前江苏省企业已成为技术交易主体，自主创新的能力进一步提高。

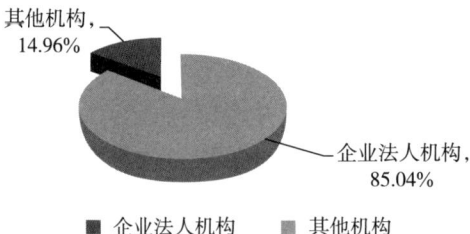

图 5.3　2014 年江苏省企业输出技术成交金额占比情况

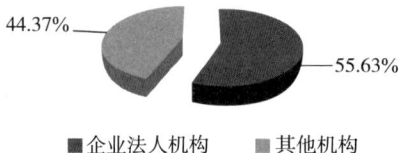

图 5.4　2014 年江苏省企业吸纳技术成交金额占比情况

2. 产学研合作加速技术转移进程

江苏省高等院校、科研院所技术创新源头作用明显，产学研合作进一步深化。2014 年，高等院校、科研院所输出技术交易项数为 14 113 项，成交金额为 55.75 亿元，占江苏省技术市场成交项数的 57.18％，占江苏省技术市场成交总额的 13.78％，居江苏省大学技术交易前三位的分别为东南大学、南京航空航天大学、南京理工大学；居江苏省科研院所前三位的分别是南京水利科学研究院、江苏省环境科学研究院、环境保护部南京环境科学研究所，如图 5.5 所示。

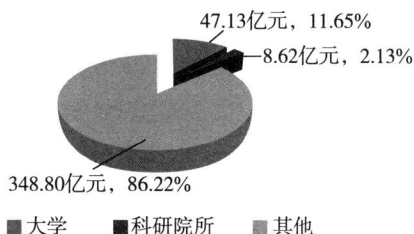

47.13亿元，11.65%
8.62亿元，2.13%
348.80亿元，86.22%

■大学　■科研院所　■其他

图 5.5　2014 年江苏省高等院校、科研院所输出技术成交金额情况

3. 技术创新和技术转移扩散能力增强

按照建立以企业为主体、市场为导向、产学研相结合的技术转移体系的要求，企业与高等院校、科研机构以产学研结合等形式，技术创新能力明显增强，2014 年通过技术市场登记的技术开发合同为 15 499 项，成交金额为 259.96 亿元，占江苏省技术市场成交总额的 45.16％，位居四类合同首位。随着国家鼓励技术转移税收优惠政策的发布实施，江苏省技术转移能力大幅提高，技术交易日益活跃。统计数据显示，2014 年江苏省共签订技术转让合同 1 522 项，成交金额 291.10 亿元，占江苏省成交总额的 44.42％。从统计数据可以看到，2014 年江苏省技术转让成交金额与 2013 年相比上涨 49.05％，继续保持较高的技术转移效率，如图 5.6 所示。

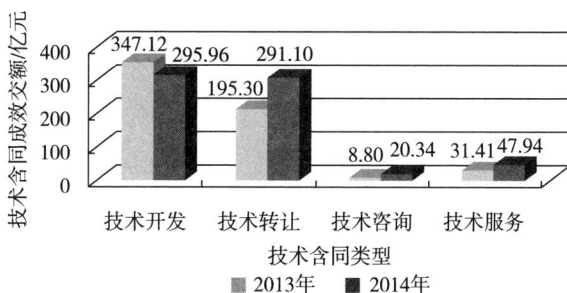

图 5.6　2013 年和 2014 年江苏省各类技术合同类型成金额

4. 战略性新兴产业成为技术交易的主要领域

江苏省正处于"迈上新台阶、建设新江苏"的攻坚时期，研发创新与新兴产业高度融合，技术要素流动加快，电子信息技术、先进制造技术、生物医药、新能源、新材料和节能环保等战略产业技术交易快速发展，上述领域通过技术市场交易的技术合同项数和金额分别占江苏省成交总项数和总金额的 78.16%、92.82%。为产业结构调整、高新技术产业发展提供了有力的科技支撑，其中先进制造技术领域的技术合同成交项数和金额位居各类技术领域之首，成交金额203.21 亿元，占成交总额的 31.01%；电子信息技术在各类技术领域中居第二位，成交金额 173.07 亿元，占成交总额的 26.41%，如图 5.7 所示。

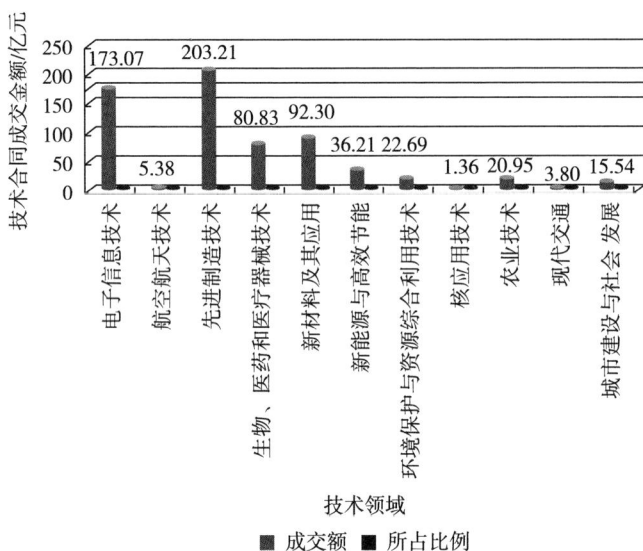

图 5.7　2014 年江苏省技术合同技术领域构成

5. 科技成果转化和产业化进程进一步加快

技术市场配置科技资源的基础性作用明显增强，促进了传统产业改造升级和高新技术的大规模应用，加快了科技成果转化和产业化进程。2014 年江苏省技术合同成交金额为 655.34 亿元，占江苏省地区生产总值的 1.01%，较上年增长11.92%，技术市场在促进技术转移、高新技术产业化等方面取得了一定进展。2014 年全国技术合同成交总额与国内生产总值(GDP)的比值已达 1.35%，表明技术市场在促进技术转移、高新技术产业化等方面取得了较大进展。

5.3.3　存在的不足

1. 技术进步的动力和能力严重不足

技术进步的动力和能力严重不足主要表现如下：一是科技进步的意识不强，许多企业只注重短期效益，对新技术疑虑重重，仍满足于现有技术；二是对科技投入力度不够，大多数企业经济效益不好，经营粗放，无力进行科技投入；三是对科技的吸纳能力不足，企业技术力量薄弱，人员素质不高，对新技术不易掌握。

2. 技术推广应用率低

现有科技成果应用率低，据不完全统计，发达国家对科研成果的推广应用率在 60%～80%，而江苏省"十二五"期间的科技成果推广率只有 10% 左右。造成这种局面的主要原因是企业与科研院所相脱离，技术的生产者中，有相当多的生产者不能满足技术需求者对技术商品具体而复杂的要求。在提供的技术商品中，有相当数量的技术与实际应用有很大的差距，实际满足购买者需要的技术商品不足，阻碍技术向现实生产力的转化。

3. 信息中介服务效率低下

技术的供给和需求是通过市场实现的，市场是联系供需双方实现商品交换关系的完整系统。由于技术商品的特殊性和技术供需双方在技术、信息和环境等方面的差异性，技术市场除具备一般市场的信息中介和商品服务功能外，还应该具备进行技术咨询、培训、应用服务等专业服务和进行法律、金融、贸易等综合服务功能。而江苏省技术市场在功能上还很不完善，只具备信息中介机构和简单的交易服务功能，缺少能提供专业服务和综合服务的机构和专业人员，尤其缺少训练有素的既懂技术又懂经济的专业技术经纪人和规范的技术经营机构，这使很多技术因得不到系统有效的服务而无法转移。

4. 知识产权法律保护力度不够

与一般商品一样，技术商品也是通过价格来实现其在供需双方的价值的转移，并通过价格将供需信息反馈，调控供需双方的行为。但是，由于技术商品的外溢性和其价格的不确定性，技术转移常因技术供方得不到相应收益的反馈而受到阻碍。由于知识产权保护的法律执行力度不够，科研成果被盗用的现象普遍存在，技术研究开发者因缺乏技术转移收益反馈效应的激励而失去技术创新的动力,技术的供给不足,同时技术供方也应加强技术防范措施而增加技术转移的障碍。

5. 风险防范与补偿机制缺乏

技术转移存在技术、市场和扩散的风险,技术的开发与使用存在失败的风险,技术生产的一次性,生产成本在出售前就全部形成,市场的变动和技术商品价格的不确定性,使技术供方存在很大的市场风险,技术的外溢性使技术受方承受技术效用丧失的风险,而江苏省在这方面没有很好的相应的防范措施和补偿措施,对于投入大的高新技术的开发和转移尤其困难。

6. 技术产权交易标准不完善

目前江苏省技术产权交易和投融资服务缺乏统一规范和服务标准,造成信息流动差、信息孤岛问题严重,有价值的信息难以寻觅。同时缺乏统一的服务标准,造成技术产权交易和资本供需双方协商标准不一致,跨地域、跨行业的交易和融资难以实现。

5.4　技术交易服务实践

为规范江苏省技术产权交易活动,为交易活动提供场所和条件,江苏省技术产权交易所(简称江苏省技交所)于 2004 年 9 月 21 日经江苏省省政府批准正式揭牌成立,与江苏省高新技术创业服务中心实行"一套班子两块牌子"运行管理方式。开业以来,江苏省技交所坚持以加快科技成果转化,推动高新技术产业发展为服务宗旨,致力于建立区域性的、以项目为核心、以资本为纽带的资源配置市场,促进技术与资本的高度融合,主要提供进场交易及鉴证、咨询服务,开展各类技术产权交易项目的收集、筛选、信息发布及对接服务、协助开展江苏省技术交易情况统计等。坚持开展服务模式探索与设计,以企业需求为导向,组织跨地区、跨行业、跨领域的技术转移活动,搭建国际技术转移平台,完善技术交易体系。

5.4.1　建设技术合同登记平台,提升技术交易服务能力

为有效提升技术市场服务手段,江苏省技交所承担建设了江苏省技术合同登记认定平台,在江苏省范围内实现了技术合同登记认定的网络申报、省市两级技

术市场统计分析功能，为企业提供了技术合同登记认定一站式服务窗口。截至2014 年年底，已在江苏省发展技术合同登记认定工作分站点 8 个，江苏省已有超过 1 600 家企业、10 000 份合同通过系统完成网上申报。"十二五"以来，江苏省技术交易总额每年以高于 10% 的速度增长，连续多年保持全国省份第一，其中 2014 年江苏省技术交易总额为 655 亿元，服务企业超过 5 000 家。江苏省技交所共登记合同 11 106 份，登记金额 121 亿元，较上年增长 8%，企业享受免税近8 亿元，产生了较好的社会和经济效益。

5.4.2　开展职务技术成果挂牌推介服务，促进科技成果转化

2007 年，江苏省技交所在全国首创职务技术成果挂牌转让服务，以加快科技创新成果转化及产业化进程，规范、繁荣和活跃技术市场。江苏省技交所定期征集高等院校、科研院所科研成果，筛选后在江苏省技术合同登记认定服务平台挂牌，同时积极主办、承办各种高新技术成果展示交易活动，举办行业性、专业性的推介洽谈活动，促进职务成果的交易。截至 2014 年年底，已征集职务技术成果挂牌项目 7 700 余项，挂牌 6 500 余项，共促成转让近 1 100 项。

5.4.3　建设江苏区域创新驿站，完善技术交易服务体系

科技部火炬中心于 2012 年 7 月正式发文，确定江苏省为中国创新驿站试点地区，江苏省高新技术创业服务中心为中国创新驿站江苏区域站点，正式开启了江苏省融入中国创新驿站网络一体化的进程。江苏省技交所承担建设江苏创新驿站网站，开发了具备技术与股权交易信息发布、成果评估、项目路演、技术合同登记等功能的专业网站，建立包括科技成果、难题招标、科技专家、技术经纪人等 6 大数据库，为江苏省技术交易搭建平台，实现了与国家创新驿站网络体系的有效衔接。江苏创新驿站围绕企业需求，开展技术转移促进、科技金融对接、产权交易推进、创新人才引进、新兴产业培育等"进园助企"5 大工程，在江苏省范围内搭建江苏创新驿站区域站点、基层站点、服务站点三级服务体系。截至 2014 年已累计发展各类站点 84 家，其中区域站点 1 家、基层站点 13 家、服务站点 70 家。站点布局基本覆盖了江苏省高等院校、技术转移中心、成果转化中心和科技园区。

5.4.4　搭建国际技术转移交流平台，促进国际交流合作

欧洲企业服务网络华东中心(Enterprise Europe Network East China，EENEC)

是欧企网在中国成立的第五家分支机构，覆盖了上海市和江苏省这两个长三角经济圈的关键地域。2012 年 6 月，江苏省技交所启用了欧企网技术部门发来的 First Class 软件，标志着江苏省技交所正式进入欧企网内部网。11 月，江苏省技交所获得欧企网华东中心授牌，成为欧企网华东中心在江苏地区的唯一成员单位。借助欧企网平台，江苏省技交所开辟了欧企网华东中心江苏站点英文网站（http://en.jscxyz.com/），承担欧企网华东中心成员单位职责，与英国、美国、波兰等站点取得联系，组织南京国际技术转移大会、欧洲企业网中国华东中心（EEN-EC）年会、技术转移对接活动等相关活动，近两年共促进技术转移项目十余项，促进国际合作项目商谈对接，成功举办中美电机节能产品与技术项目对接会 2 场。

5.4.5　开展技术经纪人培训，繁荣发展技术市场

截至 2014 年，江苏省技交所联合常州、南通、徐州、泰州等地科技主管部门联合举办了 8 期技术经纪人培训班，江苏省地市科技局、科技成果转化中心、高等院校技术转移中心、科技企业等共 200 多家单位、800 多名学员参加了培训，为江苏培育了一支技术经纪人队伍。经与江苏省工商局协调、沟通，从 2014 年起，培训合格的技术经纪人将可获得江苏省技交所与省工商局联合颁发的从业资质证书。为加强长三角地区科技合作，江苏省技交所又牵头组织召开长三角技术经纪工作交流会，就统一编写新的技术经纪人培训教材、统一制定考试题库、长三角范围内技术经纪人资格互认达成共识。《技术经纪实训教程》和《技术经纪实训案例》两本教材已完成初步编制工作。

5.5　技术交易服务案例

5.5.1　职务成果挂牌进场　成功实现产业化

自 2006 年发布实施江苏省《职务技术成果挂牌转让实施细则》以来，江苏省高新技术创业服务中心想方设法调动各高等院校、科研院所的积极性，推动职务技术成果进入技术产权交易机构挂牌转让；无偿对各挂牌职务技术成果项目进行筛选、技术评价与商业策划，提高职务技术成果的转化成功率；举办职务技术成果项目推介会，加速技术与资本的对接；协助职务技术成果拥有方与成果受让方的商务洽谈，促进职务技术成果的转化及产业化。

复合发泡水泥保温板是南京工业大学潘志华教授研究发明的一种以水泥为主要原料并借助多种混凝土外加剂和发泡剂经浇注成型、静停发泡和自然养护制备而成的多孔性板材。该产品95%以上原料为硅酸盐水泥，不含可燃性组分，因而属于不燃性保温材料，满足外墙外保温材料A级防火要求，与以硫铝酸盐水泥为主要原料的同类产品相比，具有明显的强度高、长期耐久性稳定、制造成本低等优势。该项目经南京工业大学推荐给江苏省高新技术创业服务中心，中心服务团队对项目信息进行重新梳理，在江苏省技术合同登记服务平台挂牌后，携带项目参加国内多场技术对接会，积极寻找合作企业进行沟通。

经江苏省高新技术创业服务中心推荐，河北德祥建材有限公司对该项目表示了极大的兴趣，服务团队组织双方见面商谈、实地考察，多次协调双方合作协议的签订，最终，河北德祥建材有限公司与潘志华教授正式签订了合作协议，实现了项目的转化应用。在职务技术成果挂牌转让推介过程中，江苏省高新技术创业服务中心团队的服务意识、服务水平得到双方的一致认可与好评。

5.5.2 打造校企合作通道 促成"三航"技术民用

江苏省高新技术创业服务中心积极探索技术交易服务终端前移工作，深入一线去了解企业发展过程中的需求，带动高等院校和科研院所的科技成果转化和校企合作，在技术交易过程中寻求点的突破带动面的改革和创新。

南京航空航天大学是江苏省以工为主、理工结合，多学科协调发展，具有航空、航天、民航特色的研究型大学。江苏省高新技术创业服务中心与南京航空航天大学长期保持密切联系，致力于南京航空航天大学国防科研成果向民用领域应用的转化。江苏省高新技术创业服务中心组织相关专家对南京航空航天大学国防领域可民用化项目进行收集梳理，其中"双凸极无刷电机及其控制技术"的先进性和可推广性得到专家组的认可。该技术由南京航空航天大学新能源发电与电能变换重点实验室研制，在新型无刷直流发电机系统结构技术及其发电控制、电动控制和高效励磁技术取得重要突破，国防领域已得到了广泛应用，但民用化方面仍有待推广。

江苏省高新技术创业服务中心在扬州组织企业需求调研座谈会，参会的扬州英泰集团有限公司对于增程式电动客车大功率车载发电系统还没有成熟的现成货架产品可用，迫切需要研发适合于增程式电动客车运行工况的高效车载发电系统。江苏省高新技术创业服务中心推介了南京航空航天大学的"双凸极无刷电机及其控制技术"信息,该企业非常关注该技术,很快与南京航空航天大学科研处进行对接,落实与研发团队的沟通方案。经过多轮沟通协商,南京航空航天大学研发团队与扬州英泰集团有限公司开展产学研合作。在校企产学研合作过程中,江苏省高新技术创业服务中心对出现的问题及时进行协调沟通,为企业提供相关产品技术发展动态信息,及在享受科技创新税收优惠政策方面提供咨询服务,促成双方建立新能源汽车驱动电机系统研发中心和新型高效无刷发电机研发平台等。

通过多方的通力合作,2014 年已研发出 45 千瓦车载发电系统、132 千瓦混合励磁电机驱动系统样机,其相对于永磁发电机、异步电机有很强的应用优势,可靠性高、电磁兼容性好,且成本低。增程发电系统采用双凸极无刷直流电机,既可向驱动电机供电又可向蓄电池充电;列装增程发电系统的电动客车续驶里程将大于等于 500 千米,节油率超过 50%,分别较混合动力客车提高 30% 以上。设计和研制出的 7.5 千瓦新型无刷直流发电机已成功销往日本市场。

5.5.3 集聚全球资源 服务传统企业转型升级

诺瓦公司是美国加利福尼亚州的一家 40 人规模的高科技公司,该公司研发出的一项节能型机电产品,无须用到传统的稀土资源,能够节省 30% 以上的效率,并且不需要冲压铸造,通过光纤激光切割和焊接,具有低成本、灵活和自动化等优势。2014 年,美中创新技术合作协会向江苏省高新技术创业服务中心推荐了该公司项目,并告知了诺瓦公司对合作伙伴选择的相应要求:在机电行业内有一定的销售渠道(包括海外销售渠道)和生产制造能力,有投资 1 000 万~2 000 万美元的资金实力,具有较强的电子电力及工程制造的专业团队。江苏省高新技术创业服务中心根据公司要求及项目特点,进行需求分析、量身定制服务方案,为该项国际技术转移产品在南京、常州连续举办了两场中美电机行业专场节能产品与技术的项目对接会。对接会吸引了南京、常州、无锡、苏州及上海的 25 家规模以上企业,近 60 余名企业家、电机专家前来参会。

诺瓦公司总裁艾米丽女士亲自向与会企业家和电机专家推荐他们的这一新产品。这种可取代传统异步电机、性能优异的可变速马达,已在美国大型工程的暖通空调、通风设备中已得到应用,节能效果非常明显。江苏大中电机股份有限公司、江苏富丽华通用设备有限公司、无锡鸿昊达机械电气有限公司、常州乐士雷利电机有限公司等多家具有现代化生产规模的电机制造企业,均表达了与诺瓦公司开展多种形式合作的意愿。诺瓦公司回到美国后，对以上几家企业的实力、能力进行了进一步的评估和论证，并决定与雷利公司合作，商谈下一步的合作事宜。2015 年年初，雷利公司与诺瓦公司开始了第一轮的洽谈。

本次美国电机节能技术在江苏省成功开展技术转移活动是江苏省高新技术创业服务中心在创新驿站工作体系下，联合各合作伙伴，共同致力于技术转移服务的专业化、市场化和国际化，以企业需求为导向，集聚全球科技资源服务江苏省传统行业企业转型升级的尝试与探索。

第6章

科技金融服务及案例

6.1 科技金融服务的内涵

6.1.1 科技金融的概念

1. 科技金融的定义

综合国内有关文献，目前学术界对科技金融的具体定义尚不统一。赵昌文等认为，"科技金融是促进科技开发、成果转化和高新技术产业发展的一系列金融工具、金融制度、金融政策与金融服务的系统性、创新性安排，是由向科学与技术创新活动提供金融资源的政府、企业、市场、社会中介机构等各种主体及其在科技创新融资过程中的行为活动共同组成的一个体系，是国家科技创新体系和金融体系的重要组成部分"[36]。洪银兴认为，"科技金融有特定的领域和功能，是金融资本以科技创新尤其是以创新成果孵化为新技术并创新科技企业和推进高新技术产业化为内容的金融活动"[37]。裴平认为，"科技金融是科技创新体系和金融体系相互融合的有机构成，包括为基础研究、技术开发、成果转换，以及高新技术产业化提供金融支持的工具、服务和制度安排"[38]。曹颢等认为"从广义上看，科技金融是促进科技开发、成果转化和高新技术产业发展的一系列金融工具、金融制度、金融政策与金融服务的系统性、创新性安排。从狭义上看,科技金融着重突出的是金融机构运用金融手段支持科技型企业的发展"[39]。王宏起和徐玉莲认为"科技金融是由政府、金融机构、市场投资者等金融资源主体向从事科技创新研发、成果转化及产业化的企业、高等院校和科研院所等各创新体,提供各类资本、金融产品、金融政策与金融服务的系统性制度安排,以实现科技创新链与金融资本链的有机结合"[40]。从以上学者的研究中不难看出,不同学者是站在不同角度对科技金融进行定义的。在这些定义中,对科技与金融关系的看法基本一致,即认为科技金融的功能是促进科技创新,但不同学者对科技金融活动的主体、客体与内涵等看法和表述不尽一致。以上定义共同的缺陷是对科技金融的特性未给予明确揭示,从而不利于人们深刻认识和充分把握科技金融的发展规律。在总结归纳不同学者研究成果的基础上,本书对科技金融的定义是:科技金融是以促进科技创新活动为目的,以组织运用金融资本和社会资本投入科技型企业为核心,以定向性、融资性、市场性和商业可持续性为特点的金融活动总称。

2. 科技金融的特点

科技金融的"四性"特点如下。

一是定向性。科技金融是指专门为科技型企业提供资金支持和相关金融服务的金融活动。企业原材料采购、产品生产加工、商品销售等一般性生产经营活动提供资金支持和相关金融服务的金融活动不在此列。

二是融资性。随着金融改革和金融创新的深化,金融活动功能的内涵和外延日益发展。但金融活动的核心功能是资金融通,其他方面是派生的、辅助的功能。对于科技金融而言,应当突出金融活动的资金融通功能。因为科技型企业最迫切的需求是资金支持,发展科技金融最需要解决的是金融资本和社会资本对科技创新活动投入不足的问题。

三是市场性。通过发展科技金融为科技型企业提供资金融通的方式是市场化融资方式。所谓市场化融资方式,一方面是指通过金融市场筹措资金,另一方面是指以获得一定的投资回报为前提。公共财政资金、公益资金和企业内部资金安排等不属于市场化融资方式,因此不属于科技金融的范畴。

四是可持续性。通过市场化融资方式筹集资金并投入科技型企业中,以获得一定的投资回报为前提。只有能够获得一定的预期投资回报,才能有后续资金跟进,在金融市场才能筹集到新的资金投入科技型企业,从而实现商业可持续。否则，若不具有商业可持续性，就不是真正意义上的科技金融[41]。

6.1.2 科技金融服务

科技金融服务以知识产权和科技企业融资为核心，通过资源整合，结合传统金融产品，以需求导向的理念，为技术交易和技术成果转移转化，为科技企业提供形式多样的直接和间接融资服务。科技金融服务是促进科技开发与科技成果产业化发展，贯穿科技创业企业与高新技术产业发展的各个生命周期，通过金融机构、金融工具与金融政策的组合等，为其提供各项投融资服务。科技金融服务主要解决科技型企业贷款难、融资难的问题，引进银行、创投、担保、小额贷款、投资管理、资产评估、知识产权质押等金融和服务机构，整合与集成各相关服务功能，为企业提供促成技术交易一揽子解决方案，业务包括创业企业投资服务、企业贷款担保服务、企业投融资策划服务、小额贷款服务、企业投融资服务、下岗失业小额贷款担保、私募股权投资、大学生自主创业贷款担保、企业银行贷款担保、无抵押贷款（担保）等[42]，科技金融服务科技型中小企业示意图，如图6.1所示。

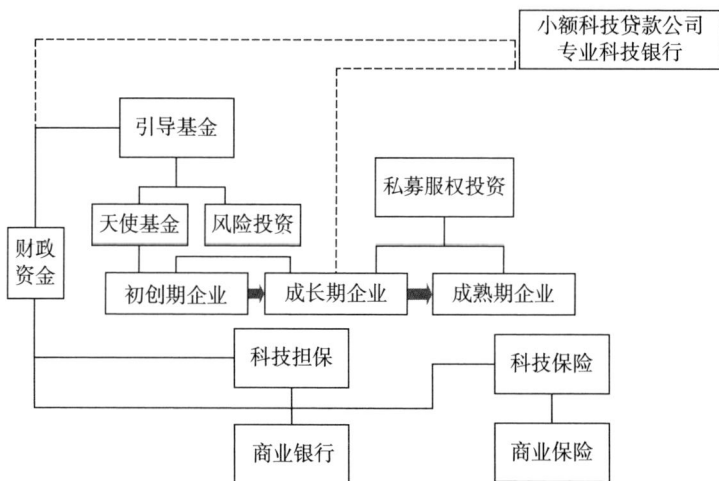

图 6.1 科技金融服务科技型中小企业示意图

科技金融服务机构运作模式有5种：一是科技金融服务中心；二是创业风险投资机构；三是科技贷款机构；四是科技保险；五是政策性融资担保机构。

1. 科技金融服务中心

科技金融服务中心是为促进科技型中小企业和金融机构对接搭建平台，作为多元化、多层次、多渠道的科技投融资服务体系的重要组成部分，充分发挥政府资金的引导作用，以带动更多社会资金投入科技型中小企业。科技金融服务中心主要包括如下功能。

一是信息服务功能。重点实现科技企业融资需求、创投机构投资需求、银行等金融机构科技信贷产品的各类基础数据采集、信息处理与集中展示。

二是对接服务功能。科技金融服务中心对科技资产控股公司、科技风险投资公司、科技担保公司、科技小额贷款公司和科技咨询评估公司进行出资，为科技型中小企业融资、并购、重组、改制、上市提供专业服务，为知识产权质押担保提供创新科技金融服务，为地方政府和科技园区提供科技项目招商、融资服务，为公共财政科技投入形成的资产提供退出通道。

2. 创业风险投资机构

创业风险投资机构也可称为"创业风险投资基金"，是指主要从事科技创业投资业务的投资性机构，由政府或社会资本出资设立，采用公司制或有限合伙制，通过向处于创建过程中的未上市企业进行股权或债权投资，并为其提供管理和经营服务，以期在企业发展成熟或相对成熟后，通过股权转让等获取资本增值收益的投资机构。创业风险投资机构在创业风险投资中的纽带地位决定了其公司治理问题涉及所有的运作主体，不是孤立的、单一的，具有不同于普通公司治理的特殊性和复杂性。世界各国的创业风险投资组织形式有十多种，按其法律制度与结构特征来划分，大体上可以分为公司制与有限合伙制两种。我国创业风险投资机构主要采用公司制，多数是以政府为中心、国有资本为主导的国有投资公司。

3. 科技贷款机构

科技贷款机构特指商业银行设立的科技支行和部分从事科技型中小企业贷款服务的科技小额贷款公司，其中商业银行设立的科技支行是科技贷款的主要供给者。科技支行和科技小额贷款公司的创新之处在于以下几方面。

一是贷款产品创新。科技支行贷款产品的创新主要是抵质押物的创新。

二是商业模式创新。科技支行和科技小额贷款公司积极寻求和创业风险投资机构合作，采用"科技贷款＋股权投资"的合作模式，通过联合风险投资来降低科技贷款风险，该商业模式源于美国硅谷银行，已成为一种成熟的商业模式。

三是风险理念的革新。从过去重资产转为重未来现金流覆盖。当前,科技贷款依然是科技型中小企业最重要的外源融资方式,未来发展重点将是风险识别技术和商业模式的创新。

4. 科技保险

科技保险,是指运用保险作为分散风险的手段,对科技企业或研发机构在研发、生产、销售、售后及其他经营管理活动中,因各类现实面临的风险而导致科技企业或研发机构的财产损失、利润损失或科研经费损失等,以及其对股东、雇员或第三者的财产或人身造成现实伤害而应承担的各种民事赔偿责任,由保险公司给予保险赔偿或给付保险金的保险保障方式。吕文栋等指出科技保险存在弱可保性、严重的信息不对称及正外部性等特点[43]。邵学清提出,科技保险不是一般的商业保险,而是政策性保险,这是科技风险的内在特征所决定的[44]。胡慧源和王京安从经济学角度解释了政策性科技保险存在的原因,认为由于科技保险外部性和价格效应的存在,需要政府采取包括财税手段在内的干预,以帮助科技保险市场从失灵状态中恢复。我国科技保险仍处于试验阶段,采取的补贴方式主要为保费补贴[45]。黄英君等基于政策性科技保险财政补贴中的"道德风险"和内生最优财政补贴规模理论模型提出,应丰富财政补贴形式,增加经营主体管理费补贴、再保险补贴及税收优惠等方式,实行差别补贴标准,避免科技保险市场失灵,从而发展科技保险市场[46]。

5. 政策性融资担保机构

担保机构属于信用提升机构,2010 年,中国银行业监督管理委员会、国家发展和改革委员会、工业和信息化部、财政部、商务部、中国人民银行和国家工商行政管理总局联合发布《融资性担保公司管理暂行办法》,规范了融资性担保机构。各地方通过设立政策性融资担保机构或同融资担保公司合作提供间接融资担保、直接融资担保,解决科技型中小企业的融资难问题。例如,北京中关村科技融资担保有限公司和上海浦东融资担保有限公司均属于政策性融资担保公司。何光辉和杨咸月认为政府的融资担保过程具有双重作用机制,政策性融资担保相当于市场利率的降低,这种利率的下降有两种效应:一方面市场利率的降低诱使原先那些有高收入和高还贷概率但没有投资的小企业进行投资,增进了社会福利;另一方面使低收入和低还贷概率的小企业被吸引到投资行列中来。如果第一种效应大于第二种效应,则政府信贷担保的总效应为正。目前我国政策性融资担保机构更多地起到风险补偿的作用，一味通过风险转移降低科技型中小企业融资利率，在经营过程中对科技型中小企业存在的风险没有很好地进行防范和控制[47]。

6.2　国内外科技金融服务

6.2.1　国外科技金融服务

关于科技金融和科技金融服务，国外从理论上并没有形成一个独立完整的研究范畴，也没有关于科技金融系统的具体表达形式，但其研究内容与我国科技金融与科技金融服务涉及的研究范畴基本是一致的。在实践方面，美国、日本、德国等主要发达国家科技金融和科技金融服务的整体发展水平都远远领先于我国，部分新兴市场国家，如以色列、印度等在大力发展创业风险投资来支持其高新技术产业方面也拥有许多成功经验。总而言之，国外科技金融的发展已经有丰富的实践经验，我国现阶段发展科技金融和科技金融服务在很多方面都需要借鉴国外的做法。通过对国外发展科技金融方面先进经验的吸收消化，并结合我国的国情进行再创新，创造出一条适合我国国情的科技金融发展之路，是我国现阶段发展科技金融事业的重要途径。美国、日本和德国是典型的科技型强国，其发展科技金融已有五六十年的历史，后文将对上述 3 个国家在科技金融和科技金融服务方面的实践进行简要介绍。

1. 美国科技金融服务

美国的企业分为大企业和小企业。美国超过半数小企业能够经营 5 年以上，全美小企业约占美国企业总数的 99%，小企业创造的产值占美国 GDP 的 39%，销售额占全美销售总额的 53.5%，占出口企业的 96%。另外，小企业也是创造就业的主要力量，53% 的就业岗位是由小企业创造的，在新增的就业中，小企业占 70% 左右；美国小企业也是技术创新的重要力量，发明创新数量占美国发明创新总数的 55%。美国小企业不仅有很强的发明创造力，而且科技成果推出快，科技投资回收期约比大公司短 25%，小企业发展新技术、新产品的效率高于大企业。

美国是典型的金融市场主导的金融体系，风险投资市场最早也出现在美国。美国高度发达的风险投资市场和资本市场有力地支持了美国的高科技中小企业发展。

除此之外，美国的信贷市场近 40 年来出现了一个新的风险贷款市场，作为风险投资市场的有力补充。美国政府很早就意识到了发展中小科技企业(SILIES)的重要性，早在 20 世纪 50 年代，美国政府就通过立法、机构设置、财政补贴和税收等多方面措施对中小科技企业进行引导和扶持。在立法方面，1953 年美国颁布了《中小企业法》，1958 年颁布了《中小企业投资法》；在专业机构设置方面，美国政府根据上述两部法律，先后成立了中小企业管理局(U. S. Small Business Administration，SBA)和小企业投资公司(State Development & Investment Corporation，SDIC)；在财政补贴方面，美国出台了"小企业创新研究计划(Small Business Innovation research Program，SBIR)"，对企业研发经费予以补贴，同时通过降低公司所得税、实行特别的税收优惠等一系列政策来扶持中小企业发展。美国拥有全球最发达的资本市场。其主板市场——纽约证券交易所(New York Stock Exchange，NYSE)成立于 1792 年，至今已经有 200 余年历史，纽约证券交易所主要为成熟期科技企业提供融资。二板市场主要包括美国证券交易所(American Stock Exchange，AMEX，成立于 1849 年)和美国全国证券交易商协会自动报价表——NASDAQ(National Association of Securities Dealers Automated Quotations，即纳斯达克，成立于 1921 年)的融资环境相对要灵活很多，特别适合科技型中小企业，美国最具成长性的企业中有 90％以上都选择在 NASDAQ 上市，该市场的发展为美国风险投资提供了重要的退出机制[48]。

2. 日本科技金融服务

日本是金融中介主导的金融体系，虽然日本是亚洲第一个发展风险投资市场的国家，但远远没有发挥出类似美国风险投资市场推动高科技小企业的功能[49]。日本高科技中小企业的有力伙伴是日本的中小金融机构，这也归功于日本完善的法律体系和担保体系。当然，这两个体系的建立和形成与日本政府的高度重视和大力推动密切相关。日本有世界上最完善的中小企业保护和发展的法律体系及担保体系，因此日本的中小企业比较发达。有资料统计，在日本 510 多万家企业中，中小企业所占比例高达 99.7％，其就业人员约占企业从业人员总数的 71％。由于中小企业是吸收就业的重要力量，因此，日本就业率在发达国家中一直处于最高水平，即使在金融危机严重冲击下，完全失业率也未超过 5.5％。

日本的中小企业中有很大一部分是高科技企业，日本政府对发展科技型中小企业这一群体的重视程度是所有国家中最高的，对科技型中小企业的扶持力度也是最大的，是"强政府"的典型代表。早在 1948 年，日本就成立了中小企业厅(日本中小企业最高管理机构），并在日本各地设立相应的科技型中小企业局。日本的《中小企业法》是作为基本法颁布和实施的，并明确将推动科技型中小企业发展纳入日本总体的产业政策。日本政府在财政税收方面的一大亮点是对不同税前利润段的企业实施分段计收企业所得税，这在一定程度上加快了科技型中小企业的原始资本积累。在机构建设方面，日本拥有非常多的政策性金融机构，日本的风险开发银行负责向风险企业提供低息贷款，是日本第一家风险投资银行。财团法人中小企业投资培育会社等机构购买初创风险企业股票和可转换债权为企业提供融资。此外，日本还设置了非营利性基金组织即"风险企业中心"（Venture Enterprise Center，VEC），负责为风险企业提供无抵押贷款担保及沟通投资信息等。

3. 德国科技金融服务

德国也是金融中介主导的金融体系，其科技金融实践和日本类似[50]。德国的风险投资市场和资本市场与美国相比较弱，且德国的金融机构有支持德国中小企业发展的传统，因此德国高科技中小企业外源融资的主要机构仍然是金融机构。德国将促进精英科技型中小企业发展作为基本国策。而事实上这一部分精英科技型中小企业为德国的经济做出了巨大的贡献。据统计，德国中小企业提供了78%左右的就业机会，完成了德国总投资的46%，创造了德国 GDP 的75%，而德国65%左右的专利技术均由这部分精英中小企业创造。

与日本和美国类似，德国政府通过立法、机构设置、财政补贴和税收等多种政策措施对中小科技企业进行引导和扶持。德国发展科技金融主要依靠其银行主导型金融体系，国内三家全能银行（德意志银行、德累斯顿银行和商业银行）几乎控制了整个德国企业部门的资源配置，甚至在德国的风险投资市场，银行也是主要的参与者。例如，1975 年德国 29 家银行和德国政府共同出资成立风险投资公司 WFG，另外还有很多 MBL 风险投资公司也都是由联邦政府参与设立的。除了直接参与设立风险投资机构，德国政府也制订了很多计划引导风险投资。例如，1979 年发起"启动资本援助计划"，该计划后来由一家国有银行负责管理；1983 年德国研究技术部发起"新企业技术创新计划"；1989 年德国研究技术部和德意志重建银行联合设立了"新创立高技术企业风险投资试验计划"；1995 年德国研究技术部和德意志重建银行、德意志平衡银行共同发起一个更大规模的"小型高技术企业风险投资计划"。20 世纪 80 年代，德国的风险投资进入一个快速发展时期，但中期由于缺乏经验，风险投资对新技术企业的投资绝大部分并不成功，因此很多风险投资公司进行战略转移，转向传统工业领域，或是给管理收购

(management buy-outs, MBO)提供融资。20 世纪 90 年代中期以来，德国开始为风险资本建立更便利的退出机制。1997 年 3 月，法兰克福证券交易所根据美国 NASDAQ 模式，建立了一个叫"新市场"(new market)的股票交易市场，为创新型的高新技术企业提供上市机会。"新市场"的成立及 20 世纪 90 年代末互联网技术热潮的出现，使德国风险投资市场自 20 世纪 90 年代中期快速发展起来。

6.2.2　国内科技金融服务

中小企业是我国国民经济的主力军，提供了近 80% 的就业岗位，为社会经济发展做出了重大贡献。科技型企业是中小企业的生力军，是将科技成果转化为生产力的有效载体，具有高技术、高投入、高风险、高发展、高回报的独特性。正因为这些独特性，科技型中小企业面临银行债务融资难的困境。针对这种现象，政府加大了对中小企业尤其是科技型中小企业发展的重视程度，出台了许多政策扶持企业发展。例如，1998 年 5 月 6 日，中国人民银行出台了《关于改进金融服务、支持国民经济发展的指导意见》，要求各商业银行设立中小型企业信贷部，将信贷资源向中小企业倾斜。1998 年 6 月 20 日，又颁布了《关于进一步改善对中小企业金融服务的意见》，提出了支持中小企业发展的八项意见。2003 年，通过并实施了《中华人民共和国中小企业促进法》，此法规是我国扶持和促进中小企业发展的第一部专门的法律。但由于我国支持和扶持中小企业发展的政策和法规并没有形成一套完整的体系，在政策扶持方面仍有待进一步完善。政府资源是科技与金融有效结合的重要支持力量。我国科技金融体系中政府资源主要包括：首先是国家及当地政府出台的支持政策、财政税收方面的优惠政策等，以及为科技型中小企业发展搭建的各类综合服务平台。在我国以银行为主导的金融系统中，银行支持科技型中小企业发展而发放的科技贷款成为企业债务融资的主体，因此，银行信贷资源在科技金融体系中发挥着重要作用。非银行类金融机构中，创业风险投资在科技型中小企业发展初期是一种重要的融资渠道。创业风险基金在我国基本是政府发起成立母基金，建立各行业子基金，撬动大量社会资本，引导其向高新技术行业投资。其次是多层次资本市场也为处于不同生命周期的高科技企业提供了另一种融资渠道的选择，同时为企业提供了资本市场退出机制。最后，针对科技型中小企业"轻资产、无抵押、无担保"的特点，科技担保和科技保险为银行与企业之间的信息不对称、风险防控构建了第三方风险共担机制，缓解了科技型中小企业融资难题。

1. 北京市科技金融服务

北京市作为我国首都，有着政治、经济、文化等多方面的优势，也成为建立创新性国家的标杆城市，在科技力面投入相当大，每年在研究与试验发展中投入大量的人力、物力、财力，巨大投入相应得到了丰厚的产出，为北京市科技发展提供了产业链前端成果。产业化是科技成果真正转化为生产力的一步，而金融成为这一步的关键促进因素。

2012 年国家出台了《关于中关村国家自主创新示范区建设国家科技金融创新中心的意见》，这是国家层面的第一个关于科技金融的指导性文件，该文件以金融为出发点，落脚于科技创新，旨在引导建立符合科技创新需求的科技金融体系，确立中关村作为国家科技金融创新中心的战略地位，示范引领和辐射带动全国科技金融创新体系的形成。因此，北京中关村毋庸置疑成为科技金融研究的主要样本之一。北京中关村作为国家创新型科技园区的象征、中国第一个国家级高新技术产业发展区、第一个国家自主创新示范区、第一个国家级人才特区，是我国体制机制创新的试验田。国家级部门和单位，如科技部、中国人民银行、中国银行业监督管理委员会、国家发展和改革委员会等为中关村的体制机制创新、科技平台搭建、科技成果产业化提供了政策上的支持和指导；同时，各地进驻中关村的研究所、高等院校研究院等创新力量为高新技术企业的发展奠定了基础，形成了产学研相结合的创新型发展模式。

一是政府推动。首先，出台支持政策。中关村作为国家首个自主创新示范区，无论是鼓励创新的政策，还是科技平台的搭建都是国内首例，具有体制机制创新性、政策先行先试的特点。2009 年 3 月，国务院在《国务院关于同意支持中关村科技园区建设国家自主创新示范区的批复》中明确指出，中关村的战略定位是"国家自主创新示范区"，未来发展的战略目标是成为具有全球影响力的科技创新中心，培育具有全球影响力的技术、产品、品牌和企业。国务院在批复中提出了支持中关村示范区建设的八条先行先试的政策措施，包括开展股权激励试点，进行科技金融创新试点，进行科技重大专项列支间接费用试点，支持新型产业组织参与国家重大科技项目，制定税收政策，编制发展规划，政府采购自主创新产品试点，建设世界一流水平新型研究机构等。2011 年 1 月，国务院下发的《中关村国家自主创新示范区发展规划纲要（2011—2020 年）》和国家"十二五"规划明确提出了"把中关村建设成为具有全球影响力的科技创新中心和高技术产业基地"。其次，搭建创新平台。作为传统的知识聚集地，中关村是全国科技资源和科技人才最丰裕的地区。一直以来，中关村都非常重视人才工作，以人才为依托，积极打通产学研的界限，实现科研成果的商品化，以强大的科研创新载体，实现创新源头、成果转化、投产运营链条式发展，成为科技型中小企业创新发展的摇篮。具体表现在以下几个方面：大力引进海外高层次人才；实施中关村高端领军人才聚集工程；全面建设中关村人才特区，在历届部委的指导协调下落实13条特殊政策，打造世界一流的国际化人才特别集聚区；积极推进股权激励改革试点；通过建立"开放实验室"和"中关村大学科技园联盟"，有效促进产学研合作，为科技人员实现价值提供平台。

二是银行创新服务模式。首先，国家开发银行"中关村金融合作模式"。2009年3月，国务院批复建设中关村国家自主创新示范区后，国家开发银行北京市分行成立科技金融处，专门为中关村科技型企业提供优质服务，形成了"贷前预审、联合推荐，快速评审，共筑信用，财政贴息"的"中关村金融合作模式"。国家开发银行在中关村发展中发挥着主力银行的作用，提出了"政府＋国开行＋风投"的联合机制，为中关村提供银行债权融资与股权融资相结合的综合金融服务，同时国家开发银行还联合其他金融机构，以组建银团方式组织和引领社会资金。其次，中国银行"中关村模式"。中国银行在综合吸收传统信贷模式和中小企业信贷服务新模式的优势基础上，充分考虑科技型中小企业的特点、生命周期和资金需求，在客户准入门槛、审批流程、服务模式、风险控制等方面都做了大量创新，专门推出了"中关村科技型中小企业金融服务模式"（简称中关村模式）。目前，已经创新推出了"投保贷"、知识产权质押贷款、供应链融资、政府采购订单融资、信用贷款。在"中关村模式"中为科技型中小企业设立了独特的风险控制机制、风险容忍度及"尽职免责"的问责机制。

三是共建科技金融体系。首先，保障体系建设。中关村国家自主创新示范区创业投资风险补贴资金是指对经认定的创业投资机构和科技企业孵化器，根据其投资于园区初创企业的实际投资额，按一定比例给予补贴的专项资金。《中关村国家自主创新示范区创业投资风险补贴资金管理办法》明确了申请风险补贴的创业投资企业的认定条件、补贴对象和标准、受理及审核、监督管理等规定细则。其次，信用体系建设。2003年7月，中关村科技园区在全国率先成立了企业信用自律组织——北京中关村企业信用促进会，主要开展信用宣传、信用服务和信用管理三大板块工作，充分发挥信用促进会"桥梁、纽带、自律、服务、创新、发展"的园区信用工作平台作用，具体包括信用制度、信用服务产品、服务机构、信用信息系统、激励机制五个方面。信用激励政策发挥了重要作用，有效提升了企业的信用意识和信用管理水平；以信用为基础的企业融资服务渠道不断拓展；企业信用意识和信用价值进一步提升；主要行业企业信用等级逐年提高。

2. 上海市科技金融服务

经过"十二五"期间以金融市场体系建设为核心，瞄准世界一流国际金融中心，上海国际金融中心的全球影响力不断增强，表明我国政府坚决将上海打造成国际金融中心的决心。依托上海建成国际金融中心的大背景，上海市政府着力打造张江、松江、浦东三个高科技园区，形成高新技术产业集聚地，为科技型中小企业发展提供金融大环境[51]。

一是政府推动。首先，出台支持政策。上海市政府及各部门制定了许多鼓励和促进金融资源与科技企业有效结合的政策文件，为科技企业解决融资难题营造良好的政策及金融环境。2009 年，上海市政府出台了《关于上海市加大对科技型中小企业金融服务和支持实施意见的通知》，包括建设信贷业务体系、加大信贷投放力度、健全担保体系，以及建立专家库为科技型中小企业提供专业咨询服务等。2011 年，上海市政府出台了全面的实施意见——《关于推动科技金融服务创新促进科技企业发展的实施意见》，其包括政府充分发挥引导作用，鼓励和促进科技金融体系中的其他参与者(创业投资基金、风险投资基金、商业银行、担保机构等)向科技型中小企业投放金融资源，有效解决融资难题。之后又相继出台了一系列政策文件，充分体现上海市政府在促进科技金融发展工作中的引导作用，目标是发挥上海国际金融中心的优势，调动金融机构的积极性，为科技与金融对接搭建一座桥梁。其次，"三个一"工程。成立于 1988 年的上海市科技创业中心致力于"转化科技成果、孵化科技企业、培育科技企业家"，为科技企业和创造者提供全方位、全过程的综合服务，促进高新技术成果的商品化、产业化。为更好地促进科技与金融结合，支持科技型企业发展，上海市科技创业中心大力推动科技金融服务的"三个一"工程，即一份调研报告、一个上市后备企业培育平台及一个科技企业融资服务平台。上海市的"三个一"工程中的调研报告从实际出发了解企业不同阶段的需求，制定支持政策；培育平台覆盖企业全生命周期的融资需求，尤其为培育一批上市企业而努力；融资服务平台则为银行和企业之间搭建起信息桥梁。

二是银行创新服务模式。上海市作为我国国际金融中心，在为科技型企业服务的过程中，一方面鼓励扶持国内金融机构不断创新产品和服务模式；另一方面引进国外成功的金融机构与国内资源结合，创新符合我国科技型企业的金融模式，发挥国际金融中心的优势。上海市既有国内政府银行等金融机构创新的地区模式，也有国内外优势互补的合资银行，是我国科技金融发展综合实力最强的地区之一。首先，中国银行"张江模式"。中国银行上海分行提出的"张江金融服务模式"简称张江模式为中小企业发展提供了更快捷、个性化的授信流程和方案。"张江模式"具有以下3个特征：提供贴合科技型企业生命周期的产品系列，开辟专业高效的"张江绿色服务通道"，突破传统的多层级长时间的评审机制，在符合条件的情况下，项目审批时间不超过5个工作日，大大提高了审批效率；特定的审批权限及授信审批机制中引入科技专家评审，使"张江模式"能惠及更多的科技型中小企业；不断创新信贷新产品，如合同能源管理。通过"差异化信贷政策"和"融资新品"双核驱动，在产品、机制等方面不断创新，支持实体小微企业发展。其次，浦发银行"科技小巨人信用贷产品"。浦发银行与上海市科技创业中心联合推出了"科技小巨人信用贷产品"，该产品根据上海市科学技术委员会、市经济和信息化委员会颁布的《上海市科技小巨人工程实施办法》，根据企业的生产经营状况，规定达到一定信用标准的企业可获得纯信用贷款，真正实现无抵押、无担保。最后，浦发硅谷银行。2012年8月15日，我国第一家服务于科技创新型企业的合资银行在上海成立，也是我国首家独立法人的科技银行，命名为浦发硅谷银行，是国内优质的金融资源——浦发硅谷银行与国外成功的创新型服务模式的完美结合，标志着上海国际金融中心建设又迈出了新的一步。浦发硅谷银行聚焦于服务上海市的科技创新型企业，进而辐射长三角地区，最终面向全国科技型企业。浦发硅谷银行开展的业务模式，将会为我国科技金融的发展开辟一条新路。

三是共建科技金融体系。上海市创业引导基金是上海市政府运用市场化操作的政策性基金，利用杠杆效应放大基金效用，真正实现"基金的基金"这一作用，同时引导民间资本更多地投向战略新兴产业，扶持科技型企业项目研发及成果产业化，为科技型企业提供早期成长的资金。上海市已成为全国创业投资机构的重要集聚地。上海科技创业投资股份有限公司是经上海市政府批准成立的国内较早的从事科技风险投资的企业。上海科技创业投资股份有限公司在信息和生物化工方面的投资取得了良好的经济和社会效益，并且在投资决策、风险控制、推出机制等方面形成了自己的一套体系。目前，上海科技创业投资股份有限公司已经成功参股并退出许多国内高科技企业，为企业发展提供了"及时雨"，同时也成功探索了风险投资的退出机制。

3. 成都科技金融服务

成都高新技术产业开发区作为国务院批准的全国首批国家级高新技术产业开发区,首批两家科技银行均落户于此,成为科技金融研究极具代表性的一个地区。同时,成都还是科技金融理论研究的重要基地,科技部依托四川大学在成都成立了我国第一家专门的科技金融研究机构,使成都兼具了实践先行者的创新性及浓厚的理论研究氛围,为成都科技金融的发展创造了无法复制的优势[52]。

一是政府推动。我国科技金融的发展状况与当地政府的扶持力度有非常大的关系。成都政府非常重视科技型中小企业的发展,制定了促进科技金融发展的政策体系,同时为政府与企业、金融机构与企业、企业与企业之间的沟通搭建了许多综合服务平台,为企业发展创造良好的外部环境。首先,出台支持政策。成都高新技术产业开发区充分认识到中小企业在增加就业、促进国民经济发展中的重要作用,积极贯彻执行国务院相关政策,制定省、市级地方政策,扶持中小企业快速、健康发展。其次,搭建综合服务平台。政府高度重视科技金融服务工作,搭建集银行、创投、担保、保险为一体的多层次、多功能的金融集成服务平台。最后,创新服务体系。成都高新技术产业开发区不断创新机制体制,以高效服务为推动产业发展的软实力,并致力于将软实力转化为带动区域经济发展的硬实力,先后创新了"三段式"服务体系、并联审批通道等,为企业提供政务环境、增值服务、创新创业服务的平台。

二是银行创新服务模式。首先,国家开发银行的"统借统还"贷款模式。自2009年1月11日我国首批两家科技银行在成都成立以来,银行类金融机构不断创新发展模式和服务模式,其中国家开发银行四川分行和成都银行创新性地运作了"统借统还"的贷款模式。成都高新技术产业开发区"统借统还"贷款模式是将政府、银行、融资平台公司、担保公司集于一体的创新模式,充分利用政府对园区内企业的信息优势,通过创投、银行、担保三方的审查及监管机制降低贷款风险,降低科技型中小企业的贷款成本和门槛。其次,成立我国第一家科技支行。成都银行作为科技金融的实践先行者,意识到科技型中小企业的重要性,成立了我国第一家科技支行,将服务定位于中小企业。其科技支行自2009年1月11日成立以来,不断创新服务流程,改进审批流程,为科技型中小企业设立"绿色通道"、低于普通贷款的门槛及差异化的贷款利率。同时,针对科技型中小企业的贷款需求,减少审批环节,缩短审批时间,提高效率和服务水平,积极支持高新技术企业发展,支持产品升级、产业结构调整。成都银行将大量银行信贷资源投向科技型企业，严防风险，促进金融与科技结合、银行与企业共同成长。

三是共建科技金融体系。创业投资机构和风险投资机构作为补充银行债务融资的重要股权融资，为科技型中小企业拓宽了融资渠道，更好地发挥了政府在金融市场中的引导和杠杆作用。成都高投创业投资主要是针对企业初始阶段的天使基金，帮助有潜质的企业度过高风险的初创期，同时还为其他风险投资机构筛选、推荐有潜力、发展前景光明的企业，提高企业信息透明度，引导机构为企业投融资。

6.3　江苏省科技金融服务发展现状及成效

6.3.1　发展现状及成效

近年来，江苏省积极探索新的机制和途径，充分优化金融发展环境，动员和集聚资本支持新兴产业发展，采取三大措施促进科技金融结合：建立新的科技融资激励机制，促使金融资本投向新兴产业；建立新的科技融资风险补偿机制，促进金融资本投向新兴产业；建立新的科技金融发展机制，广泛吸纳金融资本投向新兴产业。在这些措施的推动下，江苏省科技金融服务工作取得了很大的成绩，已初步形成了具有江苏特色的科技金融创新体系。

2014 年，江苏省地联动的以"首投、首贷、首保"为重点、服务科技型中小企业的科技金融风险补偿资金池工作体系建设成效初显，省级科技金融风险补偿专项资金从 5 亿元增至 8.6 亿元，共引导 50 余个市、县（区）、高新区设立科技金融专项资金近 14 亿元；江苏省天使投资引导资金规模增至 3 亿元，江苏省累计入库天使投资机构达 60 家，管理天使投资资金规模达 91.5 亿元；江苏省科技成果转化风险补偿资金规模增至 5 亿元，地方合作资金增加到 10 亿元；江苏省新建科技支行 7 家，总数累计达 33 家（不含南京市金融办批准的 10 家），13 个省辖市全部设立科技支行，当年新增发放科技信贷专营品种贷款达 120 亿元；江苏省新批筹科技小额贷款公司 23 家，累计批筹达 86 家，累计发放贷款 20 422 笔 679 亿元；以国家和省级高新区为重点，新布局建设 10 家省级科技金融服务中心，为科技人才和企业创新创业提供一站式科技金融服务；围绕加快发展以"首保"为重点的科技保险，推动各地普遍建立科技保险补贴专项资金，引导保险机构创新科技保险品种。

1. 大力发展创业投资

江苏省创业投资业发展迅速，机构数量快速增加，资本规模持续扩大，政策环境进一步完善，创业投资人才逐步集聚，已经成为我国创业投资最活跃的地区之一。江苏省创业投资行业总体发展情况如下。

一是累计备案创投企业数量、注册资本规模等各项指标继续保持全国第一。2013 年江苏省已备案创业投资机构 408 家，管理资本规模 768.7 亿元，累计备案创投企业数量、注册资本规模等各项指标继续保持全国第一。其中，2013 年新增备案创业投资企业 54 家、注册资本规模 105.3 亿元，分别比上年多增 9 家、18.7 亿元。

二是民营创投机构数量和资产规模均已超半数。在江苏省累计已备案创投企业中，民营和民营控股创投企业达到 141 家，认缴资本总额合计 229.47 亿元，分别占全部备案创业投资企业的 56％ 和 53％。其中，2013 年新增民营和民营控股创投企业 30 家，认缴资本总额 69.53 亿元，分别占江苏省年度新增的 67％ 和 80％，体现出江苏省创业投资引导基金在引导民间资本参与创业投资新兴产业发展的放大作用日益增强。

三是创业投资区域集聚发展趋势进一步突出。苏南 5 市新增备案创投企业 39 家，认缴资本总额 80.26 亿元，分别占江苏省新增的 87％ 和 93％。其中，苏州市新增备案创投企业 21 家，认缴资本总额 50.88 亿元，分别占江苏省的 47％ 和 59％，江苏省创业投资区域集聚发展的趋势进一步显现。

四是创业投资机构收入结构进一步优化。江苏省参与调查的 408 家机构中，146 家提供了年度机构收入有效数据。

2. 着力引导科技贷款

江苏省积极引导各类创新要素向企业集聚，切实提升企业自主创新能力和风险意识。省级科技计划经费 80％ 以上都投向企业，重点在成果转化资金中组织实施风力发电、生物医药、软件等重大产业专项，通过运用贷款贴息等方式吸引科技贷款投向创新型企业，有效化解金融投资风险，江苏省科技贷款年增 20％ 以上。江苏省各大银行对中小企业的支持力度逐渐加大，成效明显。2013 年上半年江苏省金融机构对中小企业贷款的余额占全部企业贷款余额的 36.2％，比年初提高了 0.6 百分点。"科才通"等科技贷款项目搭建起科技型中小企业的融资平台，在江苏省起到了示范作用。"科才通"是太仓市科技局会同交通银行、江苏银行等合作建立的科技人才型企业创业贷款基金，计划发放 1 亿元创业贷款，为科技人才型中小企业和金融机构之间构建起绿色服务通道，已累计为赛业生物、澳际网络、舜宇医疗器械等 15 家人才企业发放项目贷款 4 000 万元；苏州吴中区深入开展"千企升级-银企对接"系列活动，为 18 家科技型中小企业落实科技贷款1.72 亿元。

3. 积极推进科技保险试点工作

科技保险是科技部与中国保险业监督管理委员会开展的一项创新性工作。2007 年国家科技保险试点工作正式展开，江苏省苏州、无锡作为试点城市参与了科技保险试点业务。2008 年，苏州新海博数码科技有限公司出险理赔，顺利获赔 300 多万元，成为国内科技保险理赔最大的一单。截至 2014 年年底，苏州高新区累计共有 113 家（次）通过科技保险政策审核，享受获批保费补贴累计近500 万元；保险险种涵盖财产一切险、关键研发设备险、高管人员和关键研发人员团体意外伤害保险、雇主责任险和出口信用险等，总计缴纳保费达 4 144 万元，总保险金额达到 780 亿元。2014 年苏州保险业为 81 家企业补贴 193.62 万元，补贴金额同比增长 135.52%，提供风险保障 37.05 亿元。2009～2014 年，无锡市累计投入 920 万元财政经费，带动企业投保科技保险近 7 000 万元，保额超过1 500亿元，其中 2014 年补贴 200 万元，带动投保 1 600 多万元，保额超过 260亿元。江苏科技保险在鼓励企业自主创新、帮助企业规避风险方面提供了相关保障，取得了一定的成效。

4. 积极开展知识产权质押融资服务

知识产权质押融资是一个涉及面广、环节多，需要多方支持与合作的创新金融业务。江苏省作为全国首个创建实施知识产权战略示范省，自颁布《江苏省知识产权战略纲要》以来，积极推动知识产权成为助推企业发展的重要战略资源，通过开展知识产权质押融资等工作，截至 2013 年江苏省知识产权累计获得质押贷款已逾 100 亿元。2009 年 9 月，无锡市被国家知识产权局确定为第二批"国家知识产权投融资服务试点城市"。无锡市首批 6 家科技型中小企业通过专利权质押的方式获得银行贷款，贷款总额达 4 000 多万元。镇江市被国家知识产权局确定为我国第三批"国家知识产权投融资服务试点城市"。镇江市 216 家企业用 314件专利、1 件商标、12 件软件著作权、2 个动植物新品种，从 12 家商业银行获得授信和贷款累计达 14 亿元。通过知识产权质押融资，盘活了企业专利、专有技术等无形资产，为企业提供了融资渠道。知识产权质押融资已在政府、银行、企业各方都得到重视，政府提供政策保障，银行提供优质服务，有利于促进科技型中小企业的科技成果产业化和自主创新。

5. 率先设立科技小额贷款公司

2010 年江苏省政府办公厅正式下发了《关于开展科技小额贷款公司试点的意见》，在我国率先设立科技小额贷款公司。这是江苏科技金融工作的一个重大突破。据试点意见，江苏省明确科技小额贷款公司重点面向高新技术产业开发区（园区）内的企业，开展小额贷款和创业投资业务经营。每个试点开发区（园区）在试点初期可申请设立 1 家科技小额贷款公司。待试点成功后，再向江苏省推广。科技小额贷款公司的注册资本金，明确为苏南 2 亿元、苏中 1.5 亿元、苏北 1 亿元。

6.3.2　存在不足

1. 创业投资发展的质量有待提高

近年来江苏省创业投资发展迅速，在促进产业转型升级，支持企业自主创新方面起到了积极作用，成效显著，但同时也存在不少问题，主要表现如下。

一是苏南、苏中、苏北区域发展不平衡。80％以上的创业投资机构集中在苏南地区，苏州、无锡、常州创业投资机构的数量和资金规模在江苏省排在前列，已经成为全国创业投资最发达的地区之一。自 2013 年来，苏州创业投资机构数为 245 家，资金规模为 875.95 亿元。无锡为 63 家，资金规模为 258.06 亿元。常州为 47 家，资金规模为 68.11 亿元。而苏北连云港仅为 6 家，资金规模为 15.25 亿元。淮安为 3 家，资金规模为 4 亿元。宿迁为 3 家，资金规模为 4 亿元。

二是创业投资资金结构不平衡。江苏省创投资金大多数来源于政府的财政拨款、大型国有企业和上市公司、金融机构、社保基金，而民营资本投资不足，未能充分发挥民营资本助推科技金融发展的作用。

三是对不同阶段的企业投资不平衡。2012 年投资在江苏省的 410 个项目中有 385 个给出了相关统计数据。创投机构对 385 个项目中种子期企业共投资 14.07 亿元，其中成长期企业投资 20.13 亿元，成熟期企业投资 12.17 亿元，重建期 0.47 亿元。创投机构对种子期的企业投入不足，相对青睐成熟期的项目投资。这种结构发展不平衡，难以真正支持科技创新创业。

2. 科技金融产品创新程度不高

近年来,各类金融机构针对科技型企业提供和推广了科技贷款、知识产权质押、科技保险等业务,但依然和企业的快速发展需求存在一定差距。科技银行、科技小额贷款公司数量较少,区域分布不平衡,进一步发展的空间依然很大;知识产权质押融资目前主要集中在南京、苏州、无锡、镇江一带,苏中、苏北地区基本上处于停滞状态。科技保险也主要集中在苏州、无锡两地,有些企业的投资意识不强,且参保率不足 50%。另外,虽然制定了一些政策,但相关政策落实不到位。江苏省相关科技金融产品创新程度不高,需要进一步研究和进行更多有益尝试,促进科技金融创新。

3. 科技金融中介服务体系有待完善

科技金融中介服务机构的缺乏,严重制约了江苏省科技与金融结合的深度推进。截至 2014 年年底,江苏省共有各类科技中介服务机构 400 多家,其中从事科技金融业务的仅有 50 多家。专业的知识产权评估机构仅有 10 家,知识产权流通平台缺位,制约了知识产权质押融资业务的开展。科技金融信息服务平台建设滞后,制约了科技资源和金融资源的有效对接。江苏省还缺少一批一站式的科技金融服务中心。技术转移机构、大学科技园、孵化器等创新创业载体的投融资服务平台还没有完全和科技金融中介机构有效对接。需要建立集咨询、法律、财务、知识产权等功能为一体的新型科技金融中介服务平台[53]。

6.4 科技金融服务实践

近年来,江苏省高新技术创业服务中心在江苏省科技厅的指导与支持下,全力建设江苏省科技金融信息服务平台,组织开展科技金融园区行系列融资对接活动,发起或受托运作创业扶持资金,推动科技资源与金融资源有效对接,解决科技型中小企业融资难题,科技金融服务工作取得显著成效,直接投射出江苏省科技金融工作发展的现状及成绩。

6.4.1 建设江苏省科技金融信息服务平台

江苏省科技金融信息服务平台面向江苏省科技型企业和金融机构、创投机构,根据科技金融服务的特点和流程,着力构建科技信息服务系统、金融信息服务系统、对接交易服务系统，集成江苏省科技企业、科技项目、科技人才、科技园区、科技平台、科技政策等优质资源，有效采集和发布满足金融、创投机构等需求的信息，为科技型企业搭建高效融资通道，促进金融、创投及社会资本与科技型企业有效对接；同时积极延伸各项对接服务，开展知识产权质押贷款、股权融资、新药成果转让、技术合同登记、技术产权交易等各类交易服务；开展需求分析与评价、商业策划与包装、项目宣传与推介等增值服务，推动形成围绕政府科技投入、吸引金融信贷和鼓励创投跟进投入的多元化、多层次、多渠道的科技金融投融资体系。截至 2014 年，江苏省科技金融信息服务平台已实现入库企业突破 2.8 万家。

6.4.2　打造"创业新优客"科技金融服务品牌

"创业新优客"是江苏省科技金融信息服务平台联合江苏省创业投资协会、江苏省天使投资联盟等单位共同打造的科技金融服务品牌，主要针对江苏省科技型中小企业的融资需求，特别是通过江苏省科技金融信息服务平台提交的融资需求，不定期的组织天使投资机构、创业投资、金融机构开展项目对接活动，解决企业发展过程中的融资问题，促进江苏省科技型中小企业健康运行与发展。2014年，先后在南京、泰州、徐州等地开展"创业新优客"系列活动 11 场次，累计服务企业超过 5 000 家，共促成 400 余家企业获得贷款或授信 7.4 亿元，30 多个项目实现股权投资，协议投资总额近 1.2 亿元。

6.4.3　强化投融资服务能力建设

江苏省新药创制发展资金是由江苏省科技厅、财政厅联合设立，委托江苏省高新技术创业服务中心运行管理的国内最早的新药创制专业性风险投资基金。截至 2014 年，新药资金共投资 67 个项目，累计投资合同额 1.27 亿元，其中，投资医药类项目 62 个、参股公司 5 个、已获新药证书 15 个、新药临床试验批件 27个。为加大对科技企业的扶持力度，为科技创新提供资本支持，2012 年，江苏省高新技术创业服务中心向江苏省发展和改革委员会申报省新兴产业创业投资引导基金，并获得立项支持 2 000 万元，联合社会资本共同发起成立了江苏科泉基金公司，基金规模达 1.21 亿元。2014 年，江苏科泉基金公司已投资项目 4 个，投资额为 6 000 万元。2014 年，江苏省高新技术创业服务中心又出资设立科技创业孵化资金，重点投向孵化器内初创期、成长期科技企业，同时采取参股科技创业投资基金的方式，联合社会资本成立"泉达基金"，扩大孵化资金规模，解决江苏省省内更多科技型中小企业融资难题。目前，孵化资金规模达 1 200 万元，已投资项目 5 个，投资额为 700 万元。

6.4.4　推进江苏省天使投资联盟的相关工作

2013 年 2 月 27 日，由 20 家从事天使投资的创投机构和天使投资人发起的江苏省天使投资联盟在南京成立。该联盟旨在建立有利于天使投资发展的互动平台，促进投资机构与科技创业者实现资本和技术的有效对接。联盟计划围绕种子期和初创期科技型小微企业的融资需求建立天使投资项目信息库，除常年征集和受理企业融资需求外，还开展集中式、批量融资需求征集。征集到项目需求后，联盟每两个月将组织一次项目对接推进会，结合科技金融信息服务平台推进科技型中小企业与天使投资机构进行对接。为鼓励天使投资发展，江苏省配套出台系列天使投资机构优惠政策，设立引导专项资金弥补天使投资损失、分担投资风险。截至 2014 年，江苏省天使投资引导资金已达 3 亿元，投资种子期或初创期科技型中小企业的天使投资机构发生损失，将可获得补偿。江苏省高新技术创业服务中心作为联盟依托单位，不仅承担了联盟日常事务管理、活动组织协调等工作，还协助江苏省科技厅承担了江苏省天使投资引导资金项目入库、受理审核等相关服务工作。

6.5　科技金融服务案例

6.5.1　打造金融平台　架设科技与金融对接沟通的桥梁

江苏省科技金融信息服务平台由江苏省高新技术创业服务中心承担建设，历经 1 年多开发，于 2011 年 11 月 5 日上线试运行。江苏省科技金融信息服务平台面向江苏省科技型中小企业和投融资机构，构建以政府科技投入为引导、金融信贷及创投跟进投入的多元化、多层次、多渠道投融资服务体系，以促进科技与金融互动对接，满足不同成长阶段科技型企业的融资需求。江苏省科技金融信息服务平台以科技型企业为主线，集成江苏省科技项目、科技产品、科技人才等各类科技信息资源，并汇集服务科技金融的各类创新型组织、金融产品、服务新模式等，有机实现各类信息的关联，通过构建科技信息服务系统、金融信息服务系统、对接交易服务系统、支持保障等服务子系统，实现科技与金融供求信息的发布、网上互动对接、线下增值服务等功能。截至 2014 年，江苏省科技金融信息服务平台入库科技型企业逾 3.5 万家。

为了发挥江苏省科技金融信息服务平台的资源集聚优势，做好对接服务工作，江苏省高新技术创业服务中心一方面推进江苏省科技金融信息服务平台的系统建设；另一方面积极拓展和银行机构的密切合作，先后与江苏银行、南京银行、上海浦发银行、北京银行、招商银行、工商银行、农业银行等建立了业务联系。江苏省科技金融服务信息平台还与江苏银行签订了江苏省科技金融服务信息平台会员合作协议，双方立足江苏省科技金融服务信息平台共同研发出了面向江苏省各类科技园区的"园区之星"科技金融创新产品，其具体模式分为 3 种：①针对有权为企业提供担保的园区，江苏银行为园区核定总授信额度，由园区向江苏银行推荐企业，江苏银行在总授信额度内为企业发放贷款，该贷款由园区为企业提供担保；②针对无法为企业提供担保的国家级、省级科技园区，由于此类园区内的企业规模相对较大，企业资质较好，对此类园区内的企业，将重点推介"科技之星"贷款业务、专利权质押贷款业务等科技金融特色业务产品，为园区内企业提供全方位的金融服务；③针对规模较小的科技园区，引入第三方担保，江苏省再担保公司、科技小贷公司及园区所在地担保公司等，由银行与担保公司及小贷公司共同筛选客户。

2012 年 1 月，江苏省科技金融服务信息平台携手江苏银行、创投机构、担保机构等走进南京工业大学科技园开展科技金融专题对接服务活动。该活动共组织了 22 家科技型企业参会，涉及生物医药、软件、制造、节能环保等多个行业。此次活动之后，银行、创投、担保公司与园区、企业保持了紧密联系，经过近 1 个月的反复沟通与交流，最终对接成效显著。江苏银行成功为 4 家企业进行了总额达 890 万元的流动资金贷款，分别是南京万和测控仪表有限公司，贷款金额为 250 万元；南京信泰电讯技术有限公司，贷款金额为 200 万元；南京正方电气有限公司，贷款金额为 240 万元；南京顶瑞电机有限公司，贷款金额为 200 万元。

在江苏省科技金融服务信息平台的推动下，江苏银行还与南京工业大学科技产业园股份有限公司签订小企业信用联盟体合作协议，首期为其园区内符合条件的 10 家企业申请的综合授信额度提供连带责任担保，总担保额度为 3 500 万元，尝试性地开展了面向科技园区的服务模式创新，通过对科技园区的整体授信实现对园区科技企业的金融服务，进一步拉近了银行与园区、企业与银行的距离。此后，江苏省科技金融服务信息平台又携手银行、创投公司、证券、担保等金融、中介服务机构先后走进南京、徐州、泰州等地多个科技园区，开展"科技金融园区行"系列科技金融对接活动，为园区企业提供从银行信贷、股权融资（天使投资）、上市辅导等金融对接服务。"科技金融园区行"系列科技金融对接活动的开展及"园区之星"科技金融特色产品的推出，充分展示了江苏省科技金融服务信息平台整合科技园区、科技企业、银行、创投、担保等各类金融中介机构各方资源的能力与优势，在架设科技与金融直接对接沟通的桥梁，引导各方转变服务理念、创新服务手段、撮合对接服务等方面充分显现了江苏省科技金融服务信息平台广泛的社会价值。

6.5.2 开展知识产权质押贷款服务 健全科技型中小企业融资渠道

科技型中小企业在其发展初期普遍存在资金缺乏的问题。由于缺乏信用纪录，又提供不出有效的固定资产作为抵押，往往无法从银行获得贷款支持。如果能利用其自主拥有的知识产权作为质押获取贷款，变"知本"为"资本"，则不失为一条符合科技型中小企业实际情况、有效解决中小企业融资难的新途径。

2007 年，江苏省高新技术创业服务中心和南京银行合作，针对专利质押的法律依据，适用范围，贷款的对象、用途和条件，贷款额度、期限和利率，质押贷款申请程序，贷款管理等均做出合理规定，联合在南京地区开展无抵押、无担保知识产权质押贷款试点业务，试图通过科技中介机构与金融机构的合作，改善对高成长性、高风险、轻资产的科技型中小企业的金融支持，着力解决科技型中小企业的融资难题。2007 年，南京道及天软件系统有限公司通过质押其所拥有的 5 项软件著作权，成功地从南京银行获得 200 万元商业贷款，从而成为全国首个无抵押、无担保的知识产权质押贷款案例。

南京道及天软件系统有限公司，是一家专业从事信息系统内控安全管理软件开发的软件企业，从企业成立初期就十分重视自主知识产权的研发与利用，企业最核心、最具有价值的资产就是自主知识产权。企业拥有自主知识产权的软件产品 11 项，先后获得国家中小企业技术创新基金、国家 863 计划、国家火炬计划资助，荣获科技部等 4 部委认定的国家重点新产品称号，连续 2 年获得江苏省软件和集成电路专项资金项目支持，并多次获得南京市软件发展专项及市科技发展计划项目支持。2007 年，该企业还荣获国家科技进步二等奖。企业的销售收入年年增长，然而企业的客户以政府机构为主，应收账款比重较高，回款具有季节性特征，企业日常经营的流动资金相对短缺。但是企业缺少房产等抵押手段，过去根本无法从银行获得贷款。在知识产权质押贷款这种新型贷款模式产生之后，企业凭借其良好的成长性和所拥有的自主知识产权的价值才获得了银行和科技服务机构的认可，成功获取了贷款。据中国版权保护中心软件登记部李维主任介绍，2002 年珠海市已经有了著作权质押贷款的先例，2006 年北京、上海等地也曾推出知识产权质押贷款业务，但均需要担保公司提供担保。而无资产抵押、无担保公司介入、企业将其拥有的自主知识产权直接质押给银行，在他 5 年来受理合同登记的 300 多项质押案例中，可谓是第一例。

南京银行为何敢于抛开担保公司中介环节，直接向企业推出纯知识产权质押贷款业务呢？这主要是因为南京银行与江苏省高新技术创业服务中心长期密切的合作关系。江苏省高新技术创业服务中心发挥其平台的项目汇集优势，从中筛选、推荐一批拥有自主知识产权的优质企业供银行选择，并与银行方面共同对企业展开调查，从而大量节约了银行放贷前期为调查、筛选贷款对象投入的人力、物力和财力，为该项业务的长期推广提供良好的基础。然后由其服务会员——专业的资产评估公司对拟质押的知识产权进行无形资产价值评估，同时组织技术专家进行项目技术论证，从而为银行正确评估拟质押知识产权的价值提供有力依据。一旦出现坏账，江苏省技术产权交易所的平台功能也正好为处置相关知识产权提供了帮助。由此可见，江苏省高新技术创业服务中心在此过程中，通过发挥平台优势，整合各方资源，从而逐步规范操作、有效控制和分散风险、降低融资成本，在其参与和监管下，知识产权质押贷款业务才得以顺利开展，成为银行和企业双赢、可持续发展的新兴业务。

近 8 年来，在江苏省高新技术创业服务中心的推动下，合作银行已从原有的南京银行增加到江苏银行、北京银行等数家银行，累计向科技型中小企业发放知识产权质押贷款 32 笔，实现放贷金额 6 395 万元。随着社会经济的发展，知识产权在社会财产结构中所占的比重越来越大，其巨大的价值正逐步被社会各界认可。通过知识产权质押融资，不仅为企业解决了资金困难，也为金融机构拓展了业务渠道，是促进企业和金融机构实现共赢的有效模式。

6.5.3 提供投融资增值服务 推动科技企业步入成长快车道

江苏科泉高新创业投资有限公司的科泉基金设立于 2012 年年底，由江苏省高新技术创业服务中心联合社会资本发起设立，是专注于江苏省省内生物医药和医疗大健康领域的科技型创业企业。为促进基金的良性运作与发展，按照相关要求，组建成立南京科源投资管理有限公司作为基金的投资管理公司。2013 年 2 月底，在南京科源投资管理有限公司的努力下，科泉基金完成了对江苏世轩科技服务有限公司 2 200 万元的融资。

江苏世轩科技服务有限公司总部位于常州，设立于 2003 年，是一家富有创新力、成长迅速的高新技术企业和双软企业，它专注于医疗信息化解决方案领域，在该领域处于国内第一梯队，是为数不多的区域龙头企业。此次投资是科泉基金设立后的第一笔投资，南京科源投资管理有限公司认为投资成功不仅在于投资前认真调查和审慎决策，更重要的是要尽心尽力为所投企业提供各种增值服务，帮助对象企业在投资后能够更好地持续成长，从而最终确保基金的投资有更好的退出渠道，取得更好的回报。为此，南京科源投资管理有限公司高度重视对江苏世轩科技服务有限公司的投后增值服务，并落实到具体的管理措施和服务事项上。两年来，对江苏世轩科技服务有限公司主要提供了以下服务和支持。

(1)专人负责，常态化服务。南京科源投资管理有限公司指定专人负责投后的服务支持和日常事务的对接，并以月度例访的管理措施来落实。南京科源投资管理有限公司指定投资经理翁章好承担这个角色，他每个月至少到江苏世轩科技服务有限公司实地拜访一次，主要任务是及时了解江苏世轩科技服务有限公司各方面动态，了解其发展中遇到的各方面难题和需求，然后根据了解到的情况，主动为对方出谋献力。

(2)发挥科技咨询优势，提升企业的科技形象、地位和能力。在常态化服务中发现，江苏世轩科技服务有限公司发展中的一个痛点是，由于地处二三线城市及民营企业性质，江苏世轩科技服务有限公司在科技项目资源的获取上总是慢人一步，错过许多该拿而没拿到的科技项目，如申请院士工作站 2 年却始终未果。了解这些情况后，南京科源投资管理有限公司发挥股东江苏省高新技术创业服务中心的优势，在项目申报的各方面提供咨询，并根据行业特点就申报条件等与审查部门形成有效沟通，然后指导江苏世轩科技服务有限公司正确地准备申报材料。之后，江苏世轩科技服务有限公司很快通过院士工作站资质的审查并顺利挂牌，同时获得 100 万元以上的项目资助，有效地提升了江苏世轩科技服务有限公司在同行中的科技地位和形象，中国工程院院士蔡吉人的加盟，也确保了公司后续研发能力的持续提升。在协助院士工作站申请的同时，南京科源投资管理有限公司建议江苏世轩科技服务有限公司申报了江苏省科技支撑计划项目，亦顺利获得了资助。

(3)利用业界网络,积极为江苏世轩科技服务有限公司寻找并购资源和机会,并积极配合江苏世轩科技服务有限公司做好并购重组的各项工作。江苏世轩科技服务有限公司作为一家快速成长的新兴企业,是许多上市公司寻求的理想并购目标,同时其本身亦可利用既有地位和充足的现金,收购在技术、业务或渠道上具有互补性的小公司,从而加强自身能力和业界地位。基于与江苏世轩科技股份有限公司的以上共识,南京科源投资管理有限公司自投资后就利用投资界人脉资源,为江苏世轩科技股份有限公司推荐了几家有收购意向的上市公司。同时,在所接触的医疗信息化领域的创业企业中,遴选了几家在电子病历和民营医院渠道方面有一定优势的企业推荐给江苏世轩科技股份有限公司,目前已有初步合作意向。2014 年江苏世轩科技股份有限公司启动以并购重组方式实现上市的计划后,南京科源投资管理有限公司紧密、及时地配合了拟并购事项所需的各项资料准备、方案磋商等工作,获得江苏世轩科技股份有限公司的好评。目前,江苏世轩科技股份有限公司已被中元华电(300018)并购,项目投资率近 500%。

(4)利用优势,为企业开拓客户提供有力支撑。作为医疗信息化领域的区域龙头和民营企业,江苏世轩科技股份有限公司在开拓业务中会遇到知名度和认同度不如外资公司和国内上市公司的劣势。在其开拓一个区域医院客户时,南京科源投资管理有限公司了解到这个痛点后,提请江苏省高新技术创业服务中心向该客户进行了宣传推介,解决了这个市场开拓问题。

(5)为南京研发中心的设立出谋献力。高端研发人才主要集中于高等院校资源丰富的一线城市,江苏世轩科技股份有限公司地处常州,难以招聘到高端人才。为此,南京科源投资管理有限公司积极为其在一线城市设立研发中心的事项出谋献力。在权衡比较基础上,江苏世轩科技股份有限公司确定在南京组建研发中心之后,南京科源投资管理有限公司就积极为其落户园区问题到南京各个部门和园区去咨询了解,最后协助其在南京软件谷顺利入驻,组建了研发中心。

南京科源投资管理有限公司在对江苏世轩科技股份有限公司提供融资服务后,继续加强投资后增值服务,有效助力企业发展壮大,实现了科泉基金的设立宗旨,充分发挥了该基金对新兴产业的创业企业的引导扶持作用。

第7章

创业辅导服务及案例

7.1 创业辅导服务的内涵

7.1.1 创业辅导的概念

辅导、教育、帮助创业者如何紧跟时代？如何抓住最新的财富趋势？如何以最小的投资、最低的风险来博取最大的收益？如何利用最先进的选聘经营模式让自己当老板？如何利用最先进的营销手段来拓展自己的事业？如何有效地培养自己的经营与管理团队？一般来说创业辅导主要包括如下内容。

1. 组织开办培训班

到学校、下岗较多的企业、就业率较低的社区开办创业辅导课程，讲授创业观念及创业所需的专业知识，帮助其进入创业思维的环境中来；帮助创业者形成自己的创业项目构想，并对其未来企业的产品、客户、市场发展前景和商业模式等做出明确的定位和发展规划。

2. 咨询和解答常见问题

为就创业者在创业实践中所涉及的知识、政策、法规及各种常见的问题提供咨询和解答，帮助创业者避免创业的盲目性，提高创业的成功率；通过回访调查、后期支持和长期顾问等方式，协助创业者应对或解决创业实践中不断出现的新问题，帮助他们顺利开办企业和改完善企业经营管理。

3. 分析和预测市场、资金等需求

为创业者提供项目论证服务，指导开展项目市场调研、项目可行性分析、项目风险评估、投资效益论证等创业各环节的预测服务；为创业者分析和确定创业资金需求，并协助其完成创业融资所需的商业计划书，提供融资和引资方面的洽谈和对接服务。

4. 提供优质创业平台

给创业者提供或推荐优质的创业平台，寻找或培养创业过程中所需的各类优秀人才；为优秀特许加盟项目的企业做代理招商、项目推广、渠道建设、代理商培训、项目委托代理等系列服务；提供专业的咨询及培训服务。为有前景的小微型创业项目提供评估、策划、推广服务，并协助建立完善的特许经营体系；为创业者提供团队建设、员工激励、巅峰销售、营销策划、人力资源管理、企业文化塑造、工厂运营等专业的咨询和培训服务。

最好的创业项目不一定适合自己，只有非常适合自己的才是最佳的，检验创业项目是否为最佳的主要标准如下。

一是自己是否感兴趣或者熟悉。兴趣是最好的老师，只要你对某项事情感兴趣一般都容易做好，并且会事半功倍；如果对某项事情不感兴趣，一般都不容易做好，即使最后做好了，也会是事倍功半。因此，最好选择自己感兴趣的行业和项目。熟悉的行业和项目有两层含义：一方面，自己所学专业领域的项目，这当然是比较熟悉的；另一方面，对这个项目或者产品比较熟悉、不陌生。熟悉可以避免少走弯路，"新、奇、特"的项目打开市场需要一个过程，甚至投资以后还有可能打不开市场。

二是项目本身是否可行。项目本身是否科学和可行是创业成败的关键，如果项目本身既不科学也不可行，即使付出再大的努力最终肯定还是要失败。在选择项目的时候还要检索资料、市场和市场调查进行对比分析，然后通过充分地讨论和研究以后再下结论做出决策。

三是是否有相对的独立发展空间。如果自己对某个项目也感兴趣，项目本身也科学可行，但是如果没有相对独立的发展空间也是不可取的，这将意味着残酷的竞争，即使最后能够争取到立足之地，其成本与风险也是为一般创业者很难承

受的。

四是存在的困难和问题能否解决。没有不存在困难和问题的创业活动,创业的过程也就是一个不断战胜困难和解决问题的过程,但是所选择项目存在的困难和问题预测自己要能够解决,如果存在的困难和问题自己无法解决,这样的项目也不要选择。如果选择了面临困难和问题不能解决的项目,将意味着创业活动会半途而废,这样只会给自己带来损失。

五是是否可以持续发展。有些产品的寿命周期很短,如以前有一些玩具"飞来飞去器"及"呼啦圈"等,这些产品的盛销也就是一阵风,这阵风吹过之后市场就饱和了。市场要有源源不断的需求,最好是反复重新消费的商品,只有选择这样的项目才可以长久的持续发展。

六是是否有市场。在选择创业项目时如果以上五个条件都能够达到,但是如果生产出来的产品没有市场,这样的项目也不能选择。导致没有市场的原因可能是质次价高,可能是产品的安全性能不达标,也可能是产品的质量不符合标准。以上是导致产品没有市场的根本原因,因此要选择物美价廉、安全可靠、产品质量达标的项目。

7.1.2 创业辅导服务

创业辅导服务是以合法的资格,在能力与需求相适应的前提下,在一定的专业方面提供辅导服务,主要是指面向科技园区、创业企业,开展创业辅导、科技培训、政策辅导等,提供综合性、专业化、一站式创业发展等辅导服务,同时为科技型小微企业和科技创业者提供科技辅导服务。例如,讲授科技创业知识技能,帮助创业者避免创业的盲目性,为创业者提供项目论证服务,指导开展项目市场调研、风险评估等。提供的创业辅导服务包括如下。

(1)政策辅导服务,其中有国家、省、市科技创新创业政策,适合科技创业企业发展的科技创业引导项目及其他。

(2)创业技术辅导服务,包括知识产权辅导,技术转移辅导,创业项目技术可行性论证辅导,创业项目相关新技术、新产品、新工艺、新材料的开发、引进、应用辅导,创业项目技术发展预测,创业项目技术转移实务辅导,创业企业技术创新体系建设辅导,创业企业研究开发管理辅导,创业企业技术难题解决及技术服务,创业企业技术信息服务等中介服务辅导及其他。

(3)团队建设辅导服务,包括政策辅导、人才对接、团队建设培训、团队文化、团队能力、团队制度、团队管理及其他。

(4)投融资辅导服务，首先包括科技创业投资辅导，涉及投资管理顾问、投资顾问、投资方案设计、投资代理、投资管理、规划投资方向、为投资人寻找适合的项目进行投资、项目转让辅导顾问、开发项目全程托管、财务顾问、企业并购、企业改制、资产重组、资产托管、上市策划与上市前期辅导、股权投资、委托贷款、票据贴现、贷款转让及其他等内容。其次包括科技创业融资辅导，涉及融资顾问，知识产权质押贷款，企业投融资策划服务，种子期(天使投资)、初创期、扩张期、成熟期(创投)的创业风险投资，融资代理，项目融资方案初步策划与设计，项目融资全程策划，设计与代理，融资人风险审查服务，并购重组方案设计，财务税务可行性评估，融资渠道选择与比较，项目推荐与交易对象评估，可以作为政府或企业代理进行相关领域商务谈判、财务顾问、融资担保、融资租赁及其他等内容。

(5)策划辅导服务，其中战略策划，包括总体战略、分阶段目标设计、执行计划和资源配置，企业形象、企业文化等；品牌策划，包括品牌定位策略、品牌质量管理策略、品牌开发策略、品牌延伸策略、品牌全球化策略等；公关策划，包括政府关系、危机公关、媒介关系代理、公关活动管理、新闻中心代理等；营销策划，包括企业产品的国内、国际市场调查、市场占有率调查、市场细分化、目标市场的定位、定价策略、营销组合策略、市场管理、广告宣传策划、品牌管理、营销管理人员的培训、渠道管理及客户关系管理、产品市场推广策划、企业成长拓展策划、企业营销制度策划、营销业务策划及营销国际化策划等，还包括生态策划、融资策划、管理策划及其他等。

(6)创业培训服务，一般包括创业学堂系列、创业讲堂系列和创业殿堂系列。

一是创业学堂系列。针对创业意向者和初创者，强调对科技创业基本知识的系统培训，主要包括以下课程模块：国家、省、市科技创业政策体系及发展趋势；如何用好用足科技创业环境资源；科技创业融资渠道，科技创业融资过程及实务，获得天使投资、风险投资及科技贷款方式；科技型企业股权结构设计；初创期企业商业模式设计及营销策划；知识产权管理；财税筹划；风险管理；人力资源管理。

二是创业讲堂系列。主要针对企业中层管理人员，强调对管理者执行力和凝聚力的培养，主要包括以下课程模块：营销管理实务，包括科技产品营销的特殊性、科技产品营销方式的选择、科技产品售后服务对营销的影响；研发管理实务，包括技术开发管理实务、知识产权管理实务、项目申报管理实务；沙盘模拟，针对科技创业企业营销管理、研发管理进行沙盘模拟培训，融入市场变数，结合角色扮演、情景模拟、讲师点评，使培训人员对科技创业过程、主要环节的处理有全真体验；团队训练，主要包括科技企业团队精神铸造拓展训练、科技企业团队共赢执行力拓展训练、科技企业卓越销售团队拓展训练、科技企业高效团队建设拓展训练。

三是创业殿堂系列。针对企业高层管理人员，强调对创业者战略宏观思维的培养，主要包括以下课程模块：宏观经济及市场政策思维；创新思维；品牌建设思维；成熟期企业商业模式与股权激励；成熟期企业战略营销、财务管理及人力资源管理；决战商场沙盘模拟，包括科技企业高层经理的决策能力培养、制定决策的各种方法与技巧、统观全局和系统思考的能力培养及诊断科技企业经营状态等实战模拟；国学思想应用，主要包含企业家如何修炼内圣外王的独立风格、儒家入世文化如何成为企业文化有益养分及中国文化对中国式管理的启发等课程。此外还包括科技专题讲座、科技专题论坛、标杆企业参访交流、科技专题沙龙活动等。

7.2 国内外创业辅导服务

7.2.1 国外创业辅导服务

美国的创业教育发展较早，19 世纪后期至 20 世纪中期为其萌芽阶段。1876年，弗朗西斯·沃克出版著作《工资的问题》，首次提出"创业者"概念，创业教育从此逐步走进人们的视野。麦斯于 1947 年 2 月在哈佛大学开设"新企业的管理"课程，由此美国创业教育诞生[54]。

1. 美国创业教育

一是理念目标。美国为了回应"为了每个学生的自由发展服务"承诺推出的创业教育旨在促进学生多元化发展，美国创业教育协会认为创业是一项终身的学习过程，创业教育不只是"就业教育"，更属于终身教育。美国的创业教育并非仅指获得一份工作，而是指通过培养创业意识、了解创业知识、体验创业过程，使大学生能像企业家·样行为，具备将来从事职业所需的知识、技能和特质……其主要任务是揭示创业的一般规律，培养学生的企业家素养。美国创业教育不以追求眼前功利为目的，而是着眼于为大学生"设定创业遗传代码"，造就"最具革命性的创业一代"，播下一颗具有创业意识与创业精神的种子，使其在一定的土壤环境中生根发芽。

二是课程教学。美国创业教育课程已涵盖从普通教育到高等教育各个层次的正规学历教育，美国高等院校已形成一个适合高等院校自身情况的创业教育课程体系。例如，美国百森商学院创业课程是由创业者、战略与商机、资源需求与商业计划、创业企业融资、快速成长 5 个方面的核心课程，以及根本整体性创业技能、创业学科内特定课程、特定领域深入课程 3 个方面模块选修课程组成，每一方面的课程都有特定的目标，且数量都较多。形成逻辑严密的创业教育课程体系。又如，美国罗文大学为不同专业学生提供的创业课程体系是由创业领域、创业思维、问题解决、创造力、机会识别和创业生涯 6 大主要问题方面的课程组成，同样形成了一个完整的创业教育课程体系。美国创业教育注重案例研究，将案例研究作为创业教育的一种重要的主要的教学方法，通过对创业成功和失败实例的解剖，培养学生对创业问题的分析与判断能力。同时，美国创业教育还广泛使用基于问题、基于行动、基于权变、基于体验的教学方法，注重对基本问题的解决训练、创业行为的培养、反思能力与创业体悟的培养。此外，美国创业教育还采用虚拟实验演讲、讨论的教学方式，其已形成一个以案例教学为核心的多样化的教学方法体系。

三是师资队伍。美国创业教育师资力量充足，有专职教师和兼职教师。美国高等院校依据专业需求确定专职创业教育教师的人数，同时聘任既有创业经验又有学术背景的社会人士做兼职创业教育教师，尤其重视聘任成功的创业人士做客座讲师。美国还非常重视对创业教育教师进行培训，要求他们参加创业模仿活动，获得创业体验，对他们进行创业理论知识培训与创业教学培训，使他们及时掌握最新的创业及创业教育理念，召开讨论会，互相交流创业教育经验，从而提高教师的创业教育水平。美国考夫曼基金会与一些大学合作实施"创业教育者终身学习计划"项目来专门培训创业教育教师，这极大地促进了美国创业教育教师的专业化。

四是政策资金。美国有成熟的资本市场，风险投资资金充足，信息服务行业发达，咨询服务机构俱全，美国为大学生创业者提供一系列便利条件，如简便的公司申请程序、健全的信用制度、充足的资金支持、广泛的社会援助等，这些都极大地增加了大学生创业的可行性。美国还出台了为创业教育提供资金保障的各种政策，如美国大学生可利用信用卡借贷来创业。此外，美国创业教育还有一个有力的组织网络支撑，如中小企业管理局为准备创业和在创业中的小企业提供低收费，甚至免费的技术支援，高等院校的中小企业发展中心为创业者提供创业咨询与服务，退休主管服务队还为创业者出谋划策、排忧解难。

2. 德国创业教育

一是理念目标。德国秉承创业教育是一种素质教育的理念，德国教育学界普遍认为大学创业教育是以大学生的创业实践体验为基本形式，以创业型教学和创业型文化为基本定位，培养大学生从事创业实践活动所必须具备的创业能力、创业精神、创业意识和心理品质的素质教育。德国大学创业教育的主要目标是"培养学生具有创业的意识和精神及企业家的思维方式，使大学生能像企业家一样，具备创业所需的知识、能力和特质"。德国创业教育主要是传授创业教育理论知识，培养创业实践能力。德国大学培养学生创业实践能力，并不是要求每个学生毕业后都去创业，而是使他们具备今后创办企业的基本实践能力。德国大学认为，创业教育不是让每个大学生毕业后都去创业，而是让大学生具备创业的意识和精神，使大学生能够及时发现创业机会，产生科学创业构想。德国大学创业教育关注大学生创业意识和精神的培养，让他们具有企业家的思维方式，具备创办企业所需的潜能和素养，实现大学生自身的价值。

二是课程教学。德国政府和金融研究机构联合在大学开设创业课程，德国创业课程主要有撰写商业计划书、如何创办企业、社会创业、企业营销等课程，涵盖了创立、融资和管理等方面与领域。德国创业课程教学以经典教学为主，以创业学习为辅。经典教学是以问题为驱动（problem-driven）的教学，经典教学传授创业理论知识，让学生根据具体情况决定是否自主创业，学习内容是预先设定的，不允许模仿和犯错误。创业学习是以对策为驱动（solution-driven）的教学，在创业学习中，学生不是被动者，而是创业学习的参与者，他们参与创业实践活动，没有固定的教材，没有预先设定的学习内容，学习内容只是针对创业实践问题而提出的一系列对策，学习的环境也比较宽松，允许学生模仿和犯错误。

三是师资队伍。德国大学创业教育教师以兼职教师为主，德国大学聘请具有成功的创业生涯、丰富的创业经验和企业管理经验的企业主作为兼职创业教育教师，他们具有丰富创业经验，更好地领悟创业的内涵和实质，取得了很好的教学效果。德国的这种聘用兼职教师的做法被证明是成功的，现已全面推广。有的企业主还由兼职转为全职的创业教育教师。

四是政策资金。为了鼓励大学生创业，德国实行了优惠的投融资政策，如允许创业投资公司注册经营；取消政策交易公开报价的规定；将创业投资机构纳入公司的征税条例适用范围。为了鼓励大学生创业，德国还推出了一系列优惠的税收政策，如免征创业投资公司的商税，免征新一轮创业投资股权转让收益税[55]。

3. 韩国创业教育

一是加强区域内企业的合作。韩国的创业教育在发展过程中由原先的以课程教学为主逐渐转向同实践相结合，专业性不断增强。在创业人才培养上有效利用区域内资源，注重和区域特色发展产业相结合，形成了具有不同特征的人才模式，避免了千篇一律及趋同化的人才格局，有效实现了多元化、多样化发展。韩国的创业教育植根于本土，并依据区域经济及产业特色，开设相应课程，构建了由大学、企业及地方政府组成的体系[56]。

二是浓厚的创业文化氛围。创业教育涉及经济学、管理学、心理学等众多学科，若仅从教学上来说其是一门综合性的课程，但是由于其与实践密切结合，不能通过简单的教学方式进行灌输，还应形成良好的创业文化氛围，让学生在浓厚的氛围熏陶中形成正确的认识。目前韩国各个高等院校以不同的形式开展创业教育，但由于大学生的创业意识往往还处于初级阶段，因而其在实施创业教育时，着重重视创业文化与创业精神的培育，并形成创业的观念和氛围。

三是系统完善的课程设置。韩国的创业教育受美国影响比较大，在创业教育课程设置上，主要围绕创业过程来安排，包括大量的本科生与研究生课程，如本科生的创业精神培养新企业创业投资财务、家庭企业成功秘诀、企业成长战略等课程内容，而研究生课程则在本科生课程内容基础上更为深入，如风险投资、营销等，所有课程均注重培养学生以全球化的角度去学习分析和完善各种商业计划，掌握创业知识与技能，从而能够以更广阔的视角判断创业项目的可行性，并投入未来的商业实践中。

发达国家创业教育对我国的启示如下。

一是明确创业教育目标，转变创业教育理念。创业教育的目标不只是提高就业率，而是培养学生的创业意识、创业能力与创业精神，旨在像企业家一样思考。要摆脱当前我国高等院校创业教育等同于就业教育、等同于企业家教育的状况，就必须明确创业教育的目标，转变创业教育的理念。"创业"是一种行为模式，是一种应该被鼓励的态度，创业行为和精神是可以通过教育而得。欧洲委员会认为,"只有少数人生来就是创业家,但教育却可以激发年轻人的创业理想……创业不应仅仅看做自己开公司,事实上,创业是每个公民日常生活和职业生涯取得成功所应具备的一种普遍素质"。我国要树立创业教育是面向每个人的教育理念,确保创业教育紧紧围绕以提高学生的创业精神为主来开展,真正发挥创业教育的本体功能,即培养具有创业意识、创业能力与创业精神的人。

二是完善创业课程体系,改革创业教学方法。创业教育课程应该在传统专业教育课程基础上突出创业,要把创业常识、创业心理和创业技能、市场经济、公关和交往、法律和税收等与创业密切相关的课程纳入高等院校课程体系中。创业课程无论从课程结构安排还是教材编写体系,学术界还没有达成共识,这些都影响了创业体系的完善和模式的有效生成。应该重视创业教育教学方法的研究力度,探求创业教育与专业教育的有效结合与双向融合方式,探索将创业教育融入专业教育教学体系的方法,形成从培养目标、培养内容、培养活动等各方面全面融合的新方法体系。研究创业教育中的经典案例,积极推进案例教学法在创业教育中的应用,探讨基于问题、基于体验、基于情景的创业教育教学方法,在创业教育中开展研究性、探索性教学,通过讨论、模拟、实训等方式激发学生的创业热情。

三是提升创业教育教师能力,走创业教育教师专业化之路。由于我国创业教育起步较晚,因此,应该加强高等院校创业教育教师的培养力度,逐渐提升创业教育教师的专业性。主要方法与途径包括如下:首先可以在知名高等院校的商学院加大创业研究力度,并基于创业学科的建设培养大量的创业教育教师队伍;其次将现有从事创业教育的教师根据实际情况送往商学院与大型创业企业学习与培训,逐渐提高现有创业教育教师的素质;再次聘请国外接受过正规创业教育的人士与知名企业界成功人士承担创业教育课程的教学任务;最后加快来源多元化的创业教育教师团队建设及其相互间的交流与合作,进一步促进创业教育教师专业化的进程。

四是加大政策支持力度,营造浓郁创业环境氛围。高等院校创业教育得到了长足的发展与政策的完备是分不开的。政策的完备可以促进创业环境的改善,而创业环境的优越又可以促进创业及创业教育的发展,应该逐步增强政策的可操作性,使之能够促进高等院校创业教育的发展,不断完善现有的创业教育政策,良好环境的形成不仅是政府的责任,还需要社会、企业、高等院校等多方面的努力。

7.2.2　国内创业辅导服务

目前从国家到地方已陆续开展了"科技企业孵化器从业人员培训"、"火炬创业导师行动计划"及"科技创业培训服务平台建设"等工作。

1. 科技企业孵化器从业人员培训体系

科技企业孵化器从业人员培训已具一定规模，形成的金字塔式培训体系，以提升 3 万名孵化器从业者服务能力，间接服务和带动 7.7 万家在孵企业创业能力提高。

一是初级培训。自 2012 年开始，在科技部火炬中心的指导和支持下，在全国范围内开展针对孵化器一般从业人员的初级培训。该培训以孵化器基础理论、孵化器服务、科技型中小企业特点、科技政策体系 4 个模块为基础，邀请国内孵化器理论和实操界的知名专家授课。我国 26 个省市的孵化器协会或核心孵化器确定为孵化器从业人员培训基地，2012～2014 年上半年共开班 53 期、培训人数超过 4 515 人（超过孵化器从业人员总数的 15％），参训孵化器突破 1 000 家（超过孵化器总数 65％）。由科技部火炬中心指导、孵化器研究中心编写的正式教材，截至 2014 年已改版两次。

二是中级培训。针对孵化器中层以上管理人员能力提升培训。在 26 家培训机构中确定北京、上海、西安和深圳其中 4 家机构为中级培训牵头机构，辐射周边地区。四地培训采用差异化战略，如北京以创新型孵化器建设培训为特点；上海以原长三角地区中高级培训为基础，重点培训孵化器建设与科技金融结合能力；深圳以粤港澳联动为特色；西安以园区建设与运营为特点，重点培训初建孵化器的管理者。中级培训由《中国孵化器》杂志负责编写 20 个模块教材，目前北京、深圳、上海均已开班，共培养孵化器中层以上学员 100 余人。

三是主任培训班。孵化器主任培训班是孵化器从业人员培训的前身和起源，主要针对上一年度新升级为国家级孵化器的主任进行培训。自 2001 年开始已举办 13 期，培训人员超过 1 500 人，主任培训班为我国孵化器事业近年来的快速发展培育了大批优秀的管理者。

四是学位班。2009 年在北京理工大学开办一期孵化器专业工程硕士，30 多位学员毕业并取得工程硕士学位证书。

五是出国培训。各地孵化器每年有许多出国学习孵化器理论和实践知识的机会，如美国 NBIA（National Business Incubation Association，即美国孵化器协会)年会、亚洲孵化器协会年会(每年两次)、国内孵化器组织的出国培训等。

以上 5 类培训构成了完整的孵化器从业人员培训体系,不仅为我国科技创业培训打下了坚实的基础,同时为下一步科技创业教育在全国布局打下了基础。

2. 火炬创业导师行动计划

2008 年,由科技部火炬中心、中华全国工商业联合会经济部、中华全国学生联合会办公室、中国高新区协会创业服务中心专业委会共同发起"中国火炬创业导师行动"。"中国火炬创业导师行动"一经开展,立即得到了全国各地科技部门,尤其是各地孵化器的积极响应和支持参与。形成了创业导师+辅导员+联络员的创业导师辅导机制,当年认定火炬创业导师 39 人。2012 年,科技部火炬中心修订出版《中国火炬创业导师行动工作手册》,形成科技部火炬中心指导、省级科技主管部门管理、各地孵化器积极参与,集中管理与各自运作相结合的创业导师管理和辅导机制,当年认定火炬创业导师 310 人。在中国火炬创业导师行动的引领下,目前全国已形成 9 262 人创业导师队伍,创业辅导员 7 180 名,创业联络员 15 009 名,对在孵企业开展了 63 万人次的辅导培训,为被辅导企业融资 89 亿元。

3. 科技创业培训服务平台建设

以孵化器从业人员培训基地为依托,以部分基地为试点,整合社会培训机构资源,直接开展针对科技创业者的培训,以期形成试点突破、全国开花的发展局面。由于孵化器从业人员培训工作的成功开展,各地孵化器从业人员培训基地在组织培训活动的过程中获取了丰富的经验,开始尝试依托孵化器培训基地,运用市场化机制整合社会科技创业教育机构和培训资源,直接对本孵化器的在孵企业或周边地区孵化器内的在孵企业开展创业培训。目前国内提供专业科技创业教育的服务机构很多,如西交 SKEMA 提供的 KET 创业工具包、一些机构提供的企业商业模式创新培训、创新方法 TRIZ 培训以创新工厂等投资机构开展的创业训练营等。这些机构根据不同的目标,在不同角度和企业的不同创业阶段提供培训服务。各机构基本都在独自发展自身业务,没有形成合力。而孵化器作为科技创业企业的集聚区,通过整合上述机构,由创业企业选择需要参训的机构和课程,实现市场化运行,培训机构优胜劣汰,有机、有序整合科技创业教育培训资源。该项工作目前以孵化器从业人员培训基地之一——江苏省高新技术创业服务中心为试点,开展依托于孵化器的创业教育培训工作,成熟后将在全国有条件的地区推广。

7.3　江苏省创业辅导服务发展现状及成效

7.3.1　发展现状及成效

1. 成功开展科技创业政策咨询服务

江苏省高新技术创业服务中心启动建设了科技创业及政策咨询系统，作为江苏省科技创业公共服务平台的重要组成部分，该系统以科技政策公益化咨询服务为宗旨，围绕最新科技政策及相关科技资讯，建立紧密联系、科学有序的服务科技创业及政策咨询的业务体系，逐步发展成为覆盖科技创业辅导、科技政策咨询及科技增值服务于一体的非营利性、公益型、社会化的科技创业综合服务系统。

2. 积极响应创业导师行动计划

根据科技部火炬中心修订出版的《中国火炬创业导师行动工作手册》，形成科技部火炬中心的指导，江苏省级科技主管部门管理，各地孵化器的积极参与，集中管理与各自运作相结合的创业导师管理和辅导机制，根据科技部火炬中心相关文件精神，配合江苏省科技厅成功推荐 30 名省内优秀创业导师，成为中国火炬创业导师。经江苏省科技厅批准，出台了《进一步推进江苏科技创业导师工作的指导意见》，面向江苏省开展江苏科技创业导师的申报、选聘活动。截至 2014 年，经江苏省各科技企业孵化器及有关单位推荐、省辖市科技主管部门审核、省孵化器协会初选，累计有 2 408 人为"江苏科技创业导师"。

3. 大力推进专业化创业培训业务

建设科技创业培训服务平台，大力推进专业化境内外创业培训业务，2014 年共举办各类培训 30 余场，其中面向园区、科技服务机构等，举办了 3 期孵化器从业人员培训、3 期技术经纪人培训及 3 期孵化器中高级管理人员境外培训；面向孵化器内科技企业，开展"创业学堂"、"创业讲堂"及"创业殿堂"等分层次、体系化培训 20 场；面向参加江苏科技创业大赛参赛企业及团队，开办江苏科技创业大赛训练营；面向高等院校青年学生，开办江苏省大学生科技创业训练营。开展综合性知识产权及交易服务，整合科技要素资源，充分利用信息化手段，提供专业、优质的知识产权咨询、评估、运营及交易等全程服务。

7.3.2 存在的不足

1. 缺乏优秀的创业导师团队

目前大部分创业导师在取得称号后并未深入开展企业培育和辅导工作，究其原因有以下 3 点。

一是与国外创业导师自主志愿的行为相比，我国的创业导师多为"被志愿"的提名、受邀及确认，工作中缺乏对于志愿辅导的长效认同，单纯的声誉激励难以调动其履职的积极性。

二是创业导师多处于社会一线，他们很难抽出时间与创业者保持足够的联系。另外，创业导师与创业者所处行业的同质性，往往使他们之间存在着潜在的竞争关系。

三是导师辅导模式相对单一，定期辅导、单纯的一对一的辅导模式及座谈会等形式不利于创业导师灵活发挥辅导职能。

2. 缺乏系统性辅导教材

科技创业教育体系的建立，其灵魂在于对科技创业教育理论的建立。其外延工作主要是科技创业理论研究和科技创业教材的编写。目前虽整合了部分高等院校、科研院所和社会研究力量，组织研究团队，进行科技创业理论及科技创业教育理论研究，并开始着手编写科技创业教育培训教材。但教材的系统性、针对性不强。

3. 缺乏良好的运行机制

科技部火炬中心同意以江苏省高新技术创业服务中心为试点，面向全国构建科技创业培训服务平台。但是目前该模式尚未成熟，应继续加强建设网络平台，着重推动线上线下互动机制，加强与培训加盟机构合作，提升创业培训价值，深化创业培训服务，扩大平台影响力，吸引更多的品牌培训机构参与，使平台与地方科技工作及创业园区发展形成良性互动和有序结合。

7.4 创业辅导服务实践

江苏省科技创业辅导服务，是面向科技园区、科技企业，开展创业辅导、科技培训、政策咨询，提供综合性、专业化、一站式创业发展咨询服务。近年来，发展成效显著，从以下几个方面进行经验介绍。

7.4.1　提供面向社会培训服务

1. 成功举办孵化器从业人员培训

江苏省孵化器协会 2012 年获批为全国首批孵化器从业人员培训机构，在科技部火炬中心的指导下，2012 年 7 月中旬举办了全国科技企业孵化器从业人员培训开班典礼，实现了全国首次、江苏省首期国家级孵化器从业人员专题培训班成功开班，2012 年共组织 2 期培训，培训学员 250 余名。截至 2014 年，共成功举办 10 期科技企业孵化器从业人员培训班。2015 年 6 月，江苏省科技企业孵化器从业人员培训班(第 10 期)在江苏常熟成功举办，来自省内外 58 家孵化器的 87 位学员参加了本次培训，参训学员中，孵化器主任级学员 5 人、中层干部 41 人、普通员工 41 人，培训中，学员与老师就众创空间的建设与引导、创新型孵化器的发展等方面进行了交流，培训现场学习氛围浓厚。

2. 开展创业服务特色业务培训

主动走向基层、服务企业，在靖江和常熟举办了两期"企业创新能力提升专项培训班"，培训人员超过 400 名，培训内容丰富、效果突出。

3. 开展技术经纪人培训

建立中国创新驿站江苏区域站点，截至 2014 年，已发展基层站点 13 家、服务站点 70 家，累计举办 42 期技术经纪人培训班，培训技术经纪人 2 500 余名，学员来自企业、科技中介、大学科技园、生产力中心等 100 多家单位，内容涉及技术转移、知识产权、科技政策解读、科技金融、项目筛选及新三板业务知识及实务操作等课程。

7.4.2　促进江苏省孵化服务水平

依托江苏省孵化器协会，协助江苏省科技厅做好江苏省孵化器申报组织服务，完成省级孵化器认定及 21 家省级孵化器申报国家级相关工作。2012 年 12 月 26 日，科技部发文认定江阴百桥国际生物科技孵化园、常州市天宁高新技术创业服务中心等 12 家科技企业孵化器为国家级孵化器，占全国获批总数的 22%，居全国第一。截至 2014 年，江苏省已建成各类科技企业孵化器达 515 家，其中，综合孵化器和专业孵化器分别为 405 家和 110 家，国家级孵化器达 133 家；孵化面积达到 2 769 万平方米，占全国的 33.3%；在孵企业 29 413 家，占全国的

25.0％，增长 18.0％；在孵企业从业人员 648 749 人，增长 13.7％。孵化器总数、国家级、省级孵化器数量，孵化场地面积等多项指标继续保持全国第一；积极组织对口交流与辅导服务，与浙江省、上海市孵化器协会合作，继续开办长三角科技企业孵化器中高级管理人员培训班，培训学员 81 名；认真开展江苏省孵化器、加速器、产业园等季报、年报统计数据的督促、汇总、分析等工作，及时将江苏省孵化器快报、年报数据报送科技部火炬中心。编撰、起草《2014 江苏省科技企业孵化器发展报告》，全面准确反映江苏省科技企业孵化器的发展现状与成就。做好孵化器、民营科技企业辅导服务。

7.4.3　积极推进科技创业培训工作

江苏省创新性地建设科技创业培训服务平台，国内率先开展针对孵化器内科技企业，覆盖创业全过程、兼顾创业不同发展阶段的分层次、体系化培训工作，被科技部火炬中心作为典范推行，科技创业培训服务平台培训体系涵盖"创业学堂"、"创业讲堂"及"创业殿堂"三大系列培训。2013 年，有序推进现有培训业务，面向江苏省科技创业园区，举办 3 期孵化器从业人员培训班，培训学员 262人，举办 4 期企业创新能力提升专项培训、1 期科技创新政策培训。2014 年，共举办各类培训 23 场，直接服务企业 2 200 余人，为园区内有创业意向者和初创者提供"创业学堂"培训 4 场，为中层管理人员提供"创业讲堂"培训 1 场，为企业高管提供"创业殿堂"培训 6 场，同时举办 3 期孵化器中高级管理人员境外培训，组织人员赴美国和以色列等参加标杆孵化器研修班学习、实地考察国外先进孵化器，拓展与硅谷孵化器的实质性合作等。

7.4.4　积极开拓新的培训业务

深入推进辅导培训服务，2013 年，成功开办首届江苏省大学生科技创业训练营，共有来自江苏省各地的 35 支大学生创业团队 78 名学员参营，完成国内基础优化集训工作及进阶优化集训工作，又选拔出 13 支团队 21 名学员前往美国斯坦福大学进行课程培训。2014 年，开办第二届江苏省大学生科技创业训练营，共有来自南京大学、南京农业大学、南京工业大学等高等院校的 20 支大学生创业团队、60 名学员参营。积极推动科技创业咨询与培训平台正式上线运行，科技创业咨询平台集成科技领域最新政策、重要通知、申报信息等即时科技资讯，为创业企业提供专业化政策咨询服务，2014 年已拓展至成果鉴定、知识产权、园区规划等，全年开展了针对江苏省初创期科技型中小企业的分层次、体系化的培训多场，共培训创业者及创业企业达 1 300 人次。

7.5 创业辅导服务案例

7.5.1 境外孵化器创新管理研修班

为学习借鉴美国企业孵化器在为企业提供服务方面的先进经验和管理方法，提高江苏省省内孵化器及企业管理人员的理论水平和经营管理能力，进一步推动江苏省与境外开展高科技产业的交流与合作，提升相互的经济技术合作层次，江苏省高新技术创业服务中心联合境外优秀培训机构，合作组织江苏省省内孵化器及企业管理人员，选取美国、以色列等孵化器发展良好的境外开展培训。

境外孵化器创新管理研修班主要针对江苏省科技企业孵化器中高级管理人员。目前已开展两期美国硅谷孵化器创新管理研修班及首期以色列孵化器创新管理研修班，组织人员赴境外参加标杆孵化器研修班学习、实地考察国外先进孵化器，拓展与孵化器的实质性合作。

目前美国硅谷孵化器创新管理研修班主要内容包括以下 7 大模块。

(1)美中创新技术合作协会(CTIC)孵化器创新课程培训。

(2)访问硅谷、旧金山、波士顿、休斯敦及纽约等地不同类型的孵化器。

(3)参观全球最知名的创新企业，如 Tesla、Google 及 Apple 等。

(4)同美国旧金山和硅谷政府相关部门、中国驻旧金山总领馆技术参赞及领导进行座谈交流。

(5)参加由美国孵化器组织的活动和相关演示。

(6)与孵化器的投资组合公司及其管理团队访谈交流。

(7)在全球的创新高地对接并展示自己的孵化器和未来设想。

境外孵化器创新管理研修班拥有高素质培训师资力量，包括斯坦福大学威廉姆·巴耐特(William Barnett)教授，MIT、加利福尼亚大学伯克利分校等高等院校知名教授，实战经验丰富的美国顶级孵化器高管，著名企业家，天使投资人及风险投资家等。境外孵化器创新管理研修班培训行程一般在十天左右，理论学习与参观交流安排紧凑，让学员在理论学习基础上，配合交流互动，更能切身体会到国外孵化器的运营管理机制、服务体系及硅谷等地浓厚的创业氛围。已成功开展两期硅谷孵化器创新管理研修班。

江苏省高新技术创业服务中心作为主办方，积极策划境外孵化器创新管理研修班，为参加培训的江苏省科技企业孵化器协会的副会长单位、常务理事单位给予一定补贴，积极促进孵化器人员相互交流提高管理能力，同时提升企业人员创业激情，增加创业及项目机遇。

7.5.2 创业培训平台"创业学堂"培训

为进一步推进科技政策的落实，协助企业用足用好科技创新政策，提升科技型中小企业创新创业能力，帮助企业突破在研发生产经营过程中的各项瓶颈，江苏省高新技术创业服务中心以江苏科技创业平台为依托，与相关地方科技局及创业中心合作，在有培训需求地市举办"创业学堂"——科技型中小企业创新创业能力提升系列培训。

"创业学堂"——科技型中小企业创新创业能力提升系列培训内容主要包括两大部分。

(1)科技政策专项解读及其项目申报。主要有国家重点新产品、省高新技术产品、高新技术企业、省科技支撑计划项目申报辅导等重点科技项目。

(2)企业创新创业能力提升。其包括科技型中小企业财税筹划、新三板业务知识与操作实务、知识产权管理与战略、企业商业模式创新等。"创业学堂"系列培训主要针对科技型中小企业、地方科技局、生产力促进中心、科技园区管理委员会、创业服务机构、中介机构、产业联盟、行业协会、科研院所等单位人员，培训时间一般都在1~2天，方便培训学员安排学习时间。江苏省高新技术创业服务中心为"创业学堂"系列培训邀请科技、税务、证券、知识产权等相关单位的领导和专家授课，并与学员进行经验分享与互动。"创业学堂"系列培训结束后，合格学员可获得由江苏省火炬计划管理中心颁发的培训结业证书。学员信息由江苏省火炬计划管理中心统一备案建档留存管理，优先享受江苏省高新技术创业服务中心科技创业政策咨询、科技成果转化等系列公益服务，可优先参与各行业领域的论坛、企业家沙龙等活动。

作为科技创业培训体系中受众面最广的创业学堂系列培训，江苏省高新技术创业服务中心已于2014年在江苏省省内各地举办多场创业学堂系列培训。江苏省高新技术创业服务中心以创业学堂系列培训为突破口，以此挖掘科技型企业及创业者关注最多的问题，以科技培训为基石，为企业提供更有价值、更具针对性的科技增值服务，成为企业真正的一站式科技服务顾问，为企业带去亟须的全方面服务。

同时"创业学堂"系列培训与线上"创业堂"相结合，创新服务模式，通过在线下培训学员与企业中推广"创业堂"，发布科技培训领域最新通知公告、培训供需对接信息、热门培训及科技顾问等即时科技培训资讯，提供针对性强的专业与技能培训，探索利用市场机制对科技创业企业培训资源进行优化配置，为创业企业提供线上线下相结合的专业化创业咨询服务。"创业堂"立足江苏科技创业企业发展需求，引入各类富有特色与专长，或有较高知名度和品牌影响力的科技创业培训机构，面向江苏省孵化器内处于种子或起步阶段、成长阶段和扩张阶段等不同发展阶段的企业及创业者，针对性地建设"创业学堂"等创业培训模块，统筹规划、整合资源、培育品牌，不断深化培训服务，探索建立长效机制，促进科技创业培训工作有序发展。

江苏科技创业培训服务平台自 2014 年年初运营以来，运行的规章制度不断完善，吸引了国家级的培训基地、高等院校创业学院、知名培训机构等加盟机构加盟。为进一步落实《国务院关于加快科技服务业发展的若干意见》的精神，更好地支持和鼓励加盟机构做好科技创新创业培训服务，扩大影响力，江苏省高新技术创业服务中心联合江苏科技创业培训服务平台理事会出台了加盟机构评价办法，以公开、公平、公正的原则，以学员的满意度调查作为考评的主要依据，对加盟机构的单次培训进行考评，对考评达优秀和良好的培训加盟机构给予一定补贴，以此引导培训机构提高培训质量，切实做好培训服务，保障培训实效。近日，加盟机构——国家知识产权培训（江苏）基地组织的相城区民营科技创业企业家的"新常态、新思路、新机遇"的培训活动，经严格考评获得了"创业堂"自评价办法出台以来第一批培训补贴款项。

7.5.3 江苏省大学生科技创业训练营

江苏省大学科技创业训练营在省科技厅的大力支持下，为有志于科技创业的大学生量身打造的品牌项目，帮助大学生成就创业梦想，不以营利为目的。作为省科技基础设施建设计划重大项目"江苏省科技创业公共服务平台网络"的一项重要工作，江苏省高新技术创业服务中心计划以大学生科技创业训练营为起点，围绕科技创业服务打造一条为科技创业项目提供从优化到路演到获得投资、落地孵化的全流程加工包装服务链，探索出"创业梦工场"的运营模式。

2013 年 11 月 7 日，首届江苏省大学生科技创业训练营在南京正式启动。训练营主要面向江苏省省内高等院校有创业项目或有创业想法的在读或毕业未超过两年的大学生、研究生，共收到来自江苏省各地的 35 支大学生创业团队报名参加，其中参加首届江苏科技创业大赛的大学生团队 12 支。在参加培训的 78 名学员中，博士学历 5 人、硕士学历 21 人、本科学历 49 人及专科学历 3 人。

首届江苏省大学生科技创业训练营包括三阶段内容：一是国内基础集训。主要是围绕"何为创业"、"团队组建和激励"及"创业机会识别与筛选"等主题，帮助学员全面、系统理解创业，使之对创业的认识由懵懂到清晰，重新认识自我。二是国内进阶集训。主要围绕创业过程中涉及的具体专业性问题进行，包括"如何进入市场"及"融资策略及技巧"等内容，帮助大学生创业团队梳理创业思路，提升创业技能，提高创业成功率。三是美国斯坦福优化集训。通过路演，选拔一批优秀创业团队及人才，前往美国斯坦福大学进行课程培训，主要包括参访硅谷地区知名企业、对话硅谷企业家、开展路演对接 VC 资源等，依托斯坦福大学的资源优势，帮助学员进一步开阔视野、优化创业项目。

通过江苏省大学生科技创业训练营的集训，参营学员的创业认识和创业能力普遍得到了提高，截至 2014 年年底，总计有 16 支创业团队在江苏省省内科技园区落地孵化，其中在南京落户的 13 支、无锡 1 支、苏州 2 支；在落地发展的创业团队中，博士学历 4 人、硕士学历 12 人、本科学历 14 人；企业发展态势良好，近 1/3 的企业已迈入盈利阶段，苏州勤浩药物研究开发有限公司 2014 年销售收入达 400 万元。

落地企业都享受到了所在园区提供的房租减免、辅导培训等创业支持，其中江苏省高新技术创业服务中心为参加斯坦福优化培训的 10 家企业，再提供 1 万元/家的落地补贴。南京海善达信息科技有限公司等 3 家企业获得南京市青年大学生创业办公室项目资助，补贴总额达 94 万元。4 家企业获得创投机构融资支持，投资总额达 1038 万元，其中苏州国云数据科技有限公司获得首轮融资 1000 万元；南京竹渲软件科技有限公司获得天使投资 20 万元；南京赛如为科技有限公司获得创投机构投资 10 万元；南京汇云网络科技有限公司所在园区创投机构以投资入股方式，占股 38%。2 家企业获得科技计划立项支持，其中苏州勤浩药物研究开发有限公司获得了苏州工业园区科技领军人才计划，计划支持额度达 800 万元；南京海兆信息技术有限公司获得 2014 年江苏省中小企业创新资金计划立项支持，资金额度达 25 万元。

第8章

火炬计划综合服务及案例

8.1 火炬计划综合服务的内涵

8.1.1 火炬计划综合服务

火炬计划(China Torch Program)是一项发展中国高新技术产业的指导性计划,于1988年8月科技部组织实施。火炬计划的宗旨是实施科教兴国战略,贯彻执行改革开放的总方针,发挥我国科技力量的优势和潜力,以市场为导向,促进高新技术成果商品化、高新技术商品产业化和高新技术产业国际化。火炬计划综合服务,是以国内外市场需求为导向,为申请国家创新基金、国家星火计划、火炬计划项目等提供各项专业化的服务,积极推进火炬计划的实施和发展,其中科技型中小企业技术创新基金是经国务院批准设立,用于支持科技型中小企业技术创新的政府专项基金,主要支持包括科技型中小企业技术创新项目、中小企业公共技术服务机构补助项目及科技型中小企业创业投资引导基金项目3类项目。

从"九五"时期开始,为推动火炬计划项目的发展,科技部采取了以下措施。

1. 认定重点火炬计划项目

每年从国家火炬计划中认定一批重点火炬计划项目。这些项目应具有我国自主知识产权，技术水平在国内同行业中居领先地位，项目市场前景好，产业规模大，有较强的市场竞争能力和较大的市场覆盖面，是我国重点发展的高新技术产业。重点项目应在同行业中起到示范带动作用，在地方经济中起到支柱作用。

2. 认定重点高新技术企业

高新技术企业是实施火炬计划项目的载体。每年从承担火炬计划项目的企业中，择优选定一批重点高新技术企业，国家和地方共同在市场、信息、资金、管理、服务等方面给予支持，促进地方区域经济的发展。

3. 建立国家火炬计划软件产业基地

软件作为计算机系统和信息产业的核心与灵魂，是火炬计划重点支持的高技术领域之一。国家火炬计划软件产业基地集成所在地区主要软件企业，创造产业政策、基础设施、综合管理等方面的优化局部环境，推进中国软件产业的发展。国家火炬计划软件产业基地具有促进软件研究成果转化、培育中小软件企业的功能，为基地内企业提供通信、技术、管理培训、产品评测、项目组织、融资协调、市场开拓和促进国内外交流合作等服务。国家火炬计划软件产业基地发展迅速，在国家和地方软件产业发展中起到了重要的示范和带动作用。

8.1.2　火炬计划综合服务的意义

当前，我国已经进入深化改革开放、加快转变经济发展方式、全面建成小康社会的关键时期，提高自主创新能力、建设创新型国家步入攻坚阶段。高新技术产业在技术体系、产业形态、竞争格局等方面都发生了深刻变革，战略性新兴产业蓄势待发。高新技术产业化，特别是科技创新和技术创业的发展路径、组织模式等方面都呈现出新的特征。新形势下，火炬计划管理与综合服务工作应该抓住机遇，迎接挑战，实现新突破。进一步加强火炬计划综合服务，是发挥科技支撑作用，促进产业结构调整、加快转变发展方式的需要，是提升自主创新能力、形成创新驱动的科学发展模式的需要，是调动地方产业化力量、建立区域创新体系、推动经济社会协调发展的需要。新时期推进高新技术产业化应该继续高举火炬旗帜，把加强火炬计划综合服务作为依靠科技加快转变发展方式的一项重要战略任务。

1. 推进高新技术的商品化、产业化和国际化

火炬计划遵循"发展高科技，实现产业化"的宗旨，引导全国科技力量投入经济建设主战场，推进我国高新技术的商品化、产业化和国际化，实现了我国

高新技术产业发展的历史性跨越，坚持科技与经济紧密结合，促进了产业结构升级和经济发展质量提高，引领着我国科技体制改革方向，点燃了千百万科技人员创新创业的激情，汇聚起浩浩荡荡的高新技术产业化大军，创造了不可胜数的财富神话和区域经济发展的奇迹，行成了具有中国特色、具有生机活力的创新创业文化。积极引导全国科技力量进入经济建设主战场，建设与发展国家高新技术产业开发区，培育科技型企业群体，推动技术转移和科技创新创业，提升区域创新能力和经济实力，在发展高新技术产业、促进科技与经济结合、培育新的经济增长点、引领城市化进程等方面发挥了巨大作用，已经成为探索中国特色高新技术产业化道路的一面旗帜。

2. 营造适合高新技术产业发展的环境

通过对火炬计划的深入实施和开拓创新，我国在促进高新技术产业化方面已经基本形成了以建设载体、培育主体、推动技术转移与科技成果产业化、强化创新服务和环境建设为主要内容的火炬工作构架。创造了适合高新技术产业发展的环境，广泛开展火炬计划的舆论宣传工作，制定完整配套的发展高新技术产业的政策和法规；创造良好的支撑环境，建立适应高新技术产业发展的管理体制和运行机制，开辟资金渠道，建立风险投资机制；开辟国内外信息渠道，建立信息网络；制定符合客观实际的中长期发展规划和实施计划。科技型中小企业技术创新基金作为中央政府的专项基金，按照市场经济的方式进行运作，扶持各种所有制类型的科技型中小企业，并有效地吸引地方政府、企业、风险投资机构和金融机构对科技型中小企业进行投资，推动建立起符合市场经济客观规律的高新技术产业化投资机制，进一步优化科技投资资源，营造有利于科技型中小企业创新和发展的良好环境。

3. 促进国际化合作交流

在平等互利的基础上，通过政府和民间各种渠道，与世界各国和地区建立广泛的合作关系，同国外的科技、金融、企业、商业等各界开展多形式的交流与合作，推动我国高新技术产品进入国际市场和高新技术企业走向世界。火炬计划实施27年，探索了一条中国特色高新技术产业化道路，产生了一批具有国内外领先水平和自主知识产权的创新成果，形成了高新技术产业化发展的体系、机制和环境，培育了浓厚的创新创业氛围，为促进国家科技实力跃升、培育新的经济增长点、提升产业技术水平发挥了引领和带动作用。火炬计划综合服务的实施，加速了我国高新技术企业群体的形成，一大批自主创新能力强、拥有核心专利枝术的骨干企业成长为行业科技进步的"领头雁",一些龙头企业开始参与国际市场竞争。在全球高新技术产业格局中,我国高新技术企业正在成为一支重要力量。

8.2 国内火炬计划综合服务

8.2.1 高新区建设成效显著

国家高新区深入实施创新驱动发展战略,经济运行在新常态下实现平稳增长,2014年国家高新区总数达115家,发展成效显著,具体如下。

1. 经济规模稳步增长

2014年,国家高新区实现地区生产总值6.6万亿元,占全国GDP的10.4%,较2013年占比提升0.2百分点,如图8.1所示,工业增加值率为25.9%,净利润率为6%。国家高新区中企业总计数为7.6万家,共有从业人员1 524.2万人,实现营业总收入22.9万亿元、工业总产值17.0万亿元、工业增加值4.4万亿元、净利润1.4万亿元、实缴税金1.2万亿元,出口创汇4 272亿美元。

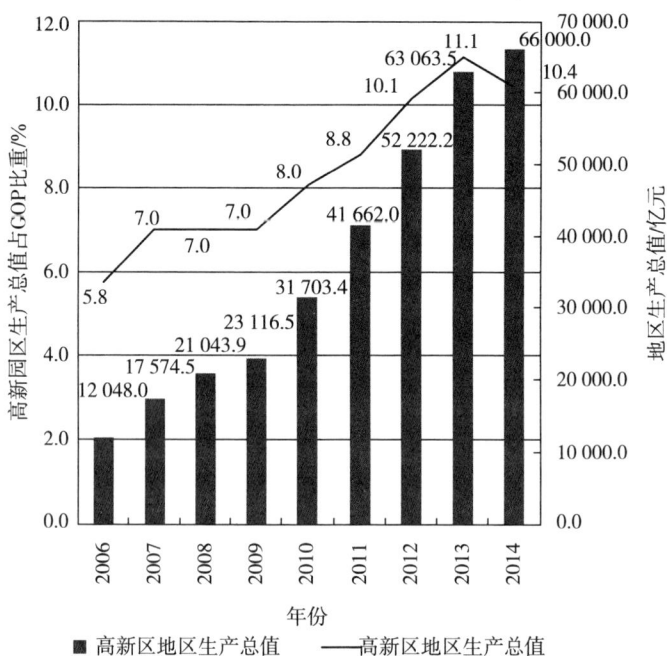

图 8.1 2006～2014 年高新区地区生产总值及占 GDP 的比例

2. 创新环境营造持续加强

2013 年全国 114 家国家高新区中有 49 家被国家知识产权局认定为试点园区，国家高新区内集聚了大量的研究机构，如各类大学 578 所、研究所 2 048 家、博士后科研工作站 995 个、累计建设国家重点实验室 411 个、产业技术研究院 577 所、国家工程实验室 110 个、国家工程中心 117 家等。

3. 创新成果产出硕果累累

2013 年，国家高新区企业当年参与的科技项目数量达到 27.7 万项。2013 年，国家高新区企业当年申请专利数量为 288 878 件，其中发明专利申请 138 908 件，发明专利申请量占全国发明专利的 16.8%，拥有有效专利 544 010 件，其中每万名从业人员拥有有效发明专利 128.7 件，是全国就业人员拥有有效发明专利的 9.6 倍。

8.2.2 创新基金引领作用显著

着力强化企业技术创新主体地位，促进科技与经济紧密结合，进一步扩展和完善创新基金项目结构，创新支持方式方法，加强创新基金的实施绩效管理。

1. 中央财政拨款力度逐步加大

2013 年中央财政拨款 79.5 亿元，比 2012 年增长 15%，其中立项项目获中央财政平均支持额度，也呈现出连续增长的趋势，如图 8.2 所示。

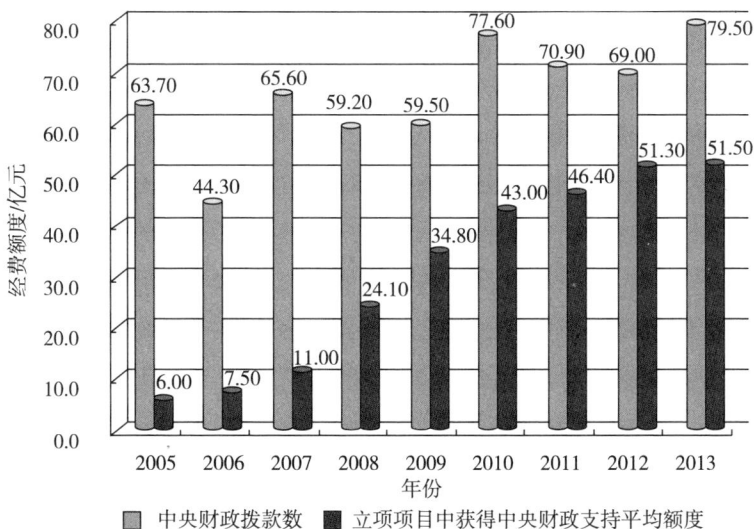

图 8.2 2005～2013 年获得中央财政拨款数及平均额度

2. 中小企业公共技术服务机构补助资金发展迅速

2013 年补助资金围绕科技创新服务体系建设，补助资金申报项目 2 511 项，通过评审立项 835 项，立项金额 50 000 万元，均创历史新高。

3. 科技与金融的结合成效初显

2014 年，科技型中小企业创业投资引导基金参股立项项目为 35 项，安排财政补助资金 13 亿元。企业在得到创投机构的资本注入和专业辅导后普遍有了长足发展。创业风险投资机构数量大幅提高，2013 年全国创业投资金额为 652 658 万元，各类创业风险投资机构为 1 408 家，比 2012 年增加 19％，其中创投机构 1 095 家，比 2012 年增加 16％，创业风险投资管理机构 313 家，比 2012 年增加 30％，如图 8.3 所示。

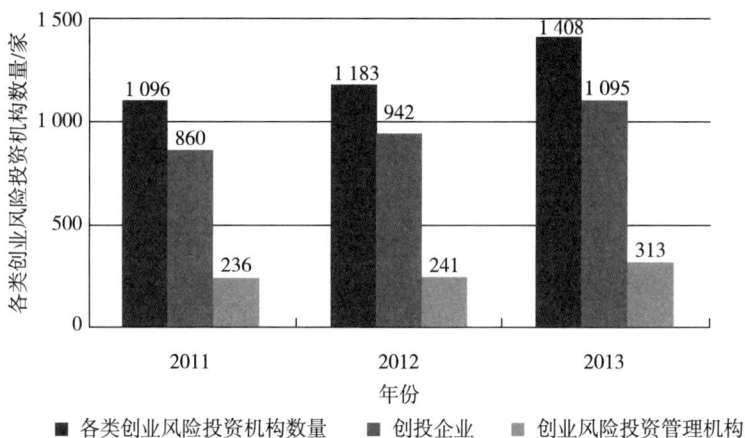

图 8.3　2011～2013 年各类创业风险投资机构数量

4. 西部欠发达地区倾斜力度继续加大

创新基金继续落实西部开发战略，加强对西部欠发达 11 个省区的指导，培育和挖掘了一批技术创新项目，对符合条件的项目统一下调立项分数线，提高了西部欠发达地区项目上线率。

8.2.3　高新技术企业培育成效突显

2013 年，高新技术企业数量为 54 683 家，高新技术企业数量较 2012 年增长 20.7％，主要经济指标较 2012 年同比均有所增长，如表 8.1 所示，高新技术企业的科技活动内部经费支出为 9 364.3 亿元，其中 R&D 经费内部支出为 5 401.0

亿元，较 2012 年增长 25.7%。高新技术企业 R&D 支出占全国高新技术企业 R&D 支出的 59.7%。

表 8.1　高新技术企业主要指标

指标	2012 年	2013 年	比 2012 年增长/%
高新技术企业数量/家	45 313	54 683	20.7
营业总收入/亿元	167 744	183 837.4	15.6
工业总产值/亿元	152 235	175 106.4	15.0
净利润/亿元	10 892	12 825.2	17.7
实际上缴税费/亿元	8 378	9 277.4	10.7
出口创汇总额/亿美元	4 608	4 915.8	6.7
R&D 经费内部产出/亿元	4 296.7	5 401.0	25.7

8.2.4　政策保障逐步完善

各地紧紧围绕创新驱动、转型发展的战略需求，认真研究高新技术产业发展规律，配合自身高新技术产业发展特点，出台了一系列推进高新技术产业化政策，内容涉及财政、税收、产业、金融、人才、国际化等方面，政策对象涉及高新技术企业、科技企业孵化器、大学科技园及各类科技服务机构等。通过政策制定和落实，引导更多的政策投入高新技术产业化及其环境建设，为区域高新技术产业和经济发展提供了政策保障。

8.3　江苏省火炬计划综合服务发展现状及成效

8.3.1　发展现状及成效

1. 项目受理申报工作持续保持全国领先

国家创新基金、火炬计划项目及江苏省创新资金、江苏省创投引导资金项目申报再创佳绩，2014 年江苏省共有 344 个项目(含创投引导基金阶段参股项目)获国家创新基金 7.09 亿元立项支持，连续 7 年居全国第一，其中，共有 81 个科技服务项目获得国家中小企业发展专项资金 8 204 万元立项支持，立项数和支持金额分别比 2013 年增长 30.6% 和 114.8%，居全国第一。2014 年，江苏省国家火炬计划项目立项数共有 337 个，占全国总数的 22.6%，立项数首次居全国第一。截至 2014 年，江苏省累计共有 4 456 项获批立项，占全国总量的 19.47%，立项总数居全国前列。

2. 国家重点新产品计划立项数位居全国前列

国家重点新产品计划项目的实施，对江苏省企业培养创新意识、提升创新能力、提高新产品开发效率等起到了积极作用，江苏省企业的科技创新已进入良性发展状态。2014 年，江苏省共有 151 项产品被立项，占全国立项总数的 13.4%，立项数再居全国首位，立项数连续 18 年全国领先，其中战略性创新产品、大赛获奖推荐入围产品数也均居全国第一。国家重点新产品计划项目的实施带来显著成效，具体如下。

一是研发机构数量普遍增加。2014 年江苏省累计拥有各类国家级企业研发机构 92 家，居全国前列。

二是创新人才加速集聚。国家重点新产品计划引导企业加强对创新人才的培养及引进力度，推进博士后工作站、研究生工作站及院士工作站等企业人才站点的建设步伐，加速集聚各类创新人才。

三是产学研合作逐步深入。通过国家重点新产品政策引导，有效加强了企业与各高等院校、科研院所的合作，推进了以企业为主体、以市场为导向、产学研相结合的技术创新模式建立，一批产学研合作基地先后建立。

四是知识产权保护意识日益增强。通过国家重点新产品计划的实施，企业更注重自主知识产权的保护，截至 2014 年，企业累计拥有有效发明专利 53 063 件。

3. 高新区建设取得重要突破

2015 年，长治、锦州、连云港等 14 家省级高新区获国务院批复，升级为国家高新技术产业开发区。截至 2015 年上半年，江苏省国家级高新区达到 14 家，省级以上高新区 11 家。以创新核心区建设为重点，引导高新区着眼自主创新，全面提升内生发展能力和辐射带动能力，2014 年江苏省高新技术产业实现产值 57 277.28 亿元，比 2013 年同期增长 10.36%；完成出口交货值 13 232.93 亿元，比 2013 年同期增长 7.44%。

4. 火炬计划基地建设水平不断提高

截至 2014 年，江苏省高新技术产业基地 124 家，继续保持全国第一，基地拥有企业 1.7 万家，全年实现产值 25 000 亿元，平均产业规模达 261 亿元，其中千亿级高新技术产业基地 2 家、百亿级高新技术产业基地 68 家。无锡国家高新技术开发区国家物联网产业化基地在国家火炬计划的引领下，已集聚物联网企业351 家，全年完成物联网核心产值 502 亿元，拥有各类物联网独立研发机构 32 家，申请专利 1 513 件，成为具有鲜明特色的研发基地、成果转化基地及人才培育基地。2015 年，宜兴环保科技工业园获科技部批复，至此，江苏省获批建设的国家创新型科技园区和特色园区达 7 家，位居全国第一。

5. 创新国际化步伐不断加快

2014 年，江苏省新增 5 家国家国际科技合作基地，包括南京理工大学微纳米材料与技术国际联合研究中心等两家国际联合研究中心、江阴国家高新技术开发区中欧国际科技合作基地等两家示范型国际科技合作基地及无锡锡山 MIT 产业联盟国际技术转移中心。截至 2014 年，江苏省累计获批国家国际科技合作基地 35 家(其中有 2 家在示范型国际科技合作基地的基础上申请为国际创新园，实有各类基地 33 家)，总量在全国名列前茅，覆盖江苏省的纳米新材料、生物医疗、先进制造等优势产业领域。同时，加快与国际知名研发机构合作步伐，与德国弗朗霍夫应用研究促进协会签署关于访问合作交流的协议，与美国 MIT 签署产业技术合作协议，积极推进国际合作研发机构建设，加利福尼亚大学洛杉矶分校—苏州先进技术研究院、东南大学—莫纳什大学苏州联合研究院先后成立。中澳轻合金联合研究中心(无锡)揭牌成立，标志着江苏省企业首次参与国家级国际联合研究中心建设。

6. 创新型企业群体培育成绩显著

以高新技术企业为主体的创新型企业群体培育取得如下新成效。

一是支持 98 家创新型领军企业开放配置全球创新资源。突破关键核心技术，牵头组建产业技术创新联盟和企业科技园，重点培育拥有自主知识产权和自主品牌的国家创新型(试点)企业 31 家、省级创新型企业 1 583 家。

二是实施科技企业上市培育计划。组织遴选 839 家列入省科技型企业上市培育计划后备库，为高成长性科技企业上市开辟绿色通道，江苏省境内上市企业中高新技术企业占 71.5%。

三是实施科技企业"小升高"计划。加强高新技术企业源头培育，促进一批成长期科技小企业成长为高新技术企业。2014 年，江苏省高新技术企业达到 7 703 家，其中新认定高新技术企业 993 家。

四是加大培育民营科技企业。截至 2014 年，江苏省民营科技企业总数已超

80 000 家，已成为江苏省民营经济中最具创业精神、最具创新活力、最具创优实力的重要部分，显著提高了江苏省民营经济的整体素质，为江苏省加快经济转型升级起到积极推动作用。同时，着力培育发展战略特色产业，江阴高新技术产业开发区特钢、苏州工业园纳米、无锡国家高新技术产业开发区智能传感网等 7 个产业集群被列为国家创新型产业集群试点。

8.3.2　存在不足

1. 政策环境需要逐步优化

随着全国范围内不断改革开放及高新区内外的政策改变，江苏省高新区原有的政策优势正在逐步丧失，江苏省高新区建设基本以地方为主，区内外政策已经拉平，对高新区政策支持缺少特殊办法。各园区政策落实尤其是重点政策落实不到位，研发费用加计扣除、高企税收优惠等政策仍有相当一部分未落实下去，一些地区从地方短期利益出发，甚至限制了一些符合条件的企业申报高新技术企业，导致江苏省形成规模以上企业多而高新技术企业少的局面。

2. 资金投资力度仍需加强

科研成果转化和培育新技术是江苏省创新体系中的薄弱环节，科技成果转化资金集聚度不够，没有完全充分发挥市场配置创新资源和金融资源的作用，畅通的科技创业资本流通链条没有完全形成，科技型小微企业融资仍存在一定的难题。

8.4　火炬计划综合服务实践

近年来，江苏积极推进火炬计划综合服务，在创新基金项目、创新资金、创投引导资金运行和管理服务等工作上，取得了显著成效。

8.4.1　开展国家科技型中小企业创新基金相关服务

科技型中小企业技术创新基金是经国务院批准设立，用于支持科技型中小企业技术创新的政府专项基金。通过拨款资助、贷款贴息和资本金投入等方式扶持和引导科技型中小企业的技术创新活动，促进科技成果的转化，培育一批具有中国特色的科技型中小企业，加快高新技术产业化进程，必将对我国产业和产品结构整体优化，扩大内需，创造新的就业机会，带动和促进国民经济健康、稳定、快速的发展等起到积极的作用。江苏省积极推进科技型中小企业创新基金项目申请工作，国家创新基金、火炬计划项目受理申报工作持续保持全国领先地位。配合江苏省科技厅高新处认真做好国家创新基金项目组织申报工作。2014 年，国家创新基金申报再创佳绩，江苏省共有 344 个项目（含创投引导基金阶段参股项目）获国家创新基金 7.09 亿元立项支持，连续 7 年居全国第一，其中，共有 81 个科技服务项目获得国家中小企业发展专项资金 8 113 万元立项支持，立项数和支持金额分别比上年增长 32.6％和 112.4％，居全国第一。截至 2014 年年底，江苏省累计共有 284 个项目获得国家中小企业发展专项资金科技服务项目立项，支持金额 2.2 亿元，重点支持科技型中小企业公共服务机构的技术咨询、研发设计、检验检测等服务。

2014 年，江苏省国家火炬计划项目立项数共有 337 个，占全国总数的 22.6％，立项数首次居全国第一，截至 2014 年，江苏省共有 4 456 项获批立项，占全国总量的 19.47％，立项总数居全国前列。

8.4.2　推进省创新资金、创投引导资金运行和管理服务

创业投资引导基金性质"由政府设立并按市场化模式运作的政策性基金，主要用于扶持创业投资企业发展，引导社会资金进入创业投资领域。"创业投资引导基金是不以营利为目的的政策性基金，而非商业性基金；按市场化模式运作，而非透过非市场化的无偿模式运作；发挥引导作用的机制是"通过扶持创业投资企业发展，引导社会资金进入创业投资领域"。根据科技型中小企业创新基金管理中心《关于继续开展科技型中小企业创业投资引导基金资格申请受理工作的通知》（国科企金便字〔2013〕10 号）相关要求，江苏省高新技术创业服务中心积极协助江苏省科技厅高新处在全国范围内组织开展国家创投引导基金资格申请工作。江苏省创新资金是全国第一个专门针对科技企业孵化器科技企业设立的科技计划，省创新资金、省创投资金已成为推动江苏省新兴产业发展的重要力量。2014 年，江苏省共有 29 家机构通过资格认定，占全国本批认定数的 24％，认定数居全国首位，其中 14 家为创业投资管理企业、12 家为创业投资企业、3 家为具有投融资功能的科技型中小企业服务机构。截至 2014 年，江苏省累计通过国家创投资格认定机构达 172 家。

8.4.3 开展国家重点新产品认定服务

国家重点新产品计划是科技部国家科技计划体系中科技产业化环境建设的重要组成部分，重点围绕培育和发展国家战略性新兴产业，支持创新性强、技术含量高、有自主知识产权、市场前景好的产品，主要分为战略性创新产品和重点新产品两类。列入国家重点新产品计划的产品，将获得由科技部、商务部、国家质量监督检验检疫总局、环境保护部联合颁发的国家重点新产品证书，并享受相关优惠政策。江苏省火炬计划管理中心作为协助江苏省科技厅开展江苏省国家重点新产品申报受理推荐工作的主要部门，近年来取得了丰硕成果，自国家重点新产品计划实施以来，江苏省累计共有"KLQ6129GEV 型纯电动城市客车"及"PAN基高性能碳纤维－HF10"等 5 025 项产品获得国家认定，立项数连续多年蝉联全国第一。2014 年，江苏省共有 151 项产品被立项，占全国立项总数的 13.4％，立项数再居全国首位，产品涉及高端装备制造、电子信息、生物医药、新材料等国家战略性新兴产业，获得国家经费支持 2 290 万元。立项产品中，"ASPN 活性屏离子氮化炉"及"PCS-9250 直流电子式互感器"等战略性创新产品 5 项，占全国战略性创新产品总数的 16.7％；"高效生物医药分离纯化介质"及"HKT800 碳纤维"等中国创新创业大赛获奖推荐入围产品 20 项，占全国大赛推荐入围产品总数的 22.0％；江苏省战略性创新产品、大赛获奖推荐入围产品数也分居全国第一。自国家重点新产品计划实施以来，江苏省累计共有 5 176 项产品获得国家认定，立项数连续多年蝉联全国第一，有力带动了江苏省产业结构优化升级和结构调整。

8.5 火炬计划综合服务案例

8.5.1 南京擎天科技有限公司与创新基金共成长

国家创新基金项目在实施的发展历程中起到了关键性的帮助。南京擎天科技有限公司先后承担过两次国家科技型中小企业技术创新基金项目，第一次是2000 年，创新基金帮助南京擎天科技有限公司渡过了创业起始阶段最艰难的时期，帮助南京擎天科技有限公司形成了第一个具有自主知识产权的产品，从而引导南京擎天科技有限公司走上了创新发展的道路。2000 年，在南京擎天科技有限公司的第一个软件产品"天商 2000 智能商务管理软件"的研发过程中，出现了民营企业发展中普遍遇到的问题，即融资渠道不畅，当时银行贷款很困难，除了靠自身的积累，企业几乎没有任何外部资金来源，研发资金的紧张使新产品研发工作一下子陷入困境。在极端困难的时期，南京擎天科技有限公司了解到科技部新设立的中小企业技术创新基金是专门支持中小企业创新和创业而设立的政府专项资金，抱着试一试的想法，通过有关科技主管部门向国家创新基金管理中心申报了"天商 2000 智能商务管理软件"项目，最终获批，南京擎天科技有限公司取得了公司历史上第一笔来自于政府部门的资金资助，得到资助资金 80 万元，极大地缓解了项目研发过程中遇到的资金瓶颈。"天商 2000 智能商务管理软件"项目的成功立项，不仅是国家管理部门对南京擎天科技有限公司研究项目及技术的一个肯定，更是对其实力及发展前景的一个肯定，国家级项目的承担和实施极大地增加了南京擎天科技有限公司的知名度和可信度，为企业带来了宝贵的无形资产。

该项目于 2002 年顺利通过验收，并进入产业化阶段。"天商 2000 智能商务管理软件"项目在执行期内累计实现销售收入 630 余万元，净利润 225 万元，缴税 147 万元，新增就业人数 23 人。创新基金不仅给企业提供了一个机会，更重要的是，在实施该项目期间，南京擎天科技有限公司借这个机会锻炼了一批管理人员，培养了一支技术团队，积累了一定的发展资金。作为项目承担企业，擎天科技在这段期间内积累了宝贵的经验，对未来的工作中起着重要的指导作用，在后续的发展中，南京擎天科技有限公司除了在原有该项目的基础上继续进行更深层的研究外，也密切关注当今技术发展趋势，积极开拓新的技术应用领域。正是由于成立初期有了创新基金的支持，激励了南京擎天科技有限公司中科技人员的研发热情，使南京擎天科技有限公司在资金紧张的时候，能够专注于研发工作，并通过项目的成功实施为南京擎天科技有限公司积累了技术经验和人员力量，为南京擎天科技有限公司下一步发展奠定了基础；在项目两年的执行期内，南京擎天科技有限公司的技术、管理、人员得到进一步提升，南京擎天科技有限公司实力逐步加强；正是由于创新基金项目的品牌效应，南京擎天科技有限公司在业界逐渐树立了自己的知名度和技术特色，树立并坚定了南京擎天科技有限公司创新求发展的观念，受益匪浅。

在随后的发展中，借助中国软件产业的兴起，凭借自主创新的精神，南京擎天科技有限公司紧抓每一个市场机遇，不断钻研，在税务信息化、智能商务、电子政务、信息安全、通信领域 5 大领域取得了突破性的成果。2001 年，南京擎天科技有限公司介入出口退税系统研发，并成功实现产业化，在全国近 3 万多家企业中得到应用。2002 年，南京擎天科技有限公司介入电子政务领域并形成了全系列的电子政务解决方案，产品已在省、市级政府机构得到推广。2003 年，由于在出口退税领域的突出成绩，南京擎天科技有限公司成为江苏省唯一一家入选国家金税三期工程专家组成员和国家电子政务标准化总体组的成员企业。2004年，南京擎天科技有限公司在出口退税方面的又一研究项目"一站式 ASP 退免税系统"再次获创新基金项目立项支持，此项目是企业的第二个创新基金项目，通过科技部的资金扶持，保证了南京擎天科技有限公司研发资金供给的稳定性，对于促使企业成果转化、扶持企业健康发展起了积极的推动作用，帮助南京擎天科技有限公司走上了腾飞的道路。2006 年 3 月 6 日，南京擎天科技有限公司在伦敦证券交易所挂牌上市，成为国内首家登陆英国资本市场的软件企业。2007 年，南京擎天科技有限公司的服务外包项目被江苏省发展和改革委员会服务业专项立项。2008 年，南京擎天科技有限公司的"通信数据信号安全分析系统与监测设备产业化项目"被国家发展和改革委员会信息安全专项立项。

国家创新基金项目的承担和实施极大地提高了企业自主创新能力。南京擎天科技有限公司拥有 90 多项软件产品，其中 62 项拥有国家版权局的软件产品著作权和软件产品登记证书，南京擎天科技有限公司先后承担国家、省、市重大科研项目开发 20 余项，已成为国内税务信息化、电子政务领域的著名品牌，产品广泛应用于各级政府部门、企业和院校，成为国内领先的软件服务商，南京擎天科技有限公司现拥有 2 项专利，多项产品荣获国家、省、市奖励，包括中国优秀软件产品奖、江苏省优秀软件产品（金慧奖）、江苏省科技进步奖、南京市科技进步奖、南京市优秀软件产品奖等。

8.5.2 江苏佰腾科技有限公司——中小企业知识产权创新支撑服务的开拓者

2014 年，江苏佰腾科技有限公司（简称佰腾科技）连续 4 年获得国家科技型中小企业创新基金项目的立项支持，项目支持经费创 4 年来新高，达 100 万元。截至 2014 年，佰腾科技累计获得国家创新基金支持 285 万元，这是对佰腾科技服务中小企业知识产权工作的充分肯定和认可，也是国家推动中小企业创新发展的真实写照。近年来，佰腾科技着力打造中小企业知识产权创新支撑服务的开拓者，国家创新基金服务项目的承担和实施，极大地改善了服务科技型中小企业的基础，提高了服务科技型中小企业能力。

获得国家资金项目立项支持后，全体佰腾科技人员围绕项目的建设，以及服务中小企业和自身的发展，按照"增强能力、做大业绩、加强管理、创新发展"的总体工作思路，用创新思维、互联网思维指导工作，不断加强公司整体能力建设，增强核心竞争优势；加大重点市场的布局，迅速抢占市场制高点；加强互联网业务的研发，全面实施互联网转型；完善提升现有核心产品和服务，迅速扩大市场份额；创新服务理念、提高服务质量和客户满意度；优化组织架构，加强精细化管理；实施了第一次股权激励，进一步调动和发挥员工的积极性和创造性，扎实工作，勇于创新，取得了较大的成绩。2014 年佰腾科技实现营业收入 2 192 万元，增长 45%，服务性收入 2 104 万元，增长 62%，服务中小企业客户 6 200 家，增长 17%。佰腾科技被国家工业和信息化部认定为"全国中小企业公共服务示范平台"，被国家知识产权局授予"全国知识产权服务品牌机构"称号，通过了国家国防科技工业局防保密资质审查，获得了军工保密单位咨询资格。被科技部授予"第六批国家技术转移示范机构"，2014 年 10 月 29 号，科技部党组书记王志刚亲临公司视察，对公司的服务模式给予肯定。佰腾科技自成立以来累计服务企业达 120 000 多家，其中上市公司 560 多家，开发各类产业专利数据库 89 个，撰写产业专利预警分析报告 86 篇，提供专利咨询 2 200 多次，知识产权培训 22 000 多人次；累计实现业务总收入超 2 亿元，创造社会效益超 20 亿元。2009 年荣获中国产学研合作促进会颁发的"中国产学研合作奖"；2010 年荣获常州科教城"龙虎榜"引进人才奖及武进国家高新技术产业开发区"十佳服务业企业"称号；2011 年荣获江苏省知识产权局颁发的"知识产权服务机构先进集体"、武进国家高新技术产业开发区"十佳科技创新企业"等荣誉称号；2013 年荣获"国家知识产权战略实施工作先进集体"，是江苏省唯一一家荣获此殊荣的企业，2013 年被国家知识产权局授予"全国知识产权分析评议创建示范机构"及"国家专利运营试点企业"，同年荣获"国家知识产权战略实施工作先进集体"称号；2014 年荣获江苏省科技服务业"百强"机构称号，同时荣获国家工业和信息化部中小企业司"国家中小企业公共服务示范平台"称号。

知识产权服务能力进一步提升，逐步形成了一支战斗力强的专业化的团队。知识产权专业化的服务能力建设，一直是佰腾科技发展过程中的重要工作，虽然

2014 年年初，因为部门合并、调整，IP 事业部人员有所变动，但佰腾科技始终坚持改革创新，一年来 IP 事业部在能力建设上取得了长足的进步，无论是专利咨询、贯标、预警分析等咨询业务都开展起来，核心服务团队规模不断扩大。2014 年专利运营总到账收入 353.8 万元。完成专利交易业务 21 笔，专利交易数量 46 件，自主收购发明专利 95 件，自主运营发明专利 134 件，卖出 16 件，剩余 118 件。托管企业专利 468 件、中国台湾专利 45 件，高等院校和科研院所合作托管专利 2 300 余件。

服务系统研发和核心产品开发力度加大，产品标准化建设深入推进。2014 年，佰腾科技进一步加强了线上专利信息服务系统的研发和服务产品的研发工作，专利搜索引擎进行了改版升级，新的佰腾网访问量、用户量增长明显，专利数据库产品进行了完善和升级，区域专利监控系统在全国 117 个地区得到使用，平台类项目继续保持竞争优势，数据精准度得到进一步提升，受到了用户好评；进一步扩大了专利数据资源，专利数据由原来的 7 000 多万条扩展到 90 多个国家和地区的 1 亿多条，有效地进行了数据清洗和优化，确保了数据的权威性和准确性。积极推进服务标准和服务规范化建设，佰腾科技申报的《江苏省企业专利信息服务规范》，获得了江苏省质量技术监督局与江苏省发展和改革委员会的项目立项。目前《江苏省企业专利信息服务规范》已提交江苏省有关部门进行专家审查，即将正式发布。《江苏省企业专利信息服务规范》是江苏省第一个在专利信息服务领域内的规范文件，符合江苏省服务业发展规划和专项规划，符合现代服务业的基本特征。通过《江苏省企业专利信息服务规范》的建立，将对企业运用新的管理模式和新技术，《江苏省企业专利信息服务规范》对企业专利信息服务，提升服务水平，带动积极的促进作用。此外，佰腾科技还申请获批了常州市质量监督局的企业管理"标准化体系建设"项目。

8.5.3 中新苏州工业园区创业投资有限公司——发挥引导基金作用，提升中小企业价值

中新苏州工业园区创业投资有限公司（简称中新创投）成立于 2001 年 11 月，注册资本 17.3 亿元，系苏州元禾控股有限公司旗下负责直接投资业务的全资子公司。中新创投以推动产业升级，促进自主创新为目标，扶持具有自主创新能力的中小科技企业，直接投资于高科技项目，主要集中于国家支持和鼓励发展的集成电路、光电显示、通信、软件、新材料和新能源、生物医药等高新技术领域，

已逐步成为较具影响力的中小企业融资服务平台。中新创投积极进取、开拓创新，致力于为有资本需求的企业提供全方位的帮助。截至 2014 年年末，中新创投累计投资早期项目 210 个，累积投金额为 23.33 亿元，充分发挥出了扶持创业、促进高科技产业升级的积极作用。

2004 年，中新创投与以色列风投 IDB/Infinity 启动合作，设立 1 000 万美元的中以合作创投基金，先在海外完成对以色列濒临破产的高科技企业 SHELL-CASE 百分百股权的收购，并于 2005 年在园区内设立晶方科技，通过资本的力量完成了 SHELLCASE 全部技术向国内的转移。经过 10 年的发展，从最初的"引进、消化、吸收、再创新"，再到企业内核的打造，晶方科技已发展为中国大陆首家、全球第二大能为影像传感芯片提供 WLCSP 晶圆片级芯片规模封装量产服务的专业封测服务商，并于 2014 年成功登陆资本市场，市值超过 100 亿元。

2008 年中新创投作为唯一投资人，出资 400 万元帮助东微半导体半导体初创成立，东微半导体也成为首家入驻中新创投打造的孵化器的企业。在中新创投的扶持下，东微半导体已累计申请 15 项发明专利，授权 7 项发明专利，另有六七项 PCT 专利在提交准备过程中。公司发表了 3 篇 IEEE(Institute of Electrical and Electronics Engineers，即电气和电子工程协会)论文，其中 1 篇在 IEEE 主办的微电子器件研讨会(Workshop on Microelectronics and Electron Devices，WMED)上获得最佳论文奖。2013 年 8 月，东微半导体创始人王鹏飞在美国权威专业杂志《科学》上发表了关于 FJG 器件的论文，在全球引起轰动。这是硅基半导体行业 10 年内的唯一重大突破，也是国内微电子行业在《科学》上发表的唯一一篇论文。同年 10 月，东微半导体获得中新创投第二轮 3 000 万元投资，用于 DRAM 芯片的产业化。

中新创投获得 2014 年度科技型中小企业创业投资引导基金补助之后，将继续扶持同程旅游、旭创科技、蜗牛电子等已投资高科技企业及其他高新科技企业发展。同时，积极推动有关高科技企业上市进程，深化投资项目的增值服务，推动相关行业研究、产业链合作及资源整合。中新创投将继续通过凝聚资本的力量，汇集创新思维，帮助高科技企业实现不断成长，提升企业价值。

第9章

科技创业大赛服务及案例

9.1 科技创业大赛服务的内涵

9.1.1 科技创业大赛

1. 创业大赛的起源及其发展

创业大赛最早出现在美国，在国外一般称为 University Business Plan Cpetition，即大学生商业计划竞赛。1983 年，美国得克萨斯大学奥斯订分校举办了首届商业计划竞赛，其后包括 MIT、斯坦福大学等世界一流大学在内的十多所大学每年都举办这一形式的竞赛活动，经过二十多年的发展，创业大赛已经不再仅仅局限于校园内的一种竞赛活动，而是更多的朝社会化方向发展，现在一般称其为商业计划竞赛（Business Plan Competition，BPC）。MIT 的"五万美金创业计划竞赛"从 1990 年创办至 2012 年，每年都有五六家新的企业从大赛中诞生，而在斯坦福大学校园内的创业氛围中，更是催生了，如雅虎!、Exeite、Netscape 等公司。

中国的创业大赛起步相对较晚，1998 年，当时清华科技创业者协会受美国商业计划竞赛的启发，创办了首届清华创业计划大赛，由此拉开了中国创业大赛的序幕。首届大赛历时 5 个多月，共有 320 名同学组成 98 个竞赛小组递交了 114 份预赛作品。参赛选手以清华大学的理工院系、经管学院的硕士生、博士生、本科生为主，北京大学、中国人民大学、北京交通大学、中国农业大学等高等院校的学生也积极加入其中，组成"多国部队"，作品中有许多是自己或导师多年的科研成果、863 项目或专利发明，希望借此机会把它们变成一项产品，进而创立自己的公司。首届创业大赛受到了众多媒体、专家、企业家和风险投资家的密切关注，成为中国社会各界关注的焦点之一。目前，创业大赛已经受到社会各界的重视，每年都会有几十所高等院校及社会机构争先举办此种形式的竞赛活动，而在全球范围内，已经形成了一种商业计划竞赛网络，该网络的成员主要来自于美洲、欧洲和亚洲，清华创业计划大赛于 1998 年 3 月正式加入了这一竞赛网络，从而成为该网络的第一个来自亚洲的成员。全球商业计划竞赛网络每年都会举行年会，清华大学于 1999 年 1 月和 2000 年 3 月派代表团参加了该网络在新加坡和荷兰举办的年会，并先后在会上正式发言，这标志着中国在这一领域占有重要的一席。2006 年，中央电视台开启了一个不同以往意义的项目，即大型励志创业电视专栏——"赢在中国"，以"励志、创业"为主题词，联手中国最具创造力的企业，集合国际最具活力的创业投资资金，调动全方位的推广手段，为中国的创业者打造一个展示才华，实现理想的舞台，"赢在中国"其实就是将创业大赛搬上了荧幕，在社会上引起巨大反响。

　　2. 创业大赛的主体分析

　　创业大赛一般由第三方机构首先发起主办，如各高等院校院系团体或者社会上的一些企业或机构等，然后向社会发布邀请人员参加。一些拥有创业理念的人员就会组建一个拥有不同知识、技术背景的、拥有共同愿景的创业团队参与其中，而拥有创业所需资金的创业投资者要么会直接参与活动担任评委，要么以局外人身份对这项大赛进行关注，当发现有符合自己要求的创业项目时，再介入其中进行接洽事宜，促成创业的实现。创业大赛作为一个要素市场，其有两个主要的参与主体，分别是代表知识要素的参与方和代表资金要素的参与方，即知识的载体创业团队与资金的载体创业投资家[57]。

　　一是创业团队。创业团队的发展往往分成几个阶段，并且每个阶段的团队标志特征及典型行为都不同，根据经典的布鲁斯·塔克曼（Bruce Tuckman）团队发展过程理论，创业团队的发展一般分为四个阶段：启动阶段、成长导向阶段、愿景阶段和制度化阶段。

首先是启动阶段。这一阶段的显著特征是：一方面团队缺乏一起创业的经验，另一方面对创业机会在未来可能的成功带来的高回报的憧憬。这个阶段的创业团队最主要的任务是减少不确定性，在团队内部相互考验和评价，积累团队协作的经验，同时发展能够帮助他们的外部社会网络。其次是成长导向阶段。该阶段是以集体成长导向为标志，但是相互之间不知道如何获得成长且不清楚企业未来的发展方向。在这个阶段，团队处于开始聚焦于发展资源、知识和技能以便在市场上有效竞争，对内共同应对可能碰到的各种事件，并对将来的发展和当前的业务进行思考。再次是愿景阶段。此阶段已经形成了一个共享的清晰的商业愿景，团队一方面要把愿景分解成一系列可达成的目标，并且考虑实施方案；另一方面需要澄清团队成员的任务与角色，界定其职责，同时深入了解团队成员的个体差异，以及这些差异对团队行为和团队过程可能的影响。最后是制度化阶段。这一阶段的特征是创业团队成员从对企业创立者的忠诚转变为对当前事业及其未来发展方向的关心，即不是关心创业主导者个人的雄心和价值观而是整个组织。创业大赛中的创业团队成员一般拥有共同的愿景，并且将通过详细的创业计划书来将这些愿景分解成可实现的一系列目标，而且团队内的分工与职责更加清晰。

二是创业投资家。创业大赛中的创业投资家具有两重的身份：一方面作为大赛的评委，对各创业团队的创业项目进行评判并给予意见或指导；另一方面作为创业投资机构的代表，通过创业大赛搜寻具有投资价值的项目进行投资。创业投资家在创业大赛中的特殊身份，使其充分扮演一个重要的角色，并发挥特殊的作用：首先，创业投资领域出身的他们，熟悉什么项目是创业投资所偏好的，并且对于哪些项目更具有市场前景，更具有可行性，他们具有更敏锐的嗅觉。其次，作为大赛的评委，不仅给予项目好坏的评判，而且还通过与创业团队的直接对话，给予创业团队指导意见，让创业团队可以不断纠正自己创业方案的不足并获得提高。再次，作为创业投资机构的代表，他们拥有创业所需的资金，并且拥有丰富的创业经验，发现好的创业团队、好的项目时，可以更好的促成创业的实现。最后，创业投资家是创业投资与创业大赛的纽带，在扩散创业大赛的影响力方面具有更大的说服力。

创业大赛主体间的关系。创业团队（创业家）与创业投资家的关系研究中，一般文献研究认为他们是委托代理的关系，由于在创业团队与创业投资家之间，创业团队拥有私人信息，而创业投资家只拥有公共信息，一般将创业投资家作为委托人，创业团队作为代理人，进而在标准的"委托代理"框架下研究他们的契约关系。此外，在创业投资过程中，创业企业的价值需要通过创业团队与创业投资家共同的努力来实现，或者说创业企业的价值随二者的努力程度不同而不同，因此，在委托代理关系中，除了创业团队会可能会出现"偷懒"情况外，创业投资家也存在"偷懒"的动机，这是因为创业投资家并不能全部得到创业企业实现的价值收益，因此其也就不可能以实现企业价值最大化为目标，取而代之的是以实现自身收益最大化为目标。因此，将二者的关系视为一个特殊的契约关系，在契约安排上需要对双方同时实现激励。

9.1.2　科技创业大赛服务

科技创业大赛服务是指为保证大赛的顺利进行，从参赛条件、赛事节点、参赛培训辅导、大赛评选规则及评选标准的制定、大赛奖励的设置及大赛的表现方式与推广手段的选择等方面提供的服务。其中，参赛培训是帮助团队和企业顺利参与大赛，全面了解规则，获得创投机构认可，对创赛团队和企业提供PPT模板和参赛手册指导；对于各种类型、阶段的预赛、分赛及总决赛的参加团队和企业提供集中培训。大赛评选规则及评选标准的制定是依据统一评审规格及评选标准，主要从技术和产品、商业模式及实施方案、行业及市场、团队、财务分析等方面对参赛创业团队和企业进行评选，并遵循"公开、公平、公正、竞争择优"的原则，并提供相应的支持政策服务帮助科技创业大赛顺利进行。同时包括对大赛和参赛企业的宣传、推广和各类配套增值服务，为了让创业者在大赛中得到更多的学习交流机会，还可以组织一系列的服务活动，包含行业沙龙、融资路演、参赛企业展、创业培训及创新创业嘉年华等，并鼓励更多的新型创业服务机构充分发挥各自作用，积极参与大赛相关活动，并提供导师、培训、融资等深度服务。

9.1.3　科技创业大赛服务的意义

在深入实施创新驱动发展战略、迎接新一轮科技革命和产业革命新浪潮，以及转换经济增长动力、调节经济深层结构、适应经济发展新常态的大形势下，大赛被赋予了新的内涵、作用和意义。科技创业大赛是转变政府职能、通过市场化手段推动经济发展的成功实践，是深化科技体制改革、创新项目评价方式的有益尝试，是整合创新创业资源、营造创新创业生态的有效途径，也是弘扬创新创业文化，营造良好创新创业舆论环境的重要手段。科技创业大赛是科技创业人才荟萃的梦想盛会，科技创业大赛的举办可以让一切有利于创新创业的新鲜思想高度活跃，让一切有利于创新创业的财富源泉涌涌而出，用创新创业的生动实践谱写中国梦的美好篇章。以大赛为纽带，能够整合创新创业要素，提高科技创业水平，营造科技创业氛围，弘扬科技创业文化，促进科技与金融结合，吸引海外优秀创业团队到国内创业发展，打造科技创业新高地，引导更广泛的社会资源支持创新创业，推进大众创业、万众创新。

一是促进科技创业大赛品牌传播。加强对大赛和参赛企业的宣传和服务，让更多的创业者能够了解科技创业大赛，同时让创业者在科技创业大赛平台中得到更多的学习交流机会和一系列的优质的创业服务活动，能够激发参与科技创业大赛的热情，促进科技创业大赛品牌传播。探索科技与文化的结合，充分利用电视、新媒体等互动方式，宣传创新创业人物，树立创新创业品牌，让更多的人了解和参与创新创业，带动就业。

二是提升创新创业水平。发挥政府引导作用，利用市场机制，聚集各种创新资源，吸纳包括银行、创业投资机构在内的社会各方力量，广泛参与对科技型中小企业的投入，为创新创业团队和企业搭建融资服务平台，促进中小企业的创新发展通过促进科技创新和成果转化，培育高水平、高层次、高素质的创业团队和具有核心竞争能力的高成长性战略性新兴产业源头企业，提升新时期创新创业水平，打造中国经济未来增长的新引擎。

三是营造创新创业氛围。激发全民创新创业精神，吸纳优秀创新创业人才，营造"鼓励创新、支持创业"的氛围，在全社会掀起创新创业的高潮，为建设创新型国家奠定坚实的基础。弘扬创新创业文化。探索科技与文化的结合，充分利用电视、新媒体等互动方式，宣传创新创业人物，树立创新创业品牌，让更多的人了解和参与创新创业，带动就业。

9.2 国内外科技创业大赛服务

9.2.1 国外科技创业大赛服务

1. 美国科技创业大赛服务

美国创业大赛兴起于美国创业教育迅速发展的 20 世纪 80～90 年代。根据考夫曼基金会官方统计,自 1983 年得克萨斯州大学奥斯汀分校首次创办大学生创业大赛开始,创业大赛催生了许多优秀企业,如诞生于斯坦福创业大赛的雅虎公司。而美国大学的创业大赛以其完善的竞赛流程、成熟的支持体系和广泛的赞助网络成就了其全球创业竞赛楷模的地位。美国研究型大学创业大赛模式成就了全球创业大赛的标杆。

一是从组织中心看,美国研究型大学创业大赛依托于商学院,充分发挥了顶尖商学院的专业优势。美国研究型大学创业大赛的运作是由商学院负责创业教育和创新创业活动的下设专门中心管理,或者是由 MBA(master of business administration,即工商管理硕士)学生组成的学生社团来组织。例如,纽约斯特恩创业大赛和社会创业大赛由纽约大学斯特恩商学院伯克利创业研究中心组织和管理,该中心致力于创业文化的开发与培养、新公司创立及商学院课程创新与创业研究。面向全球的 McGinnis 创业大赛由卡内基梅隆大学商学院下设的唐纳德·琼斯创业中心组织。加利福尼亚大学伯克利分校商业计划竞赛则由哈斯商学院 MBA 学生组织,并有竞赛前组织者的支持。MIT＄100K 创业大赛的组织结构也与加利福尼亚大学伯克利分校相似,由 MBA 学生构成执行中心,由前竞赛组织者组成董事会来进行决策并管理竞赛运行,另外还有校内创业教育专家组成的顾问委员会对 MIT＄100K 大赛管理进行监督并提供建议。不管是将 MIT＄100K 大赛当做商学院创业教育的实践课堂,还是选拔优秀公司创意的舞台,或是面向全校、甚至全球的创业文化养成渠道,以商学院为中心的组织模式都能够充分发挥商学院的专业资源优势及其庞大而密切的外界联系网络,高效而规范地运行创业大赛,实现创业大赛教育和选拔的目标。

二是从知识结构看,美国研究型大学创业大赛通过研讨会、训练营和导师制等多种形式,实现了创业教育与创业实践的结合。美国研究型大学创业大赛也主要采用导师指导及社区人际网络构建来吸引学生参加商业计划竞赛。研讨会、训练营和导师制构成了研究型大学创业大赛的知识结构。研究型大学创业大赛中知识结构与实践过程的结合将实现创业教育与创业实践的统一。各种模式的创业大赛都将知识结构作为程序设计中的重要环节。以短期模式看,仅举行三天的Moot Corp 创业大赛也会安排一天时间进行"反馈单元"的活动,来自世界各地的选手与创业专家充分交流,并获得商业计划的反馈。长期模式创业大赛更是会精心设计大赛中的相关结构。例如,沃顿商业计划竞赛分为咨询、竞争、半决赛和决赛四个阶段。咨询阶段选手递交 1 200 字的创意描述,获得评委的反馈;竞争阶段可申请建立导师联系；半决赛阶段和决赛阶段则是选手与导师、评委充分互动的成果展现。此外，沃顿商业计划竞赛还专门设有法律、财务讲座，邀请法律咨询公司人员或沃顿商学院教授开展研讨会和训练营。2002～2003 年年度第一名获奖者称"沃顿商业计划竞赛每个阶段的反馈都非常细致、深刻、有建设性，这使我们从商业角度而不是纯学术角度不断完善计划并思考商业运作"。通过邀请创业企业家和创业教育研究专家开展的研讨会、训练营，以及一对一导师的指导和帮助等形式，美国创业大赛实现了知识基础与实际运用的结合，创业教育与创业实践的统一。

三是从支持体系看，美国研究型大学创业大赛通过丰富的赞助形式最大限度地吸引社会优质创业资源，同时以创业大赛为平台，延伸了大学的社会服务职能，形成了互动互利的创业文化，研究型大学创业大赛成功地实现创业教育功能离不开创业社区网络的构建及创业文化环境的养成。美国研究型大学创业大赛的奖励体系已告别了"纯金"时代，形成了满足企业在创立过程中所需不同资源与服务的完整系统，除现金奖励之外，还提供非现金服务与其他资源，如办公场所，帮助参赛者与校外优质创业服务资源（如著名法律顾问公司和咨询公司等）建立长期联系，从而扩展了参赛者的社区网络。校外创业资源的广泛介入是创业竞赛有效运行的重要前提。纽约斯特恩创业大赛和社会创业大赛不仅设有共计 75 000 美元（营利类）和 100 000 美元（社会创业类）的现金奖励，优胜者还可获得 Breslow&Walker 和 DuaneMorris 公司的法律咨询服务、Jay Freeberg 公司的金融服务及 Mantiea Ventures 的营销服务。而 MootCorp 全球竞赛的第一名可获得 25 000 美元现金、奥斯汀技术孵化项目所提供的办公场所和各种服务，以及 MeCombs 商学院教师的咨询与顾问服务。而在传统创业竞赛之外，这 15 个研究型大学创业大赛几乎都包含社会创业项目或开设了与传统创业竞赛平行的社会创业竞赛，如纽约大学斯特恩商学院创业大赛、社会创业大赛、塔夫斯 10 万美元商业计划竞赛的"经典竞赛"和"社会创业竞赛"等。这些单元通过纳入关注社会问题解决的社会创业计划，以创业大赛为平台，发挥研究型高等院校高端人才与一流研究资源的优势，为社会问题的解决提供了切实办法，并通过新建企业实现了构想与创意向市场实体的转化，进一步拓展了高等院校的社会服务功能，深化了高等院校与社会的联系。

美国研究型大学创业大赛的相关经验如下。

一是组建专业的管理团队。研究型大学创业大赛的有效运行离不开专业的管理团队、科学的竞赛设计和稳定的支持体系，专业的管理团队是建立顶级创业大赛保障体制的首要条件。从概念到设计再到落实，每一个跳跃都需要专业资源的注入。美国研究型大学依托于商学院的管理运作模式保证了创业大赛宗旨的妥善落实。一流商学院以其专业的决策体系、开放的外部联系形成了有力的组织核心，从而扩展了创业大赛的辐射范围与影响力。创业大赛是创业技能的实践平台，但若离开了创业教育的启蒙和理论支撑，创业大赛也就失去了实践意义，因此竞赛设计不仅要关注选拔的公正性，更要关注知识结构的完善，做好研讨会、训练营和导师制的保障工作。另外，建立互动互利的支持体系是创业大赛顺利运行的稳固支撑。如果没有通过赞助、评委和导师等形式吸引外界力量介入而形成的支持网络，美国研究型大学创业大赛所引以为傲的丰厚而周到的奖励包、广泛而专业的评审团和细致完善的指导体系都将是一纸空文。外部网络的构建不仅表现在吸引外部优质资源，也应发挥自身优势主动出击，如通过创业大赛建立积极、开放、有力的社会形象。总之，创业大赛是环环相扣的教育与选拔系统，其成功运行离不开内外部稳定的保障机制。

二是鼓励开放性与包容性。树立研究型大学创业大赛自身特色的同时，加强各大学创业大赛的开放性与包容性。形成大学间的互动合作网络美国各大学的创业竞赛都具有适度开放性，在保证本校学生参与的前提下欢迎其他大学学生参与。因此美国大学生不仅能借由创业大赛聚集创业所需的资金和服务，获得广泛的媒体关注，同时也能扩展创业网络，扩大校际交流[58]。美国各大学的创业大赛是渴望创业但缺乏资金的大学生迅速获得大规模融资的渠道之一。各大学创业大赛间的开放与包容构建了大学创业资源间的共享平台，可为大学生提供大范围融资和交流的便利渠道。同时创业大赛作为校际交流的媒介，也塑造了大学的品牌形象，扩大了大学的影响力。

2. 法国科技创业大赛服务

近年来，法国政府为了推进技术创新出台了多项政策措施，其中包括支持技术创新型企业的创建、鼓励技术转让、大力推进公共部门和私营部门的 R&D 合作及鼓励企业增加 R&D 投入等。为了促进技术创新型企业的建立，加强对技术创新的支持，法国高等教育和研究部决定自 1999 年起每年举办国家技术创新型企业创业大赛旨在通过创业大赛发掘优秀技术创新项目，并给予获奖项目研究、技术及资金等方面的支持。政府资助额度约为每年 3 000 万欧元。国家技术创新型企业创业大赛面向全社会任何愿意在法国创业的优秀创意和创新项目的持有人，不管国籍或者学术身份（学生、公共部门或私人部门雇员、求职者等）均可参加。参加国家技术创新型企业创业大赛的技术创新项目，首先由地区级评审委员会预先评选，最终由国家评审委员会从中筛选出年度获奖项目。国家评审委员会由来自科研部门、产业部门和金融机构的人士组成。自国家技术创新型企业创业大赛举办以来，获奖项目创办近 900 家技术创新型企业，创造了 5 000 个就业机会。"初创—发展"项目是指那些技术已经相当成熟，具备了创业的条件的项目。"初创—发展"创新项目最高可以获得 54 万欧元的政府资助，其中 50% 用于创新企业的建立。"苗头"项目是指那些仍处在创意阶段，需要进一步成熟以确定其技术和市场的项目。这类项目持有人最高可以以个人名义获得 45 000 欧元的补贴，其中 70% 用于使该技术进一步成熟。

国家技术创新型企业创业大赛的成功，一方面是其对获奖项目提供的资金支持，另一方面是因为国家技术创新型企业创业大赛提供的配套支持措施极大地激发了创新人员，尤其是年轻创新人员的积极性。为项目获奖者搭建一个网络，获奖者更容易获取咨询和金融机构的服务；能够和投资人的紧密联系。为了让获奖项目有更大的取得成功的机会，2007 年开始法国高等教育和研究部更推出了相关配套支持措施，具体如下。

一是以学术中心为基础的 92 个公共孵化器为获奖项目创业提供入住便利，更好地利用当地的科技资源、咨询和培训服务。

二是在颁奖之日举办论坛使获奖者有机会与投资人、金融机构和咨询机构面对面接触，听取他们的建议。

三是融入往届获奖者的网络，便于信息交流和分享他们的经验。

四是提供参与初创创新企业投资论坛和活动的优先便利。

国家技术创新型企业创业大赛相关经验如下。

一是完善支持方式。完善支持方式，全方位推进技术创新，作为国家创立的技术创新基金在这个阶段应该发挥主导作用，这将极大地激励技术创新和创业活动。同时，国家技术创新型企业创业大赛为风险投资机构、金融机构和投资基金等提供了一个了解创新项目的平台，也简化了上述机构的技术评估环节，节省了评估成本，便利它们做出投资决策。因此建立对技术创新项目创业的支持机制，完善基金支持方式，对全方位推进技术创新具有积极的意义。

二是完善激励政策。鼓励科研人员创业如同中小企业在整个国民经济中的作用一样，科技型中小企业在技术创新过程中扮演着重要角色。通过技术创新提升经济竞争力不仅要激励现有科技型中小企业继续加大 R&D 投入和技术创新力度，同时也需要通过更多技术创新型企业的创建不断积累创新资源，培育创新人才，建立健全自主创新体系，大力提倡全民创新尤其是激发青年研究人员的创新热情，积极培育良好的创新环境、培育全民创新精神，营造一个机会平等的创业环境[59]。

9.2.2　国内科技创业大赛服务

中国创新创业大赛是由科技部、教育部、财政部和中华全国工商业联合会等单位共同指导举办的一项以"科技创新，成就大业"为主题的全国性创业大赛。中国创新创业大赛已成功举办三届，是国内迄今规格最高、影响最大的创新创业赛事。中国创新创业大赛秉承"政府引导、公益支持、市场运作"的模式，既有效发挥了政府的统筹引导能力，又最大化聚合激发了市场活力。中国创新创业大赛旨在进一步提高中国创新创业水平，紧密加强科技和金融的结合，创新科技投入方式，大力弘扬创新创业文化，营造良好的创新创业氛围。同时，中国创新创业大赛集聚社会力量，整合各种资源，搭建服务平台，为参赛企业提供创业辅导、创业投资、银行授信、股改上市及并购培训等支持，促进科技型中小企业创新发展。在行业赛期间为了让创业者在中国创新创业大赛平台中得到更多的学习交流机会，还组织一系列的创业服务活动，包含行业沙龙、融资路演、参赛企业展、创业培训、股改辅导及创新创业嘉年华等。赛事组织方鼓励更多的新型创业服务机构充分发挥各自的作用，积极参与大赛相关活动，并提供导师、培训、融资等深度服务。

(1)首届中国创新创业大赛。"2012(首届)中国创新创业大赛"于 2012 年 7 月 5 日在北京正式启动。中国创新创业大赛指导委员会主席、全国政协副主席、科技部部长万钢等出席了启动仪式。中国创新创业大赛分为初创企业组、成长企业组和创业团队组，历时 6 个月，分别在北京、上海、宁波、深圳和成都 5 个城市进行分赛区比赛，并于当年年底在北京举行全国总决赛。2012 年 12 月，首届中国创新创业大赛全国总决赛在北京历时 8 天，分两个阶段圆满完成。第一阶段比赛，由 5 位来自创投机构的专家评委从进入总决赛的 48 个企业和 20 个团队中选出 30 个企业和 10 个团队进入第二阶段的电视决赛。第二阶段电视决赛由 5 位创业导师打分及 50 位创投和技术评委共同投票确定全国总决赛企业组第一、二、三名和团队组第一、二、三名。大赛共评出 226 家优秀企业、20 支优秀团队。

首届中国创新创业大赛共有 4 411 家企业和 1 557 家团队报名参赛，近 600 名创业投资专家参与评选与投资。经过初赛、复赛、分区决赛，有 226 家企业和 20 家团队被评为大赛优秀企业和优秀团队，有 68 家企业和团队进入全国总决赛。总决赛和颁奖典礼在中央电视台财经频道播出，在全社会引起了强烈反响。部分大赛优秀企业获得了招商银行创新创业扶持资金、创投资金和科技计划项目的支持。另有 162 家企业得到了招商银行的授信，总额度超过 17 亿元，实际贷款近 9 亿元。

(2)第二届中国创新创业大赛。2013 年 5 月 24 日，由科技部、教育部、财政部和中华全国工商业联合会指导，共青团中央、致公党中央、国家外国专家局支持，科技部火炬中心、科技部科技型中小企业技术创新基金管理中心、科技日报社和陕西省现代科技创业基金会承办的第二届中国创新创业大赛新闻发布会举行，第二届大赛的序幕正式拉开。大赛组织委员会副主席兼秘书长、科技部党组成员、科技日报社社长王志学及教育部、财政部、中华全国工商业联合会、共青团中央、致公党中央和国家外国专家局的相关领导出席了新闻发布会。中国创新创业大赛于 2013 年 5 月 24 日正式启动，历经地区赛、全国初评、全国半决赛、全国总决赛等多个环节。中国创新创业大赛在我国 26 个省市设立了分赛区，并设立了深圳和西安两个综合赛区，共收到 10 381 家企业和 2 928 支团队报名参赛，相比 2012 年首届中国创新创业大赛，增幅分别达到 135％和 88％。各地的大力支持和创业者们的踊跃参赛，在全国掀起了一股创新创业热潮，弘扬了良好的创新创业文化。2013 年 11 月 20 日至 21 日，第二届中国创新创业大赛总决赛在北京举行。10 家初创企业、10 家成长企业和 10 支创业团队在 5 位创业导师和 50 位创投机构大众评审的现场打分下，最终分别决出初创企业组、成长企业组、创业团队组每组第一、二、三名。

(3)第三届中国创新创业大赛。2014 年 3 月 13 日，第三届中国创新创业大赛组织推动会在北京成功召开。第三届中国创新创业大赛将本着市场化、多元化、专业化、国际化四原则，引入更多市场化新型创业服务机构和公益支持机构，为中国创新创业大赛和参赛企业提供支持和服务。第三届中国创新创业大赛于 2014 年 5 月 8 日启动，历经了网络初赛、地区赛、6 场全国行业半决赛和全国行业总决赛等多重环节，共设 24 个赛区，其中包含 22 个独立分赛区和 2 个综合赛区，共有 8 759 家的创业企业(成立期在 5 年内)和 3 746 家创业团队报名参赛。此外，中国创新创业大赛还吸引了近 100 家来自中国港澳台地区的企业和团队报名，另有 40 多家来自海外的创业团队也加入到中国创新创业大赛的激烈角逐中。参赛选手经过层层对决，最终选拔出 677 家企业和 254 支团队进入全国行业赛。同期，中国创新创业大赛还举办了赛前培训、论坛、项目对接等系列活动，更好地推动整个行业的发展，促进同行业创业者之间，创业者与银行、创投及媒体等多方机构之间的交流互动。比赛期间，来自 620 多个创投机构的 1 554 名创投专家积极参与到整个评审过程，使参赛企业和团队能够与创投机构高频次的接触，有效促进了企业和市场资本的对接。

（4）第四届中国创新创业大赛。2015 年，科技部、教育部、财政部和中华全国工商业联合会继续举办第四届中国创新创业大赛，中国创新创业大赛坚持采用"政府引导、公益支持、市场运作"的模式，旨在进一步提高中国创新创业水平，紧密加强科技和金融的结合，创新科技项目评价方式，大力弘扬创新创业文化，营造良好的创新创业氛围。

9.3　江苏省科技创业大赛服务发展现状及成效

改革开放以来，科技创新创业始终是江苏省社会发展的重要力量和重大主题。从 20 世纪 70～80 年代的乡镇企业创业，到 20 世纪 90 年代，再到 21 世纪初的民营企业创业，乃至近年来的科技创新创业，江苏省创新创业工作不断纵深发展。随着创业环境日趋完善，江苏科技创业呈现蓬勃发展态势。为进一步弘扬创业文化和扶持创业型企业，做好科技企业孵化、培育和新兴产业的培育、增长工作，2013 年起江苏省科技厅牵头启动了主题为"创业江苏，梦想成真"的江苏科技创业大赛。

9.3.1　成功举办两届科技创业大赛

根据科技部相关文件精神，积极承担、全面对接中国创新创业大赛江苏赛区组织工作，为保证江苏科技创业大赛的顺利开展，参照国家大赛要求，江苏科技创业大赛分为创业团队组、初创企业组和成长企业组，参赛企业应主要从事高新技术产品研发、制造、生产及服务等方面的业务，至少拥有一项自主知识产权。首届大赛结束后，江苏省高新技术创业服务中心等承办单位继续开设专门窗口，常年受理创业计划书，每季度组织路演、竞赛、对接活动，选拔季度优胜项目进行年度总决赛，着力打造"创业江苏"品牌，使江苏科技创业大赛真正成为弘扬创新创业文化，提升创新创业水平的重要阵地与抓手。

9.3.2 提供相关支持政策

1. 省级相关科技计划支持

以江苏科技创业大赛专家评定意见作为项目评审意见，对总决赛获奖的创业团队(获奖后 6 个月内在江苏省科技园区注册成立企业)，纳入下一年度江苏省创新资金计划立项支持；对总决赛获奖的初创组企业，其参赛项目未列入年度省级科技计划在研项目的，纳入下一年度江苏省创新资金计划立项支持；对总决赛获奖的成长组企业，其参赛项目未列入往年度省级科技计划在研项目的，纳入下一年度江苏省科技支撑计划立项支持。

2. 创业投资引导资金支持

鼓励天使投资机构或天使投资人，投资参赛企业或团队。对于具体实施投资且符合天使投资引导资金管理办法的天使投资机构或天使投资人，给予江苏省天使投资引导资金的风险补偿支持。鼓励江苏省省内创业投资机构投资参赛企业或团队，对于具体实施投资且符合《江苏省科技型中小企业创业投资引导资金管理哲行办法》的创投机构，江苏省科技型中小企业创业投资引导资金给予一定的风险补贴。

9.4 科技创业大赛服务实践

以常态化举办江苏科技创业大赛为主题，搭建"项目征集、辅导优化、路演竞赛、创投对接、宣传推介"科技型中小企业服务平台。江苏科技创业大赛已先后成功举办两届，提供了一些可供借鉴的经验。

9.4.1 积极衔接国家大赛

2013 年首届江苏科技创业大赛共收到 1 633 家创业团队和企业报名参赛，包括北美地区 78 支海外创业团队；35 家创业团队和企业脱颖而出，分获一、二、三等奖。在 2014 年 11 月结束的第二届中国创新创业大赛中，江苏省推荐的项目中共有 9 个项目获奖，其中第一名 1 个；第二名 4 个；第三名 4 个，江苏省获奖项目数占全国获奖总数的 30%，位列第一。2014 第二届江苏科技创业大赛共收到 1 947 家创业团队和企业报名参赛（包括 108 支海外创业团队），比首届江苏科技创业大赛增长了 19%，报名总数及团队、企业报名数均居全国第一；经过地方及海外初赛推荐、半决赛现场答辩、尽职调查、电视总决赛等环节的筛选与比拼，35 家创业团队和企业脱颖而出，分获一、二、三等奖。此后，按照国家创新创业大赛组委会分配的晋级名额，江苏省共推荐 148 家创业团队和企业参加全国六大行业总决赛，最终 9 个项目获奖，包括第一名 2 个、第二名 4 个、第三名 3 个，团队获奖数位居全国第一，获奖总数位居全国第二。

9.4.2　大力推进综合性创业服务

江苏科技创业大赛组委会办公室结合创业服务平台网络项目的组织实施，认真开展面向江苏省科技创业企业的公共服务。常年征集创业团队及企业项目，对接国家大赛，常态化举办江苏科技创业大赛。确立了全年举办 6 场赛事，举办 4 次项目路演对接活动，中国创新创业大赛江苏赛区获奖项目数不低于全国获奖总数的 20% 的工作目标。做好江苏科技创业大赛参赛企业后续跟踪服务工作，举办江苏科技创业大赛第一期创业训练营，共有 40 多家优秀参赛企业及团队参营。第三届江苏科技创业大赛按年度赛、海外分赛、专题赛等组织多场赛事。重视江苏科技创业大赛后续跟踪服务的策划与实施，年度总决赛赛后的 3 个月内至少组织 1 次创业项目融资路演活动、1 次创业培训活动。

9.5　科技创业大赛服务案例

9.5.1　风雨来时路　梦照中国"芯"

陈勇，江苏龙睿物联网科技发展有限公司总经理。从北京大学毕业之后，陈勇先后放弃了银行经理和著名高等院校校长助理等高薪体面的工作，于 2012 年 10 月成立了属于自己的小型科技公司。虽然陈勇学的是经济学专业，但他却把创业项目定位在当时还属于刚刚起步的互联网产业。江苏龙睿互联网科技发展有限公司研发的"面向行业应用的互联网系统平台"涵盖了从感知层、网络层到应用层的关键技术，目前已经开发了智能农业、智能家居等解决方案，参与了多个省级的互联网示范工程。创业初期，陈勇就已经对创业形势有了较为全面而深刻的认识，考虑到各种问题和困难，也做好了解决的方案。作为中小型企业，在起步阶段，资金成为了创业之初的最大困难。谈起最初启动资金的筹集，陈勇说："当时我卖掉了自己的房子，我的合作伙伴投进一部分资金，同时他还将自己的婚房进行了抵押，这才有了我们公司的第一笔启动资金。"

创业离不开伙伴与团队的支持，与陈勇风雨相伴的龙睿团队是他最坚实的后盾，团队拥有十多位高级人才，均具备十年以上芯片和互联网、云计算等领域的开发经验和高级职称。杰出的专业人才是这个团队最出色的力量，依靠着龙睿团队的努力，他们在科技创新之路上披荆斩棘，攻克难关，取得了各项成果。

中国芯的推广和大规模应用需要时间和过程，在竞争激烈的成熟产品市场，难以充分体现国产芯片的优势。面对这样的情况与机遇，陈勇和他的龙睿团队审时度势，采取了两手抓策略：一方面继续加大对中国芯应用推广的力度；另一方面进军互联网领域，研发自主互联网通信协议——C-MAC 及无线模块，并针对智能家居、智能农业等重点拓展应用。如今，龙睿团队自主研发的 C-MAC 已经达到国内领先、国际先进水平。C-MAC 在通信距离、组网规模、互联网与云计算平台支持等指标上，全面超过国外 Zigbee，2014 年最远无线传输距离已达 20多千米，曾测试过南京江宁区胜太路—中山陵、浦口区老山，成都武侯区—龙泉驿等多段距离。同时，C-MAC 无线模块成本低廉，可大大降低各种互联网应用的成本，更加适合在互联网产业大规模推广。在工业和信息化部等部门的大力支持下，有望成为互联网远距离通用标准之一。

自江苏龙睿物联网科技发展有限公司成立以来，取得的奖项与成就数不胜数。江苏龙睿物联网科技发展有限公司先后获 4 项人才计划和 10 项科技计划支持。互联网网关荣获科技进步奖与国家工业和信息化部"中国芯"评选——"最具创新应用产品奖"，并作为 2012 年中国北京国际科技产业博览会和中国专利交易展第一个重点签约合作项目，中央电视台新闻联播给予报道。智能家居方面，与王牌企业 TCL 比肩，获得国家工业和信息化部互联网年度解决方案。智能农业方面，获南京市成长型软件企业创新项目重点支持。大棚温室环境监控等 11 个示范工程及 C-MAC 等 5 个软硬件支撑平台共 16 个项目先后入选 2012～2013 年"南京市互联网产业重点项目"计划，占"南京市物联网产业重点项目"计划数的 5%。在陈勇的带领下，江苏龙睿物联网科技发展有限公司正以一种良好的态势积极蓬勃的向前发展，在未来的规划中。企业将继续秉承陈勇"中国需要中国芯、民族芯"的理念，参与芯片和互联网国家(行业)标准和政策制定，建设核心软硬件全国产化的芯片和互联网联盟，立志成为全球领先的核心 SOC 芯片和互联网企业。

2013 年，陈勇参加了首届江苏科技创业大赛并获得了初创企业组三等奖的好成绩。赛后，江苏龙睿物联网科技发展有限公司获得了江苏省科技厅给予大赛获奖项目的省创新资金计划支持 30 万元，还获得了国家创新基金计划支持 100 万元。同时，江苏银行科技支行关注到了陈勇的企业，并向他伸出援助之手，先期给予该公司 200 万元贷款。在江苏银行科技支行的对口帮助下，陈勇和创业团队在资金上不再烦忧，他们专注于技术的研发和产品的开发，让企业获得了迅猛的发展，江苏龙睿物联网科技发展有限公司 2013 年的销售额只有几百万元，但 2014 年达到了 2 000 万元。

9.5.2　案例二：纳米精英归国创业，用科技改变生活

卖掉了在美国和中国上海的房子，只为自己的创业梦。"我就是想挑战，以前长期做技术，现在想挑战做市场，为什么卖房子也要创业，因为我就是喜欢。"一说到创业，韩杰博士就特别来精神，2008 年从美国加利福尼亚大学辞职回国创业后，韩杰博士就忙活起来了，亲自跑医院与患者接触，他的这一系列举动也被江苏科技创业大赛评委称为接地气的海归。

韩杰博士作为中国内地进入美国航空航天局工作的第一人，曾先后担任美国与中国的国家纳米技术中心主任及企业高管，因为对纳米技术的杰出贡献登上《时代周刊》和《纽约时报》，履历足够让人崇拜，在自己年届五旬之时，却做了一件让人跌落眼镜的事：舍弃在美国高薪舒适的生活，到无锡白手创业，原因仅仅是"我在科学家领域里已做到顶了，发展的空间不多了，不如换种活法吧"。事实上，对韩杰博士来说，创业并不陌生，两次"下海"经历让他的创业路与海归有着本质的区别。"创业的原始冲动是技术，第二层冲动是市场。"韩杰博士在无锡开启的项目是纳米传感技术在医疗领域中的使用，只需对着一台与普通打印机差不多大小的机器吹口气，不到一分钟就能知道自己的呼吸道、心血管和肠胃道有没有病变。"技术成熟领先，市场需求广泛只是创业的基础，一个成熟创业者更需要团队的支撑。"在 2008 年正式在无锡注册公司之前，韩杰博士说服了自己曾在国际企业担任人事高管的朋友，于是几个志同道合的老友组成了涵盖研发、营销、生产环节的团队。2009 年，韩杰博士和其团队正式落户无锡。做好充分准备的尚沃医疗科技有限公司仅用了一年时间就获得了其他医疗企业起码花费三年时间才能取得的医疗器械生产许可证和产品注册证。一切看似顺风顺水，但也蕴

藏着很大的风险。韩杰博士发现，由于在国内采购的配件质量良莠不齐，企业终端检测结果的准确率受到严重影响。解决不了配件问题，产品根本进不了市场，这个头疼的问题困扰了韩杰团队许久，甚至一度产生了退出医疗领域另找方向的想法。"不能改变别人，就改变自己"。通过研发，尚沃医疗科技有限公司的产品增加了"自标定"特性，即每次使用后仪器可以自我校订准确率，单是这个特性就能大大增加产品的竞争力。

尚沃医疗科技有限公司的分子诊断呼吸传感器与检测仪医疗器械电子产品能够对呼吸道、肠胃道、心血管等常见多发慢性疾病及癌症进行快速筛查与分子诊断，仅呼吸道就可以检测出十几种疾病，检出准确率达到 90％以上。这种技术全世界只有 3 家公司拥有，而尚沃医疗科技有限公司则是国内唯一一家。尚沃医疗科技有限公司从 2010 年产值 300 万元到 2012 年的 1 000 万元，有员工 50 多人。2013 年，根据当时在手的订单，尚沃医疗科技有限公司产值起码达到 6 000 万元，但韩杰博士却只定下了 3 000 万元的目标。"在诱惑面前，也要懂得坚守。"韩杰博士对企业有着清晰的认识，虽然产能可以达到，但医疗器械需要专业化的营销人才进行推广和落地，而这点正是尚沃医疗科技有限公司目前的短腿。"稳扎稳打"是其始终坚守的线路。一家初创企业面临的最大瓶颈仍然是资金短缺。作为无锡市引进海外领军人才创办的"530"计划 A 类企业，尚沃医疗科技有限公司获得了政府提供的 100 万元的资金补贴，而参加首届江苏科技创业大赛为企业融资提供了更多的机会。韩杰博士说，他们一参加这个比赛就有很多创投公司打电话、发短信来询问。他说道，"我们现在生存没有问题，但是需要快速做大就需要资本。科技创业大赛在这上面为我们带来了方便"。赛后尚沃医疗科技有限公司接触了十余家创投机构，获得了江苏省科技厅给予大赛获奖项目的江苏省创新资金计划支持 30 万元。

9.5.3 紧抓"单丝"不放，科技创新不止

对于"单丝"这个名词，你第一次听到可能对它会很模糊，但如果告诉你单丝就是像单根的头发丝一样，有各种材质，你就会明白了。我们生活中有许多日常用品都与单丝息息相关，如钓鱼线、刷子、假发，还有女孩常用的有弹性的发圈、尼龙拉链等。南通新帝克纺织化纤有限公司生产的单丝产品除了用于生活用品外，更多地应用于交通、装饰、过滤、现代农业等领域，其柔韧、高强、耐磨的性质，提高了产品的质量水平，拓宽了应用领域。

　　南通新帝克纺织化纤有限公司，坐落于江苏省南通市港闸区闸西工贸园内，看上去很不起眼的一个企业，近年来却获得了 4 项国家发明专利、30 项实用新型专利，产品被列为国家重点新产品计划，南通新帝克纺织化纤有限公司获得了国家高新技术企业、江苏省创业型企业、南通市"瞪羚"企业等称号，这么小的企业却有如此多的光芒，这让人们感到惊讶。马海燕经常对自己的合作伙伴或朋友这样说起，"企业和人一样，只要选对了自己的方向，并努力行动，就很有可能会成功，若选错了方向，或许会暂时获得成功，但注定会失败"。2003 年，一次偶然的机会，马海燕从《国际化纤》杂志上看到一篇介绍"单丝 monofilament"产品的论文，其科技的含量及发展前景，深深吸引了马海燕，当时国内对单丝的研究很少，生产企业寥寥无几，凭着对专业领域的了解，马海燕认为自己可以在单丝产业闯下一片新天地，也许当时有些异想天开，不过马海燕和几个伙伴说干就干。根据市场考察，他们发现拉链的需求量最多，便决定生产尼龙拉链的单丝原料，并买了一台二手机器。然而，当他们开始决定生产时，却发现不仅找不到操作员，甚至连这方面的培训机构都没有。原来，由于商业秘密，单丝生产行业之间几乎是互不来往、没有交流的。急坏了的几人，凭着自己完全不搭界的知识，上国外网站找资料，找技术工人，甚至自己亲自操作。2003～2005 年，几个人就专注一件事，即把尼龙拉链单丝生产出来。功夫不负有心人，经过整整两年的努力，他们终于试出了完整的单丝。然而，当他们兴奋地准备批量生产时，却发现此时的拉链行业已没有利润了。这时大家都懵了，仿佛跌入了悬崖，可想而知，作为主要创始人的马海燕当时心里是多么的悲伤，但其没有泄气，通过深入的思考，他认为只是选择的产品方向不对，需要进行产品方向的调整。就这样经过两年生产、研发经验的积累，马海燕调整了企业发展方向，坚持了 10 年，如今的南通新帝克纺织化纤有限公司已是全国规模最大、种类最齐全的单丝生产企业。

　　如果说电影《中国合伙人》打造的是中国人的寻梦故事，那么南通新帝克纺织化纤有限公司三位南通合伙人，则是我们身边活生生的励志典型。面对光亮一瞬又熄灭的未来，马海燕、马海冬及杨西峰三人没有放弃，也不想走回头路。拉链单丝无法生产了，却在试验过程中积累了丰富的经验，他们开始研究、开发其他单丝产品。涤纶单丝、锦纶单丝、丙纶单丝、聚乙烯单丝……随着单丝产品种类的增多，南通新帝克纺织化纤有限公司的市场也逐渐在扩大。2007 年起企业开始以每年 40%的增长速度成长，产品远销美国、欧洲、南美、印度等多个国家和地区。马海燕、杨西峰及马海冬这三个中国合伙人如今谁也离不开谁了，正因为自己的经历，他们心里对人才的渴望也越来越深。在长期的相处中，他们也积累了一套自己选拔人才的方法。由于策略得当，南通新帝克纺织化纤有限公司这个小企业较好地解决了招工难、用工荒和人才短缺的难题。在近年小企业经营环境特别严峻，经济形势不利因素较多的情况下，南通新帝克纺织化纤有限公司仍得到了较快发展。八年五大步，2012 年，南通新帝克纺织化纤有限公司销售额突破了亿元大关，并且被评为国家高科技企业、南通市港闸区明星企业等。生产的单丝获南通市名牌产品称号。企业需新发展，技术要不断创新。例如，生活中经常看到的割草机，最大的缺点是噪声和振动较大，如果使用不慎，断裂的刀片也会给人带来伤害。而国外已开始使用的割草线，则避免了以上不足。南通新帝克纺织化纤有限公司看准了这一市场的巨大潜力，经过反复研究，加入了化学合成耐磨材料，生产的割草线让国外客户非常满意。起初割草线是圆形的，为了提高割草效率，杨西峰用现有技术把割草线改成方形。但随后杨西峰又发现，方形割草线虽然提高了效率，但面对枯草还是无能为力。为了满足国外客户的需求，反复实验，决定把割草线改成锯齿状。为此杨西峰运用以前的技术，制作了涡轮刀具，这样刀具在旋转时就可把割草线切成锯齿状。然而，真正操作起来却并不成功，由于割草线直径只有 5 毫米，锯齿不是切割得不均匀，就是因为误差切断，而且刀片在高速运转中磨损很快。虽然当前的产品，完全可以满足市场需要，但杨西峰不离不弃，绞尽脑汁，一定要研制出锯齿状的割草线来。一个偶然的机会，杨西峰在一家刀具店里加工刀具时，一位老师傅不经意间提出："为什么不把涡轮刀具改为竖直上下切割的刀具呢？"一语惊醒梦中人，杨西峰立即动手设计工具进行操作，一切问题果然都迎刃而解，锯齿状的割草线很快生产出来，并获得国家专利。杨西峰说："这种新型割草线的研制花了整整一年的时间，几乎 90% 的时间都是失败再失败，偏偏就是最后的 10%，因为老师傅不经意的一句话，给了我灵感，最终获得成功。"南通新帝克纺织化纤有限公司类似的科技创新还有很多。例如，南通新帝克纺织化纤有限公司生产的新型钓鱼线只有头发丝那么细，却足以在海里吊起 5 千克左右的大鱼，在江苏省第三届民间发明大赛上获得了科技发明三等奖。又如，南通新帝克纺织化纤有限公司开发出一种用于电厂除尘、脱硫装置的导电长丝等系列产品，最高耐温达 280 摄氏度，有效降低电厂三废产生，节能环保。隆隆的机器声中，从专业设备上不断喷吐出根根银丝。截至 2014 年，南通新帝克纺织化纤有限公司已开发出系列单丝产品 3 万多种，公司也发展到 200 多名员工，并与东华大学、苏州大学及南通大学建立了紧密的联系。

作为首届江苏科技创业大赛成长企业组二等奖获得者，南通新帝克纺织化纤有限公司借助江苏科技创业大赛平台，其社会知名度得以提高的同时，更多是得到了当地主管部门及包括银行、创投机构在内的社会金融资源的大力支持。南通新帝克纺织化纤有限公司借此扩大生产规模，加快后备产品开发进程，拓展新产品、新工艺，于 2013 年实现销售收入 12 462 万元，同比增长 18％。2014 年 1 月 22 日，南通新帝克纺织化纤有限公司在上海股权交易托管中心成功挂牌，并获得了江苏省科技厅给予大赛获奖项目的江苏省科技支撑计划支持 100 万元。

第10章

江苏省科技创业服务链建设发展思路

10.1 指导思想

深入贯彻落实国务院印发的《国务院关于加快科技服务业发展的若干意见》（国发〔2014〕49号），以实施创新驱动发展战略为统领，将提升自主创新创业、释放市场活力作为引导创新创业活动重要的出发点和落脚点，紧扣"迈上新台阶、建设新江苏"发展定位，主动把握和积极适应经济发展新常态，抢抓国家深入实施"一带一路"、"长江经济带"、苏南国家自主创新示范区及江苏沿海开发等重要战略机遇，按照立足高端、顶层设计、放眼全球、引领未来的原则，以深化改革为动力，以构建江苏科技创业服务链建设为核心，以营造良好创新创业环境为目标，以激发全社会创新创业活力为主线，以构建众创空间等创新创业载体为突破口，借鉴"互联网＋"全新的理念和模式，有效整合资源，完善政策措施，健全科技创业服务体系，进一步转变政府职能，用政府权力的"减法"换取创新创业热情的"乘法"，依靠市场机制和产业化创新，大力培育创新创业文化，进一步夯实创新驱动发展的社会基础，着力促进大众创业、万众创新。

10.2　总体目标

到 2020 年年底，基本形成覆盖科技创业全链条的科技创业服务体系，科技创业服务能力大幅增强，科技创业服务市场化水平和国际竞争力明显提升，拥有一批知名品牌的科技创业服务机构和龙头企业，形成开放、高效、富有活力的创业生态系统，打造一条完善、健全的科技创业服务链，呈现出创业要素集聚、孵化主体多元、创业服务专业、创业活动活跃、各类创业主体协同发展的良好局面。

——科技创业服务体系更加完善。适应科技经济发展需求的创业新模式不断涌现，众创空间等新型孵化器超过 500 家，各类科技创业载体超过 1 000 家，创业服务聚集区达 10 个以上。

——科技创业服务资源高度集聚。聚集一批天使投资机构和天使投资人，创业投资机构超过 350 家，管理资金规模超过 2 500 亿元；科技金融风险补偿资金池规模达 100 亿元，支持 20 000 家科技创业企业；科技咨询、知识产权服务等科技服务机构密集，创业导师超过 3 000 人。

——创业文化氛围更加浓厚。以新时期江苏"三创三先"精神为引导，全社会形成鼓励创新、宽容失败的创业文化，举办各类创业大赛、创业沙龙、创业培训等活动超过 5 000 场。

10.3　建设原则

10.3.1　市场导向原则

在市场经济条件下，市场需求是企业赖以生存和发展的基础。科技资源的配置、科技创业服务机构的设立和运营都必须坚持市场导向。过去，科技创业服务的发展主要是靠政府部门推动，这在市场经济发展的初期很有必要。因为科技创业服务业是风险与正外部性并存的行业，因此，没有政府部门的推动很难发展起来。但是，正如同国有经济垄断经营必然会出现种种弊端一样，科技创业服务的发展必须走市场化道路。只有坚持市场导向，才能有效整合产学研等各方面的科技资源，才能激发企业和社会的创新活力，才能加快技术创新成果产业化。因此，在科技创业服务的发展过程中，必须按市场经济规律办事，充分发挥市场机制配置科技资源中的决定性作用和政府提供公共服务的职能作用。一方面，科技创业服务机构的设立必须坚持市场导向，根据市场的需求而设立和从事各种科技服务活动；另一方面要真正赋予科技创业服务机构以独立的市场主体地位并把它推向市场，使之真正做到自主经营、自负盈亏、自我约束和自我发展。

10.3.2 企业主体原则

企业是市场经济的主体，也是科技服务业的主体。在科技创业服务的发展过程中，必须尊重企业根据市场需求对科技资源、科技研发和科技服务的自主选择，使企业真正成为科技创业服务的投资主体、研发主体和科技成果转化主体。从江苏省的现实情况看，要确立科技服务企业的主体地位，就必须做好两方面的工作：一是做好现有国有科技创业服务机构的改制工作。隶属政府部门的科技创业服务机构要建设现代企业制度，尽快在财务、人事、经营决策上进行改制，使之真正成为自主经营、自负盈亏、自我约束、自我发展的企业法人。二是大力发展民营科技创业服务机构。民营科技创业服务机构的体制、机制灵活，市场适应性强，在经营、服务方面具有独特的优势。因此，必须把发展民营科技创业服务机构作为江苏科技创业服务发展的重点，着力在融资、人才、基础设施等方面为民营科技创业服务机构的发展创造良好的外部环境。

10.3.3 资源整合原则

加快江苏科技服务业的发展，必须充分发挥市场在科技资源配置中的决定性作用，必须充分利用和有效整合各方面的科技资源进行重点攻关，通过原始创新、集成创新、引进消化吸收再创新相结合，大力开展具有自主知识产权的核心技术和关键技术的研究开发，加快科研成果专利化、专利技术产业化进程。

一是加大科技创业服务的开放力度，在更大范围和更高层次上吸引更多国内外科技资源集聚江苏，参与江苏建设。

二是坚持以人为本的原则，重点培养和造就科技人才队伍，包括从事科技创业服务的企业家及管理专家，以及从事科技创业服务的科技专家。

三是采取专利技术引进策略，通过引进、消化、吸收再创新，从而形成自主知识产权。大力推动企业实施名牌战略，引导企业采用国际标准和国内先进标准进行标准化生产，引导和支持企业培育和打造驰名商标、著名商标及名优名牌产品，提高企业产品的技术含量和附加值，提高企业的核心竞争力。

10.3.4　产业协调原则

产业协调是指各产业之间在质上相适应，在量上比例恰当。任何一个产业都处于与其他产业的联系中，这种联系形成了众多的产业链条，在产业链条中，每一个产业都有其前向联系部门和后向联系部门，每一产业既需要利用外界的资源来不断发展自己，也会不断向外界提供各种产品，各产业也都必须适应环境的变化。从科技创业服务发展生态看，科技创业服务机构不仅为其他产业提供科技服务活动，而且其内部各种群之间、群落之间也需要相互提供服务。这种产业之间及产业与环境之间的相互依存、相互作用关系，客观上要求科技创业服务机构之间、科技创业服务与其他产业之间、科技创业服务产业与环境之间必须保持协调和相适应，才能保证科技创业服务业持续、健康、稳定的发展。

10.4　主要任务

围绕众创空间建设、创业服务提升、科技金融创新、创新服务平台建设、创新人才培育、创新文化培育等关键环节，组织实施六大工程，着力打造具有国际影响力的科技创业服务链，完善科技创业服务体系，构建江苏科技创业生态系统。

10.4.1　众创空间建设工程

吸引行业领军企业、创业投资机构、社会组织等社会力量积极参与，着力构建一批适应大众创新创业需求的低成本、便利化、全要素、开放式的众创空间，为科技创业者提供良好的工作空间、网络空间、社交空间和资源共享空间，实现线上与线下相结合、孵化与投资相结合。

——加快发展创客空间等新型孵化器。充分发挥市场配置资源的决定性作用，进一步创新孵化形态，按照"统筹规划、合理布局、特色鲜明"的原则，支持社会资本或行业龙头骨干企业，高效整合人才、技术、资本、市场等各种要素，兴办主要面向科技创业者的具有新服务、新模式等特征的新型孵化机构，加快实现省级及以上高新区创新型孵化器全覆盖。同时，鼓励传统孵化器体制机制转换和模式创新。推动传统孵化器与新型创业服务机构开展深层次合作,发挥传统孵化器的基础设施和新型创业服务机构的专业服务互补优势,继续健全"创业苗圃—孵化器—加速器"孵化链,为初创企业提供全流程服务。

——积极实施孵化器建设"引进来、走出去"战略。鼓励国际知名孵化器进行新建、参股、合作或受托运营管理孵化器,鼓励组建江苏创业孵化联盟,借鉴硅谷等世界一流创新要素集聚区创办孵化器的成功经验,集聚世界一流技术、产品及人才,推动孵化项目落地江苏省进行转移转化和实现产业化。

10.4.2 创业服务提升工程

推进建立市场主导、政府支持的科技创业服务体系,支持创业服务集聚区、骨干创业服务机构、网络化骨干公共服务平台、创业导师队伍等的专业能力建设,为创业企业提供从创业项目到产业化的全过程服务。

——培育一支高端化的创业导师队伍。支持各类创业服务平台聘请成功创业者、天使投资人、知名专家担任创业导师,深入众创空间等孵化载体,为科技创业者提供创业培训、创业辅导、创投对接等服务,鼓励创业导师与被辅导企业形成"投资"关系,建立创业者与创业导师共赢机制。

——提升科技企业孵化器服务能力。在现有科技企业孵化器市、县(区)全覆盖的基础上,着力推动科技企业孵化器建设由量的发展向质的提升转变。支持有条件的国家级孵化器加快建设成为世界一流创新创业载体,提高参与国际竞争的能力。推动一批省级孵化器升级为国家级孵化器,将符合条件的新型孵化器纳入省级科技企业孵化器管理,推荐优秀创新型孵化器列入国家科技企业孵化器管理。鼓励孵化器及其管理人员持股孵化,充分调动从业人员积极性。鼓励孵化器与创业投资机构合作,采取"创投+孵化"的发展模式,实现孵化体系内资金和项目的共享。

10.4.3 科技金融创新工程

发挥金融创新对科技创业的助推作用,培育壮大创业投资和资本市场,提高信贷支持创新的灵活性和便利性,形成各类金融工具协同支持创业的良好局面。

——加速发展以"首投"为重点的创业投资,建立和完善天使投资风险补偿机制,不断扩大天使投资引导资金规模,吸引更多专业化天使投资机构支持小微企业发展。引导社会资金、民营资本开展天使投资,省级以上科技企业孵化器要普遍建立天使投资(种子)资金，培育天使投资机构和天使投资人，促进天使投资支持种子期、初创期科技型中小企业发展壮大。

——继续推进以"首贷"为重点的科技信贷，开展区域科技贷款风险补偿资金池试点，建立江苏省统一的科技企业库，完善快速补偿机制，提高财政资金风险容忍度。积极创新科技金融服务和产品，鼓励发展众筹、互联网金融、普惠金融、小微银行等科技金融服务方式，增强科技金融对大众创新创业的服务能力。

——发挥多层次资本市场的枢纽作用，引导和鼓励科技创业企业在股权众筹平台、区域股权交易市场进行展示挂牌和融资。以"新三板"、创业板、中小板为重点，集成各类科技计划和地方上市补贴资金，加强上市培育辅导，推进股份制改造，加快科技企业上市步伐。

——积极推进科技金融公共服务平台建设。采取线上和线下相结合的方式，通过项目对接、融资培训等多种方式加强企业和金融机构的对接。同时大力推进互联网金融信用信息平台建设，积极探索基于大数据的信用评价和征信管理机制。

10.4.4　创业服务平台建设工程

推进"互联网+"行动计划，利用移动互联网、云计算、大数据、互联网等技术，提供专业化配套服务，加快跨地区综合性服务平台建设，推动科技服务业集聚发展。建立一批以众创空间为龙头，科技咨询机构、投资机构、会计师事务所、律师事务所、知识产权机构、技术交易机构、产权交易市场等集聚发展的创业服务平台集聚区，为科技创业企业提供科学化、标准化、便利化的公共服务。

——加快"江苏创新创业云服务平台"建设。整合区域创业资源，通过云计算、大数据等技术，建立科技创新创业云服务平台，实现科技资源、科技数据、科技服务和科技管理的互联互通、开放共享。依托高等院校和科研院所建设网络化公共服务平台，加快满足互联网、3D打印、个性化定制、众筹融资等创新创业新需求，促进众创空间与产业创新的有机结合。建设一批虚拟实验室，以市场机制和信息网络技术，实现大型科学仪器、分析测试人才、测试方法及标准等与纳米、医疗器械、磨具、环保设备、互联网、生物医药等专业孵化器的有效对接，为科技型小微企业提供更专业更便捷的科技服务。

——加快科技研发平台建设。科技研发平台包括产学研合作平台，及各种研发中心、技术中心、工程中心、重点实验室等。科技研发平台是推动科技创新、提高自主创新能力的重要载体。通过科技研发平台，可以汇集产学研等各方面的人才和整合各方面的科技资源来开展科技攻关，研究解决产业发展中的关键技术、核心技术和共性技术，提高科技成果的转化率，提高产业的技术水平和竞争力。科技研发平台建设应重点从政策与资金方面给予扶持和推动，建立有利于技术创新和科技成果转化的有效机制，提高自主创新能力。

——加快资源共享平台建设。资源共享平台建设要破除科技资源的拥有者、经营者、使用者之间的种种壁垒，利用现代化网络技术，通过建立公共科技资源共享网络，来整合政府部门、高等院校、科研院所和大型企业的科技资源，实现科技人才、科技信息及科学仪器设备等资源的共享与互相交流、互通有无，实现科技成果网上交易、科技服务网上服务，实现研发资源共享、信息资源共享，促进产学研之间的紧密结合，让企业或科技服务机构及其从业人员能够以较低成本获取信息，降低科技服务成本，提高其经济效益。

10.4.5 创业人才培育工程

充分释放全社会创业潜力，推动更多的群体投身创业，使创业成为一种价值导向、生活方式和时代气息。

——更加注重开展面向大学生等各类青年创业者的创业教育。推进实施大学生创业引领计划，鼓励高等院校普遍开设创业教育课程并纳入学分管理。支持高等院校及科研院所开办创新创业学院，建设与创业教育相适应的、专兼职结合的高素质创业教育教师队伍，通过全新的教育理念和教育方式，为大学生开展创业教育。高等院校进一步创新运营机制和管理模式，划出一定的空间，免费用于大学生创业实践活动，为创业者提供更加优惠和便捷的中试开发、技术转移、成果孵化等专业服务。

——积极支持大企业高管及连续创业者再创业。进一步畅通科技人员创业通道。推进创新型领军企业和行业龙头骨干企业学习借鉴阿里巴巴、华为、腾讯等知名企业经验，凭借技术、平台、管理等优势和产业整合能力，提供资金、技术和服务，开展产业孵化和创业新业态，裂变出更多具有前沿技术和全新商业模式的创新型企业。

——吸引留学归国人员创新创业。深入实施高层次人才引进计划，切实发挥好中组部海外高层次人才创新创业基地作用，积极加强与海外人才服务机构的合作，重点引进一批具有国际视野和拥有国际领先成果的高层次领军人才到江苏创业发展。

10.4.6　创业文化培育工程

不断丰富创业活动，打造创业文化品牌，让创业文化贯穿于经济社会发展的全过程，在全社会形成浓厚的创业文化氛围。

——做好已有创业活动的宣传和推广，塑造区域创业文化品牌形象。继续支持办好中国创新创业大赛、江苏科技创业大赛等创业大赛活动。深化科技创业活动品牌，如"江苏科技创业周"、"江苏省大学生科技创业训练营"、"天使下午茶"及"领军秀"等，展示创业成就，弘扬创业文化。

——不断创造创新活动内容和形式，为大众创业者提供低成本、公益性、开放共享的服务平台。围绕大众创新创业需求，组织各具特色的创新创业竞赛和活动。支持有条件的区域每年轮流举办常规性的创客活动，如"创客马拉松比赛"等。适时表彰一批有创业特色、有创新建树、有引领作用的地区、单位和个人，并利用各种媒介广泛宣传。

10.5　保障措施

10.5.1　强化专业人才队伍建设

立足主导业务，兼顾拓展业务，努力建设一支符合推进大众创业、万众创新工作要求的专业服务人才队伍。加强培训现有人才，注重加强科技金融服务、创投管理服务等紧缺高层次人才的引进。面向科技创业服务的需求，引进和培养一批懂技术、懂市场、懂管理的复合型科技服务高端人才。

10.5.2　发挥财政资金引导作用

实施科技服务骨干机构后补助，加大对众创空间、苗圃等的支持力度，降低创业成本。启动实施各项奖励计划，采取创客红包、科技创业补助、创新券等方式，广泛吸引海内外创客集聚江苏。鼓励创客参加各类科技创业大赛，对大赛获奖的企业及创业团队技术研发项目，纳入江苏省科技型企业技术创新资金和重点研发计划(产业前瞻与共性关键技术)立项支持。加强江苏省高层次创新创业人才引进计划和江苏省各类科技计划与地方的联动，进一步加大对创新创业者及科技创业企业的集成支持力度。鼓励各地通过政府购买服务等方式，对"众创空间"等创业载体给予适当补贴。调整优化相关资金（基金）的使用方向和使用方式，加大力度，优先支持创业人才和创业企业。

10.5.3　加大政策支持力度

加快推进商事制度改革，对众创空间等新型孵化机构内的科技创业企业放宽注册条件，简化注册手续，提供工商注册便利。积极落实向自主创新示范区推广的十条政策，执行好现有国家和江苏省针对小微企业的各项税收优惠政策，落实国家级科技企业孵化器和大学科技园的房产税、城镇土地使用税和营业税优惠政策。

10.5.4　实施动态考核评价

建立和完善科技创业统计及定期发布制度，研究制定江苏省众创空间建设绩效评价办法，建立针对众创空间特点，突出创新活力与能力，涵盖体制机制创新、服务标准规范、创业人才引进和企业成长培育等内容的立体化评估体系，定期组织开展评估，并将结果以适当方式进行公布。

10.5.5　营造创新创业氛围

大力倡导开放合作多方共赢的文化理念。开放合作，是加快创业服务业务发展的重要举措。及时总结各地好的做法和有效模式，提炼形成可复制的经验逐步推广。组织典型经验交流，利用各种媒介广泛宣传，引导更多的社会力量关注和支持，同时支持江苏省条件成熟的高等院校与科研院所和企业创办"创业学院"，支持高等院校与科研院所开设系统化、专业化的创业教育课程和创业培训，真正形成政府鼓励创业、社会创新创业、大众积极创业的良好发展环境。

参考文献

[1]李娟. 科技创业[M]. 武汉：华中科技大学出版社，2011：5-7.

[2]理查德·坎帝隆. 商业性质概论[M]. 余永定，徐寿冠译. 北京：商务印书馆，1986：11-12.

[3]Singh R P. A comment on developing the field of entrepreneurship through the study opportunity recognition and exploitation[J]. The Academy of Management Review，2001，26(1)：10-12.

[4]Pathak H N. Book reviews：new business ventures and the entrepreneur，homewood，Ill：Irwin，1989[J]. Journal of Entrepreneurship，1992，1(2)：261-263.

[5]Shane S，Venkataraman S. The promise of entrepreneurship as a field of research[J]. Academy of Management Review，2001，25(1)：218-219.

[6]Timmons J A. 战略与商业机会[M]. 周伟民，田颖枝译. 北京：华夏出版社，2002：56-57.

[7]雷家骕. 从创业到创业管理 创业的本质是创新[J]. 清华管理评论，2012，3：26.

[8]张健，姜彦福，林强. 创业理论研究与发展动态[J]. 经济学动态，2003，5：71-72.

[9]刘志阳. 创业管理[M]. 上海：上海人民出版社，2012：10.

[10]吴瑞君，尹雯雯. 华侨华人创业的模式及其影响因素分析[J]. 华侨华人历史研究，2010，1：16-22.

[11]戚湧，郭逸. 创新创智促进江苏创业创富的实证研究[J]. 科技进步与对策，2014，31：28-32.

[12]卢旭东. 创业学概论[M]. 杭州：浙江大学出版社，2002：89-91.

[13]戚湧，朱婷婷，郭逸. 科技成果市场转化模式与效率评价研究[J]. 中国软科学，2015，6：186-187.

[14]张小娅，熊威. 科技创业与科技创业经济的内涵与特征[J]. 科技创业，2008，7：24-25.

[15]李新华，曲广伟，谢百盛. 欧盟经验带给上海科技创业服务体系的思考[J]. 华东科技，2011，8：55-56.

[16]李向辉，李艳茹. 美国硅谷科技创业经验研究[J]. 江苏科技信息，2014，2：11-12.

[17]胡品平. 中关村创业服务的新业态、新模式及对我省的启示[J]. 广东科技，2015，3：80-81.

[18]顾琴轩. 绩效管理[M]. 上海：上海交通大学出版社，2009：3-5.

[19]李业昆. 绩效管理系统[M]. 北京：华夏出版社，2011：8-10.

[20]刘玲利. 科技资源配置理论与配置效率研究[D]. 吉林大学博士学位论文，2007.

[21]戚湧，张明，李太生. 基于 Malmquist 指数的江苏创新资源整合共享效率评价[J]. 中国软科学，2013，10：101-110.

[22]周英豪，骆光林. 中美科技企业孵化器发展的比较及启示[J]. 中国流通经济，2011，8：89-92.

[23]李新科. 企业孵化器的建设、发展及实证研究[D]. 重庆大学硕士学位论文，2012.

[24]曹晓蕾，吴如忠. 以色列科技孵化器发展启示[J]. 域外瞭望，2014，2：77-78.

[25]梁滢. 科技企业孵化器存在的问题及其对策——以河北清华发展研究院为例[D]. 中央民族大学硕士学位论文，2012.

[26]Rogers E M. The nature of technology transfer[J]. Science Communication，2002，23：41.

[27]Somsuk N. University-industry technology transferprogramme's success analysis：using the analytic hierarchy process based mode1[C]. Industrial Energineering and Energineering Management(IEEM)，2010IEEE International Conference on.

[28]张俊芳，郭戎. 我国科技成果转化的现状分析及政策建议[J]. 中国软科学，2011，11：137-138.

[29]石善冲. 科技成果转化评价指标体系研究[J]. 科学学与科学技术管理，2003，6：31-32.

[30]徐国兴，贾中华. 科技成果转化和技术转移的比较及其政策含义[J]. 中国发展，2010，3：45-49.

[31]杨善林，郑丽，冯南平，等. 技术转移与科技成果转化的认识及比较[J]. 中国科技论坛，2013，24：116-122.

[32]傅正华. 我国技术转移的理论与实践[M]. 北京：中国经济出版，2007：149-150.

[33]王经亚，陈松. 德国技术转移体系分析及借鉴[J]. 经济研究导刊，2009，8：203-204.

[34]王经亚. 技术交易市场研究——以上海技术交易市场为例[D]. 同济大学硕士学位论文，2009.

[35]金为民. 中国技术市场现状分析及发展原因探析[D]. 中国科学技术大学硕士学位论文，2009.

[36]赵昌文，陈春发，唐英凯. 科技金融[M]. 北京：科学出版社，2009：24.

[37]洪银兴. 科技金融及其培育[J]. 经济学家，2011，6：23-24.

[38]裴平. 加快江苏科技金融创新与发展[J]. 金融纵横，2011，10：8-9.

[39]曹颖，尤建新，卢锐，等. 我国科技金融发展指数实证研究[J]. 中国管理科学，2011，3：136-137.

[40]王宏起，徐玉莲. 科技创新与科技金融协同度模型及其应用研究[J]. 中国软科学，2012，6：129-130.

[41]汪泉，史先诚. 科技金融的定义、内涵与实践浅析[J]. 上海金融，2013，9：113-114.

[42]李森，王海江，杨克亮. 科技金融服务机构运作模式探析[J]. 时代金融，2014，1：221-222.

[43]吕文栋，赵杨，彭彬. 科技保险相关问题探析[J]. 保险研究，2008，2：36-37.

[44]邵学清. 对科技保险试点的经验总结与展望[J]. 中国科技论坛，2009，4：43-44.

[45]胡慧源，王京安. 政策性科技保险存在的经济学分析[J]. 科技进步与对策，2010，7：102-103.

[46]黄英君，赵雄，蔡永清. 我国政策性科技保险的最优补贴规模研究[J]. 保险研究，2012，9：64-65.

[47]何光辉，杨咸月. 中国中小企业融资担保发展的理论研究[J]. 财经研究，2000，8：27-28.

[48]赵露璐. 论美国的金融导向型经济[J]. 现代商贸工业，2008，20：166-167.

[49]金珊珊，雷鸣. 日本科技创新金融支持体系的发展模式及启示[J]. 长春大学学报，2013，9：1099-1100.

[50]卢珊. 金融机构对科技创新的引导与支持研究[D]. 哈尔滨理工大学硕士学位论文，2015.

[51]李心丹，束兰根. 科技金融：理论与实践[M]. 南京：南京大学出版社，2013：103-104.

[52]李彬，王迪. 科技金融结合的"绵阳模式"[N]. 人民政协报财经周刊，2011-12-06，BO4.

[53]肖泽磊，韩顺法，封思贤. 江苏省科技金融发展现状、问题和对策研究科技金融服务实践[J]. 科技与经济，2011，4：55-57.

[54]尚秀丽. 英国创业教育的成功可鉴之处[J]. 人才开发，2011，5：40-41.

[55]杨茂庆，袁琳. 基于德国经验的中国大学创业教育思考[J]. 职业技术教育，2011，10：84-88.

[56]徐佳. 韩国创业教育分析及启示[J]. 东方教育，2014，12：202-203.

[57]陈海滨. 创业大赛的作用分析——基于项目计划书和答辩的信号传递[D]. 暨南大学硕士学位论文，2007.

[58]金津，赵文华. 美国研究型大学顶级创业大赛的比较与借鉴[J]. 清华大学教育研究，2011，5：83-84.

[59]夏奇峰. 法国国家技术创新型企业创业大赛及其启示[J]. 中国科技奖励，2007，9：62-63.

附　　录

1. 江苏省高新技术创业服务中心简介

江苏省高新技术创业服务中心成立于 1996 年，是江苏省科技厅直属的公益性科研服务单位。1999 年 12 月被科技部批准为国家级高新技术创业服务中心，2001 年与江苏省技术市场实施整合，先后增挂"江苏省技术产权交易所"及"江苏省火炬计划管理中心"牌子。2012 年获批成立新的"江苏省高新技术创业服务中心(江苏省科技成果转化服务中心)"。

近年来，江苏省高新技术创业服务中心围绕高新技术企业培育及科技成果转化，不断健全完善服务江苏省、开放互动的科技创业服务体系，建设发展成为融科技创业孵化服务、技术交易服务、科技金融对接服务、火炬计划综合服务、科技创业咨询服务、科技创业大赛服务于一体的非营利性、公益型、社会化省级科技创业综合服务机构。

——科技创业孵化服务，以转化科技成果、孵化科技企业、培育科技型企业家为宗旨，为初创期科技型中小企业提供孵化场地、创业辅导及投融资等深层次孵化服务，与南京市江宁区、雨花区，镇江句容市等地方政府合作共建孵化器，孵化场地面积达 30 万平方米，构建"苗圃(中华路)—孵化器(江宁、雨花)—加速器(句容)—服务平台(广州路)"生态孵化链。协助推进江苏省企业孵化器建设发展，江苏省孵化器数量、孵化场地面积、在孵企业数等指标均居全国第一。有序开展省级民营科技企业确认工作，2014 年共确认省级民营科技企业 6 445 家，至此江苏省民营科技企业累计达 8 万余家。

——技术交易服务，在做好现场技术交易的同时，协助做好江苏省技术合同登记服务工作，完善技术交易服务体系，推进江苏省技术成果交易规模不断攀升。建立覆盖江苏省的技术合同登记认定服务平台，在江苏省发展技术合同登记认定工作分站点 8 个，江苏省已有超过 1 600 家企业、10 000 份合同通过系统完成网上申报。建立中国创新驿站江苏区域站点，截至 2014 年，已发展基层站点 13 家、服务站点 70 家，累计举办 42 期技术经纪人培训班，培训技术经纪人

2 500余名。开展职务技术成果挂牌转让与推介服务，2007年全国首推职务技术成果挂牌转让，截至2014年，共征集职务技术成果挂牌项目7 700余项，挂牌6 500余项，促成交易近1 100项。开展知识产权纠纷技术鉴定服务，2014年进行知识产权纠纷鉴定2项。

——科技金融对接服务，面向科技园区、科技企业，建设独具特色的江苏省科技金融信息服务平台，以省科技信息资源为支撑，有机整合江苏省3.5万家、8大类科技型企业资源信息，推动科技企业、科技项目与金融单位、投资机构经常性地有效对接。常年开展"创业新优客"对接活动，2014年先后在南京、泰州、徐州等地开展对接活动11场次，累计服务企业超过5 000家，共促成400余家企业获得贷款或授信7.4亿元，30多个项目实现股权投资，协议投资总额近1.2亿元。发起或受托运作创业扶持资金包括：江苏省新药创制发展资金，1998年12月由江苏省科技厅、财政厅联合设立，是国内最早的新药创制专业性风险投资资金；江苏省生物技术和新医药产业发展基金，2012年联合社会资本，牵头发起成立基金公司，基金规模达1.2亿元，重点投向初创期生物医药领域科技型企业；科技创业孵化资金，2014年发起成立，重点投向科技创业园区内科技企业。

——火炬计划综合服务，主要协助江苏省科技厅做好国家、江苏省创新基金和火炬计划项目的组织受理和跟踪服务工作，打造具有江苏特色的火炬计划项目服务体系。协助做好国家创新基金项目运行和管理服务，2014年江苏省共有344个项目获7.09亿元立项支持，居全国第一。协助做好国家火炬计划及项目管理服务，2014年江苏省共有337个项目获得立项，占全国22.6%，立项数首次跃居全国第一。协助做好国家重点新产品、江苏省高新技术产品认定服务，2014年江苏省共有146项产品列入国家重点新产品，占全国13.4%，居全国第一。江苏省高新技术产品受理认定持续增长。协助做好江苏省创新资金、创投引导资金运行和管理服务，江苏省创新资金是全国第一个专门针对科技企业孵化器内科技企业设立的科技计划。江苏省创新资金、江苏省创投引导资金已成为推动江苏省新兴产业发展的重要力量。

——科技创业咨询服务，是面向江苏省科技园区、科技企业，开展创业辅导、科技培训、政策咨询，提供综合性、专业化、一站式创业发展咨询服务。开展科技创业政策咨询服务，科技创业及政策咨询系统（www.jscyzx.com）已于2014年年初正式上线。建设科技创业培训服务平台，推进专业化境内外创业培训业务，2014年共举办各类培训30余场，其中面向园区、科技服务机构等，举办了 3 期孵化器从业人员培训、3 期技术经纪人培训、3 期孵化器中高级管理人员境外培训；面向孵化器内科技企业，开展"创业学堂"、"创业讲堂"和"创业殿堂"等分层次、体系化培训 20 场；面向参加江苏科技创业大赛参赛企业及团队，开办江苏科技创业大赛训练营；面向高等院校青年学生，开办江苏省大学生科技创业训练营。开展综合性知识产权及交易服务，整合科技要素资源，充分利用信息化手段，提供专业、优质的知识产权咨询、评估、运营及交易等全程服务。

——科技创业大赛服务，以常态化举办江苏科技创业大赛为路径，搭建"项目征集、辅导优化、路演竞赛、创投对接、宣传推介"科技型中小企业服务平台。2013 年和 2014 年连续两届科技创业大赛，都取得了报名总数居全国第一的成绩，国家大赛获奖数也保持全国前列。2014 年，江苏共有 9 个项目获奖，包括第一名 2 个、第二名 4 个、第三名 3 个，团队获奖数居全国第一。经过广泛发动、大力宣传、政策支持及后续服务，江苏科技创业大赛真正起到了渲染创新创业氛围，弘扬创新创业文化，搭建科技型中小企业服务平台的作用。

江苏省高新技术创业服务中心营造和谐氛围，完善民主决策机制，保障职工合法权益，改善职工收入和待遇，提升职工自我价值感，开展多种形式的文体活动，丰富职工文化生活。施行目标管理，强化岗位责任制，不断完善分配制度，实行绩效紧密挂钩，健全内部运行制度，提高规范化管理水平。积极创建文明单位，开展创先争优，树立先进形象，争创群众满意的窗口服务单位，创新表彰方式，鼓励员工立足岗位争优、瞄准同行创先。面向单位和社区困难家庭开展节日慰问、走访等活动，持续开展扶危济困、慈善募捐活动，积极参与驻地社区平安创建、军民联谊等活动。

江苏省高新技术创业服务中心是江苏省科技企业孵化器协会、江苏省民营科技企业协会、江苏省技术市场协会、江苏省药物研究与开发协会、江苏省天使投资联盟依托单位，江苏省创业投资协会副会长单位。江苏省高新技术创业服务中心现有业务管理岗位、服务保障岗位员工近 200 人，其中，中高级专业技术职称人员 45 名，拥有博士、硕士学历人员 41 名。江苏省高新技术创业服务中心主要资产有江苏科技大厦(南京市广州路 37 号，占地面积 12 000 平方米)，江苏创业大厦(南京市中华路 420 号，占地面积 8 000 平方米)。江苏省高新技术创业服务中心多项工作位居全国前列，是国家首批技术转移服务示范机构、国家火炬计划20 周年先进服务机构、全国技术市场统计工作先进集体、江苏省首批重点科技服务机构、江苏服务业名牌、中国创新驿站江苏区域站点。

2. 江苏省高新技术创业服务中心——科技创业服务链建设 TOP10 (2011～2014 年)

1)2011 年 11 月　江苏省科技金融信息服务平台试运行新闻发布会

江苏省科技金融信息服务平台建成科技信息服务系统、金融信息服务系统、对接交易服务系统、统计分析服务系统，创造性汇聚江苏省优质科技资源和金融资源信息，有效整合江苏省 1.7 万余家、8 大类科技型企业资源信息，采集和整理 600 多家银行、创投、担保等金融、中介服务机构信息入库，为不同发展阶段的科技型企业和各类融资机构提供了互动对接窗口。江苏省科技金融信息服务平台的建设运行，标志着江苏省高新技术创业服务中心科技金融服务业务迈上了新台阶。依托平台，江苏省高新技术创业服务中心开展"科技金融园区行"系列对接活动，打造"创业新优客"服务品牌，截至 2014 年，已举办"园区行"活动 20 余场次，累计服务企业超过 5 000 家，共促成 400 余家企业获得贷款或授信 7.4 亿元。2013 年 2 月 26 至 27 日，江苏省天使投资联盟召开成立大会，首批联盟成员 20 家，江苏省高新技术创业服务中心为联盟依托单位。联盟的成立，使江苏省科技金融信息服务平台有了更多资源和抓手。

2)2012 年 7 月　中国创新驿站江苏区域站点正式启动运行

为实现跨机构、跨区域的技术转移接力合作，加快江苏省融入中国创新驿站网络一体化的进程，江苏省高新技术创业服务中心自筹经费启动建设创新驿站及门户网站。科技部火炬中心于 2012 年 7 月正式发文，确定江苏省高新技术创业服务中心为中国创新驿站江苏区域站点。按照以企业需求为导向、以信息化手段为支撑、以资源整合为重点的建设思路，面向科技园区、科技企业，构建江苏创新驿站区域站点、基层站点、服务站点互动合作运行体系，截至 2014 年，江苏省高新技术创业服务中心已在江苏省发展基层站点 13 家、服务站点 70 家，站点布局基本覆盖了江苏省高等院校、技术转移中心、成果转化中心和科技园区；举办技术交易对接活动多场，促使技术供需双方有效对接；举办技术经纪人培训班 9 期，培训学员 856 名；加强长三角地区科技合作，推进统一编写技术经纪人培训教材、统一制定考试题库、长三角范围内技术经纪人资格互认等工作。为促进国际技术转移和经贸技术合作，2012 年 11 月，江苏省高新技术创业服务中心获得欧企网华东中心授牌，成为欧企网华东中心在江苏地区的唯一成员单位。

3)2012 年 10 月　江苏科泉高新创业投资资金发起成立

江苏省高新技术创业服务中心受托管理的江苏省新药创制发展资金是江苏省乃至全国最早的专业性风险投资资金，截至 2014 年，已投资项目 67 个，转让结题项目 46 个，2011 年一类新药"黄芩素片"项目转让金额为 2 400 万元，是江苏省临床前研究成果转让额最高项目；投资项目取得新药证书 15 个，新药临床试验批件 27 个，扶持了一批成长型生物医药科技企业。因新药资金设立较早，规模偏小，为更好地扶持初创期生物医药领域科技型企业，江苏省高新技术创业服务中心向江苏省发展和改革委员会申报省新兴产业创业投资引导基金，并成功获得立项支持 2 000 万元。按照基金管理办法，江苏省高新技术创业服务中心联合社会资本推进基金公司、管理公司组建工作，先后于 2012 年 8 月发起成立南京科源投资管理有限公司、2012 年 10 月发起成立江苏科泉高新创业投资有限公司，基金规模达 1.21 亿元。截至 2014 年，已投资项目 4 个，投资额为 6 000 万元，运行情况良好。

4)2013 年 2 月　江苏省技术合同登记平台试运行

为集成资源信息，促进成果转化，为企业申报技术开发、技术转让、技术咨询等技术合同、享受国家"营改增"财税新政等提供便捷通道，江苏省技术合同登记平台于 2013 年年初上线试运行。江苏省技术合同登记认定平台集技术合同登记、技术合同认定、企业增值税申报、企业所得税申报、技术市场统计等基本服务功能于一体，能够在江苏省范围内实现技术合同登记认定的网络申报、省市两级技术市场统计分析功能，保证技术交易信息的及时、准确传递与处理，进一步提高了江苏省技术交易统计工作水平。2013 年 6 月，江苏省技术合同登记认定系统与南京市税务机关并网试运行。截至 2014 年，江苏省技术合同登记认定平台已在江苏省发展技术合同登记认定工作分站点 8 个，1 600 多家企业、10 000份合同通过系统完成网上申报。江苏省高新技术创业服务中心于 2014 年全年共登记技术合同 11 106 份，登记金额达 121 亿元，较 2013 年同期增长 8％。江苏省技术合同成交额达 655 亿元，较 2013 年增长 12％，继续保持全国省份第一的位次。

5)2013 年 6 月　首届江苏科技创业大赛推进会召开

为深入实施创新驱动战略，搭建为科技型中小企业服务的平台，在江苏省科技厅的支持下，江苏省高新技术创业服务中心承办了 2013 年首届江苏科技创业大赛，大赛共收到 1 633 家创业团队和企业报名参赛，报名总数居全国第一；第

二届中国创新创业大赛参赛项目，江苏省共有 9 个项目获奖，占全国获奖总数的
30%，位列第一。在首届大赛成功举办的基础上，2014 年继续承办了第二届江
苏科技创业大赛，共收到 1 947 家创业团队和企业报名参赛（包括 108 支海外创业
团队），比首届大赛增长了 19%，报名总数及团队、企业报名数均居全国第一；
在中国创新创业大赛上 9 个项目获奖，团队获奖数位居全国第一，获奖总数位居
全国第二。大赛努力营造创新创业环境氛围，进行强势宣传，总决赛及颁奖仪式
均进行电视全程录制，并在江苏电视台等媒体播出，其中，中央电视台财经频道
首次对江苏省大赛开展情况进行重点报道，江苏电视台《江苏新时空》及《零距离》
等栏目对赛事进行了专题及系列跟踪报道。

6）2013 年 12 月　江宁孵化基地揭牌

江苏省高新技术创业服务中心发挥在江苏省科技创业载体中的龙头带动作
用，积极与地方政府合作，探索开展共建孵化园区事业。江宁孵化基地为江苏省
高新技术创业服务中心与南京紫金（江宁）科技创业特别社区合作共建，定位为生
态智造创业园，南京市江宁区建设 10 万平方米孵化场地委托江苏省高新技术创
业服务中心运营管理 10 年；2013 年，江苏省高新技术创业服务中心与句容开发
区就共建 15 万平方米孵化加速载体达成合作意向；2014 年 7 月 19 日，与南京紫
金（雨花）科技创业特别社区合作共建的雨花孵化基地揭牌（江苏省高新技术创业
中心软件和信息服务业孵化基地）；2015 年 4 月 30 日，与南京紫金（浦口）科技创
业特别社区举行了合作共建浦口孵化基地签约仪式。至此，江苏省高新技术创业
服务中心在江宁初步形成了自有园区居中、共建园区分布各方，即“东西南北中”
的新的园区战略布局。各共建基地确立不同的服务发展定位，使江苏省高新技术
创业服务中心初步打造出一条“苗圃—孵化器—加速器—公共平台”的科技创业孵
化链，孵化场地面积由 2.5 万平方米扩大到 30 余万平方米，构筑起支撑江苏省
高新技术创业服务中心新一轮发展的创新创业服务平台。

7）2014 年 1 月　科技创业孵化资金发起设立

经江苏省科技厅批复同意，江苏省高新技术创业服务中心出资设立科技创业
孵化资金，重点投向孵化器内初创期、成长期科技企业，同时采取参股科技创业
投资基金的方式，联合社会资本成立创投基金，扩大孵化资金规模，解决江苏省
内更多科技型中小企业融资难题。截至 2014 年，孵化资金规模已达 1 200 万元。
面向江苏省高新技术创业服务中心及共建园区在孵企业，发布资金申报通知和申
报指南，开展了项目征集活动，已完成 5 个对江苏省高新技术创业服务中心江

宁、句容、雨花共建孵化基地的投资项目，投资额为 700 万元，初步实现孵化资金的成功运作。

8)2014 年 3～5 月　江苏科技创业培训服务平台及创业咨询平台上线

根据科技部火炬中心关于开展在孵企业培训的要求，江苏省高新技术创业服务中心建设江苏科技创业培训服务平台，于 2014 年 5 月上线运行，国内率先开展针对孵化器内科技企业，覆盖创业全过程、兼顾创业不同发展阶段的分层次、体系化培训工作，被科技部火炬中心作为典范推行。2014 年 6 月，与扬州市科学技术局共建成立了江苏科技创新创业学院，其成为江苏科技创业培训平台第一个线下培训服务基地。为加强培训资源的整合集成，江苏科技创业培训平台又通过加盟方式吸引优秀培训机构，并以绩效补贴形式进一步调动培训机构积极性，提升培训服务的质量、效率和水平。江苏科技创业培训平台运行当年，开展培训多场，共培训创业者及创业企业达 1 300 人次。江苏科技创业咨询平台于 2014 年 3 月上线，集成科技领域最新政策、重要通知、申报信息等即时科技资讯，为创业企业提供专业化政策咨询服务，目前已拓展至成果鉴定、知识产权、园区规划等领域。

9)2014 年 9 月　江苏省科技创业服务标准化技术委员会正式成立

为提升江苏省创业企业孵化服务能力，江苏省高新技术创业服务中心牵头积极申报成立江苏省科技创业服务标准化技术委员会，该委员会于 2014 年 9 月获江苏省质量技术监督局批准成立。江苏省科技创业服务标准化技术委员会着力开展科技创业服务标准化体系的研制与推进工作，以标准化手段规范科技企业创业服务内容、提升科技创业管理服务水平。2014 下半年，江苏省科技创业服务标准化技术委员会制定了一系列标准研制工作方案，组织相关单位进行《科技企业孵化器管理规范》、《科技创业导师服务规范》、《科技创业大赛服务规范》及《科技创业咨询服务规范》等标准的研制起草，并于 11 月中旬完成了向江苏省质量技术监督局的申报工作。2015 年 5 月，《科技企业孵化器管理规范》等三项地方标准获江苏省质量技术监督局正式发文批准立项。

10)2014 年 10 月　江苏科技创业公共服务平台网络(创业江苏)正式上线运行

江苏科技创业公共服务平台网络于 2013 年 7 月获江苏省科技基础设施建设计划立项。江苏科技创业公共服务平台网络建设目标是面向有创业梦想的创业者及初创期的创业企业，以创业项目和创业服务为纽带，围绕项目成长与发展主线，针对江苏省创业服务的薄弱环节，整合提升相关专业机构服务能力，实现江苏科技创业公共服务平台资源集成和优势互补，构建集项目采集、项目优化、项目路演、天使投资为一体的科技创业服务新业态，通过打造"创业江苏"服务品牌，建设区域服务窗口，实现对江苏省科技创业服务工作的引领、示范。截至目前，江苏科技创业公共服务平台门户网站（创业江苏）已投入运行，开发多个系统，线上加强了科技企业、项目、政策等资源信息的整合集成，线下与江苏省高新技术创业服务中心创业培训、咨询、辅导、路演等服务交相融合，探索市场化运行机制，通过开办大学生科技创业训练营、评选创业导师、选拔科技创业奇才等活动，实施"创业江苏"行动，积极培育"创业江苏"服务品牌。